古朝鮮 찾기

이 도서의 국립중앙도서관 출판시도서목록(CIP)은 서지정보유통지원시스템 홈페이지
(http://seoji.nl.go.kr)와 국가자료공동목록시스템(http://www.nl.go.kr/kolisnet)에서
이용하실 수 있습니다(CIP제어번호: CIP2016018321).

古朝鮮 찾기

In Search of Old Joseon

이돈성 지음

책미래

古朝鮮 찾기

발행일 | 1판 1쇄 2016년 8월 8일

지은이 | 이돈성
주 간 | 정재승
교 정 | 홍영숙
디자인 | 배경태
펴낸이 | 배규호
펴낸곳 | 책미래

출판등록 | 제2010-000289호
주 소 | 서울시 마포구 공덕동 463 현대하이엘 1728호
전 화 | 02-3471-8080
팩 스 | 02-6085-8080
이메일 | liveblue@hanmail.net

ISBN 979-11-85134-35-2 93910

프롤로그

I. 이 좌담회의 성격

한국 역사의 시작은 고조선이다. 그런데 오늘날에는 고조선은 말할 것도 없고, 시조 단군왕검마저 잘못 알려지고 있는 형편이다. 필자는 《삼국유사》에 나오는 단군왕검이라는 글자의 어원, 고조선의 첫 수도 평양과 장당경을 찾았다고 본다. 그것들을 찾기까지에는 얽힌 이야기가 많다. 이 많은 이야기를 사람들에게 꼭 들려주어야겠다는 강한 충동을 억누를 수 없어서 이 글을 썼다.

이 책의 내용은 역사학을 전문으로 하는 분들이 읽어 보고 깊이 생각해야 할 사료들을 주로 중국 문헌에서 모았다. 하지만 한국 사람이라면 누구나 알아야 한다는 생각에서 되도록 많은 사람이 읽을 수 있는 방안을 찾아보았다. 그리고 독자들의 흥미를 돋우어 주고자 하는 생각에서 좌담회식으로 글을 썼다.

사회자(이하 사): 여러분 안녕하십니까? 오늘은 이곳 한국 문화의 전당, 세종회관에서 여러분이 잘 아시는, 한학에 조예가 깊으신 강 박사님과 새로운 시각에서 동북아시아 역사를 풀어야 한다고 나선 신진 재야 사학가 모솔 이돈성 박사님, 두 분을 모시고 좌담회를 개최하겠습니다. 이 박사님이 준비해 오신 동영상을 몇 편 보면서 의견을 나누실 텐데, 시간 관계로 청중 여러분의 질문은 받을 수 없게 되었습니다. 하지만 이 좌담회 후에 SNS를 통하여 두 분께 질문하시면 기꺼이 응답해 주시기로 저와 약속하셨습니다. 그리고 좌담회가 끝나고, 이 박사님이 쓰신 영문본을 구입하신 분을 위하여 북 사인회가 있겠습니다.

관례상 연배이신 강 박사님께 먼저 여쭈어 보겠습니다. 강 박사님은 이 박사님을 어떻게 알게 되셨습니까?

강 박사(이하 강): 네, 저는 미국에 계시던 저의 작은아버지를 통하여 이 박사님을 알게 되었습니다. 작은아버지께서는 6.25 전쟁이 끝난 지 몇 해 후에 미국으로 가셔서 1959년도부터 미국 국회도서관에서 근무하셨습니다. 작은아버지께서는 저의 집안 전통을 이어받아 어려서부터 한학을 배운 덕에 미국 국회도서관에서 일하게 되었다고 하셨습니다. 그리고 1980년대부터는 동양철학, 특히 퇴계학에 관하여 문헌을 두루 살피셨는데, 그때 이 박사님을 알게 되었다고 하셨습니다. 그러시면서 이 박사님을 꼭 찾아 뵙고 서로 교류해 보라고 저에게 당부하시더군요.

이 박사(이하 이): 네, 제가 고인이 되신 강 박사님, 그러니까 제 앞에 계신 강 박사님의 작은아버지를 처음 만났을 때, 거의 한 시간 가량 동양철학에 관한 이야기를 나누었습니다. 그 자리에서 저를 보고 이 지역 퇴계학회 부회장직을 맡으라고 강요하셨습니다. 저는 극구 사양했습니다만, 그 분은 뜻을 굽히지 않았습니다. 저는 그 일이 계기가 되어 한문을 공부하게 되었습니다. 그 분은 저로 하여금 한학에 눈을 뜨게 한, 저의 멘토이십니다.

강: 한번은 제가 작은아버지께 "이 박사님의 무엇이 그렇게 작은아버지

를 감명시켰습니까?" 하고 여쭤 보았습니다. 그랬더니, 상상 외의 대답을 하시더군요. "이 박사가 동양철학과 서양철학을 비교하면서, 숫자 영(0, zero)에 관해 반 시간 가량 설명하더라" 하셨습니다. 그러시면서 그때 일을 어떻게 잊을 수 있겠냐고 하시더군요. 그래서 저는 그 후로 미국에 갈 때마다 이 박사님을 만나 뵙고 사귀게 되었습니다. 그리고 얼마 지난 후에야 알았습니다. 이 박사님이 사물을 분석하여 정리하면서, 모든 문제가 숫자 영(0)이라는 개념에 귀착한다는 점을 강조하신 것에 저의 작은아버지께서 크게 감명받으셨다는 것을 알게 되었습니다. 그로 인하여 작은아버지께서는 서양 논리학(western logic)의 우수성을 인정하셨더군요.

이: 그 일이 동기가 되어 간간이 한문을 공부하게 되었고, 그때 막 중국과 미국이 국교가 틔여 연변 조선족 자치주에 다녀오면서 한국 상고사에 더 관심을 갖게 되었습니다.

사: 한학은 그렇게 해서 더 공부하시기 시작하셨다지만, 어떻게 동양 상고사를 영어로 집필할 생각을 하셨습니까?

이: 윤내현(尹乃鉉) 씨가 1988년에 선물로 주신 《한국상고사신론》이 제가 상고사에 초점을 두고 깊이 살펴보게 된 동기입니다. 저는 40년 동안 미국에서 의사생활을 하면서 대학에서 수련을 받고 또 대학 교직에 있었습니다. 그렇다 보니까, 모든 의학에 관한 출판물은 심사숙독(critical reading)을 해야 하고, 연구실에서는 새로운 착상이 생기면 그를 증명하기 위한 실험을 설계하게 되었습니다. 그래서인지 역사 문제를 보는 시각이 달라졌다고 봅니다. 아무리 여러 방향에서 살펴보아도 한국 상고사는 틀림

없이 중국 역사 기록 속에 숨어 있다는 결론을 내렸습니다. 상나라가 망할 당시에 많은 사람이 한반도로 왔다는 설은 도저히 있을 수 없습니다. 어느 누가 사실을 잘못 풀이하여 나타난 학설이라고 단정했습니다. 그런 시각으로 간간이 시간을 내어 중국 고전을 살펴보니 '옛부터 전해 오는 한자 풀이가 원인이구나' 하는 생각이 들었습니다.

그러한 저의 의견을 단편적인 예를 들어 가며 한국 강단 사학계에 계시는 분들에게 건의도 해 보았습니다만, 지정학적 측면이나 학계가 지니고 있는 특성 등 모든 면으로 생각해 보니 저의 뜻이 이루어질 수가 없다는 사실을 깨달았습니다. 온 세상 사람들이 모두 다 "해가 지구를 돈다고 믿고 있는 상황"에서 코페르니쿠스(Nicolaus Copernicus) 가 나서서 "아니야 그 반대일 수도 있어" 하는 의견을 제시한 것처럼, 저의 이야기는 뜻밖의 새로운 학설이라 학술지 편집위원이 당황했으리라 봅니다. 한국 사학계에서는 어떻게 할 수 없는 사안이니 자유스러운 나라에 사는 내가 한번 손을 대 보아야겠다는 생각이 들었습니다. 외람된 말씀입니다만, 저의 뜻을 이해해 주시기 바랍니다.

강: 옛부터 한자 풀이에 문제가 있다는 점은 많은 사람들이 알고 있었지요. 그런데 어떻게 해서 이 박사님은 '남들이 못찾은 숨은 사료'를 찾으셨습니까?

II. 어떻게 찾나

이: 네, 아주 중요한 질문입니다. 다른 사람들이 못한 일을 어떻게 해서 찾았는가 하는 방법과 절차가 질문의 핵심입니다. 강력범을 재판에 기소하면 재판장은 우선 "올바른 절차에 따라 수사를 했는가?" 하는 문제부터 따지는 원칙이 있습니다. 자연과학계에서는 실험의 결과를 논하기 전에 그가 택한 가설이 무엇을 근거로 어떻게 추리되었고, 실험 방법과 절차가 옳은가 그른가 하는 문제부터 다루게 됩니다. 이와 같이 학문의 세계에서는 방법론을 결과 못지않게 깊이 다룹니다. 논문을 심사하시는 분은 논문을 쓴 사람이 '어떤 자료를 근거로 가설을 세우고 그를 증명하기 위한 실험을 설계하고 결과를 분석했나' 하는 등등 폭 넓게 전반적으로 살펴보게 됩니다. 인문 사회과학에서도 논문을 쓴 사람이 인용한 사료부터 시비의 대상이 됩니다.

역사학은 기록을 근거로 과거에 있었던 일을 분석정리하는 학문입니다. 한국 상고사 연구는 중국 문헌에 의존할 수밖에 없습니다. 흔히들 "한국상고사는 사료가 미약해 연구할 수 없다"는 고정관념에 사로잡혀 있는데, 이런 고정관념에서 벗어나 인간이 개발한 최신 연구방법을 이용하여 새로운 시각에서 살펴보아야 합니다. 그러나 사서의 특성을 고려하면 중국 역사 문헌 속에서는 범죄 수사에서 말하는 '뚜렷한 증거(Smoking Gun)'는 찾을 수가 없습니다. 혹 찾았더라도 그를 반박할 수 있는 증거 자료가 많이 있어 시비는 끝이 없이 계속됩니다. 때로는 '뚜렷한 증거'같이 보여 좀 더 조사해 보면, 마치 지능범이 증거를 위조하여, 초점을 다른 곳으로 유인하려는 수법에서 '만들어 낸 위조 증거품'으로 판정되는 경우도 있습니다. 이러한 상황에서 어떠한 방법을 써야 사실을 증명할 수 있겠는가 하는 질문이 나옵니다.

강: 이치를 생각해 보면 이 박사님 의견이 일리가 있습니다. 이조 말기에 북학파에서 나온 기록을 보면, 그분들도 우리 역사 이야기가 "중국 문헌에 숨겨져 있는 듯하다"는 생각을 했다고 봅니다.

이: 이는 한국 사학계만의 문제가 아니라 사실의 학문, 즉 철학의 범주에 속하는 심오한 문제입니다. 이를 좀 더 넓은 시각으로 보았습니다. 동양에서 글자는 어떻게 만들어졌나, 글자가 생기기 전에도 말은 있었고, 어떤 사물이든 구전으로 전해 내려왔고, 특이한 사건은 이들을 노래로 불러 왔다고 봅니다. 그렇게 시작되어 아직 남아 있는 글자가 《시경(詩經)》에 있다고 봅니다. 예로부터 이야기하던 전설(傳說)과 《시경》, 《상서(尙書)》, 《역경(易經)》, 《주역(周易)》, 금석문(金石文), 훈고학의 기초가 되는 글자 풀이(解字), 글자 만드는 방법 여섯 가지(六書) 등을 종합적으로 살펴보면서 그 어떤 시점에 나타났던 글자를 지도 위에 그려 보았습니다.

동양 상고사는 한국이나 몽고, 만주같이 중국 황실에 밉보였던 측의 입장에서 보면, 듣기 거북한 문구로 표현한 증거가 많이 있습니다. 이를 바로잡기 위하여 은밀하게 숨겨 놓은 사료를 찾아야 하니 이는 현대 용어로 표현하면, '과학적 수사학(forensic science) 보고서'와 유사하다고 봅니다. 제가 여기서 보여드리는 보고서는 법의학(forensic medicine)이라는 이름을 본떠서 이름을 붙인다면 역사 수사 평론서(Forensic Historiography)라 부르는 편이 더 바람직하다고 봅니다. 한자에는 감정마저 포함되어 있습니다. 동양 역사 기록은 메마른 보고서가 아니라, 새로운 미술품을 놓고 여러 미술 평론가들이 나름대로 평하듯, 또는 어느 시화전에 다녀와서 작성한

'시화 감상문'과 같이 정확한 답이 나올 수 없는 성질의 학문이 한국 상고사 연구입니다.

그러한 변수를 감안하여 개발된 학문이 통계학입니다. 저는 중국 사료 속에 숨어 있는 한국 상고사의 진실을 찾으려는 방법이라면, 요즘 인문 과학에서도 많이 쓰이는 '통계학의 원칙'에 의존하는 수밖에 없다고 봅니다. 지능범을 잡아 놓았지만, 결정적인 물적 증거가 없으니, 그 사건과 연류된 부수적 정황(circumstantial evidences)을 법정에 제출하여 여러 배심원의 의견을 참조하여 판단을 내리는 방법이 있다고 봅니다. 다행히도 중국 글자는 그 변천 과정이 남아 있고, 여러 왕조가 바뀌면서 여러 증인이 서로 다른 증언을 한 결과가 사서 이외의 여러 문헌에 남아 있어, 이들이 저의 연구에 중요한 사료로 인용되었습니다. 동양 역사는 중국 황실 위주로 춘추필법에 따라 은미하게 조작한 글이 오늘날 세계에 알려졌다고 봅니다. 좀 더 강하게 이야기하면, 지능범이 저지른 범죄 행위를 그의 학문적 후계자들이 선임자들의 잘못을 숨기려고 이리저리 뒤바꾸어 풀이하여 또 다른 오염된 사서를 남겨 놓았습니다. 이렇게 된 사료를 근거로 또 다른 사료를 만들어 남겨 다음 단계로 넘어가다 보니 의문점이 제대로 풀릴 리가 없습니다.

오늘의 미국이 있기 전에는 미국사람들도 유럽에서 배워 온 지식을 그대로 후손들에게 가르치는 '훈장 역할'을 오랫동안 해 왔습니다. 그러다 "지식이 무엇인가" 하는 질문에 부딪쳐 "스스로 찾아야 한다"는 결론을 내리고 나서부터는 요즘 말하는 '연구 중심의 대학교'를 만들어 새로운 학설, 새로운 화학 물질, 새로운 의약품 등이 쏟아져 나왔습니다. 한국에서도 성리학을 공부하시던 분들이 정주학을 논하면서, 중원의 학자들보다 우수한 '이퇴계, 이율곡' 같은 분이 나타났습니다.

중국 황실 위주로 하는 고서 풀이에서 벗어나, 고조선의 후예들이 중심이 되어 한자는 물론이고 글안문자, 서하문자, 여진문자, 향찰, 어쩌면 오지에 아직도 남아 있을지 모르는 사람이 만들어 놓은 흔적 등 모든 옛 글자들을 풀어 나가는, 새로운 문자학(文字學, Grammatology) 풀이가 나타나야 합니다. 우리의 역사는 우리가 찾아야 합니다. 이 좌담회를 통하여 오랫동안 숨겨져 있던 한국 상고사를 새로운 시각에서 연구해야겠다는 목소리가 한국 사학계에서 나오기를 바랍니다. 앞으로도 계속하여 좀 더 뚜렷한 증거를 여러분과 같이 찾으려 합니다. 여러분의 좋은 의견을 듣고자 웹사이트(website "http://www.ancienthistoryofkorea.com/삼한-三韓의-후예-後裔들/")를 만들어 놓았습니다. 학문을 하는 자세로 저의 의견을 비판하여 저의 '웹사이트'로 보내 주시면 몇몇 사학가들이 검토하여, 보내 주신 질문 또는 건의 사항에 회답을 올려 드리겠습니다. 그 길만이 미궁에 빠져 있는 우리의 옛 역사를 바로 찾는 길이라고 생각합니다.

***

3장 중원과의 전쟁 기록에서

1장 | 어떻게 찾았나

1장 어떻게 찾았나

I. 글자 속에서

1. 한자 만든 법

사: 네. 참으로 어려운 문제군요. 이 박사님이 생각을 깊이 하셨군요.

이: 감사합니다. 제가 평생 한 일이라고는 남을 꼬집는 일이었으니까요.
한국 상고사가 중국 기록에 남아 있다고 가정하면, 그를 찾기 위해서는
마땅히 한자가 어떻게 만들어져 변해 왔는가부터 살펴보아야 좋을 것 같
습니다. 지금까지 통설로 되어 있는 글자 만드는 방법에 관하여 강 박사님
이 설명해 주시기 바랍니다.

강: 네, 그럽시다. 한자의 시작은 갑골문자라고 합니다. 그런 글자가 있
다는 사실은 알았으나 그를 깊이 연구하게 된 시기는 청조 말기에 은허(殷
墟)에서 갑골문자가 대량으로 발굴되고부터 입니다. 글자 만드는 방법에
는 여섯 가지가 있다 하여 옛적부터 육서(六書)라 불러 왔습니다. 그러나
전주에 대해서는 의견이 분분합니다. 이를 "조자법(造字法)으로 보느냐 혹

은 용자법(用字法)으로 보느냐" 하는 시비가 아직도 남아 있습니다. 원 나라 때 주백기(周伯琦, 1298-1369년)가 남긴《육서정와(六書正譌)》란 책은 이름만 보아도, 그 책 속에는 '글자 만드는 방법에 문제가 있었다는 점을 세밀히 분석했다'는 뜻이 있습니다.

이: 네, 감사합니다. 한자는 이렇게 여섯 가지 여러 요인을 합하여 만든 글자라고 하니 글자를 풀어 보면, 그 속에 그 글자를 만든 모든 요인이 나타나야 마땅할 터인데, 전주(轉注), 해성(諧聲), 가차(假借)라고 볼 수 있는 요소는 뚜렷하게 찾아 볼 수 없습니다. 모두들 여섯 가지 방법이 있다 하지만, 여섯 가지의 이름도 다르고 설명도 구구하여 의문이 많아서 이를 좀 더 살펴보니,《군서치요(群書治要)》와《논어주소(論語注疏)》에 실린 글자 안에 답이 숨겨져 있더군요.

강: 그게 무슨 뜻입니까, 이 박사님?

이:《군서치요》에서 육서를 설명하면서, "처음에는 보씨란 글자가 없었는데 이를 누가 보충했다"고 했습니다. 보씨가 문자를 만들었다는 뜻이 아니라고 봅니다. 그러면서 송나라 때 편찬된《논어주소》에서와 똑같이 글자 만드는 방법을 설명했습니다.[1] 이 두 곳에 실린 문장의 뜻을 살펴보면 한자를 만든 방법은 여섯 가지가 아니라, 상형(象形), 지사(指事), 회의(會意), 세 가지뿐입니다.

해성(諧聲)이란 글자를 풀어 보면, 화할 해(諧)자는 모든 사람들의 말소

---

[1]《群書治要》周禮 地官: 象形會意, 轉注, 指指作處事, 假借, 諧聲也.《論語注疏》; 象形, 會意, 轉注, 處事, 假借, 諧聲也.

리라는 뜻이고, 이를 개(皆, jiē/찌애)라 읽는다는 뜻이 아닙니까? 해성(諧聲)이란 뜻은 "개(皆, jiē/찌애)라 부르던 사람들의 말소리"라는 뜻입니다. 그런데 정현(鄭玄)은 "독개여해; 讀皆如懈"라, 즉 "개(皆, jiē/찌에)자는 해(懈, xiè/씨애)자와 같은 소리로 읽는다, 비(非) 즉 햇빛이다"했습니다.[2] 해(解), 개, 비(非), "xiè/씨애"는 "해 또는 햇빛을 뜻하는 발음"을 가차한 글자입니다.

여러 문헌에 "해음해(解音懈), 즉 해(解)는 해(懈xiè)와 같이 발음한다"고 했습니다. 이 뜻은 한국 말로는 다같이 해라 발음하는 글자(解; jiē jiè xiè)를 한자 "개(皆)와 해(解)와 같은 발음이었다"는 뜻입니다. 또 위징과 같은 시대에 살았던 당나라의 학자 안사고(顏師古)가 설명하기를 "고개해여기음동(古皆荄與箕音同)"이라, 즉 "예전에는 개, 해, 기가 모두 같은 소리였다. 그 뜻은 해, 햇빛; sun/sunray"이라 했습니다. 이를 종합해 보면, 해성(諧聲)이란 뜻은 "예전에; 개, 해, 기라 부르던 사람들의 말소리"라는 뜻이 분명합니다. 지금 한국에서 '모두 다'란 뜻의 개(皆)로 발음하는 글자를 중국에서는 "jiē/ 찌에, 당대(唐代) 음으로는 gæi/개"라 읽고, 기자를 부를 때 씌는 키 또는 만물의 뿌리 기(箕)를 "jī/지/키, 당대 음으로는 gei1/게이"라 읽고, 이 글자 발음이 고구려, 부여의 선조로 나오는 "해모수, 해부루"와 같은 '해'로 발음했다는 뜻입니다.

가차(假借)란 글자를 풀어 보면 "옛 사람들의 말을 속인(deception)다" 하는 뜻이 있습니다. 차(借)자는 옛 사람(亻: 昔)이란 뜻이고, 석(昔)자는 "xī

---

2) 皆: 鄭康成讀皆如懈, 非. 又《字彙補》居之切, 音箕.《前漢·孟喜傳》箕子者萬物方荄茲也.《師古註》荄, 音皆. 古皆荄與箕音同.《說文》皆字載自部中, 則應从白.《集韻》或作偕, 非. 解;《一統志》春秋爲晉之解梁城, 戰國屬魏, 漢爲解縣, 屬河東郡, 元屬平陽路, 又姓《廣韻》自唐叔虞食邑于解, 後因氏. 複姓.《姓苑》北魏有解枇氏, 後改爲解氏.

cuò xí/ 시"라 발음하던 사람이란 뜻으로, "가차해성야(假借, 諧聲也)"란 뜻은 "시, 해, 기 족들의 말소리를 한자로 적었다"는 뜻입니다. 같은 방법을 말을 바꾸어 두 번 기록했습니다. 이를 한자의 기원이라는 측면에서 보면 그 당시 중원의 북쪽 지역에 살고 있던 "햇빛(解枇, sunray)이란 뜻이 있는 종족"의 말을 소리나는 대로 적은 사음문자(寫音文字)가 곧 가차(假借)라는 뜻입니다. 가차(假借, PLC, Phonetic Loan Character, 사음문자, 寫音文字)와 해성(諧聲)은 같은 뜻이고, 이들의 말을 뜻과 음에 따라 이리저리 뒤바꾸어 적었다는 뜻이 전주(轉注, PSMC, Phono-Semantic Matching Characters)입니다. 뜻을 합쳐서 만들었다 하여 회의(會意)라 표현했습니다.

결국 "회의(會意)와 전주(轉注)는 글자를 만들 때나 문장을 작성할 때에도 뜻과 음을 이리저리 뒤섞어 적었기에" 같은 표현을 되풀이했습니다. 전주를 문자 운용의 한 방법으로 해석한 단옥재(段玉裁,1735~1815년)의 "모든 한자가 한 사람에 의하여 한 곳에서 일시에 만들어진 것은 아니라 같은 뜻을 한 글자가 여럿이 생겨났고 발음도 달리 한다"는 의견은, 중화 문명의 발생지에서 같은 사물을 다른 여러 글자로 썼다는 사실을 인정하여 나온 학설이라고 봅니다.

해성(諧聲)을 "해 사람들의 말소리를 본땄다"는 뜻의 상성(象聲)이라, 글자로 기록할 때는 "비슷한 소리로 발음되는 한자를 사용할 수밖에 없으니, 그와 유사한 발음으로 적은 글자를 그 한자(漢字)의 뜻에 따라 풀이하면서" 혼란이 생겼다고 봅니다. 미국에 사는 중국인 학자 도경태(涂經詒)는 한자 풀이(Chinese Hermeneutics)3)를, 러시안 인형(Russian Doll) 또는 미

---

3) Ching-I Tu, Ed., "Distinctive Features of Chinese Hermeneutics," Taiwan Journal of East Asian Studies"(2004):233-247.

Ching-I Tu, Ed., Classics and Interpretations: The Hermeneutic Traditions in Chinese

로(迷路, labyrinth)와 같다고 표현했습니다. 그의 설명을 자세히 읽어 보면, 한자 풀이(Chinese Hermeneutics)를 하는 사람, 즉 훈고학자는 모든 상상력을 총 동원하여 가차전주를 많이 사용했습니다. 이로 인하여 천하를 다스려 왔다는 뜻이 숨어 있습니다. 그러나 한자 풀이를 간단히 쉽게 설명하면 모든 한자 사전은 획수와 "xx 변"을 기초로 만들었기에, 같은 변(radical)에 속하는 글자를 보면, "새로 만든 글자 안에는 그 글자를 어떻게 발음한다. 그러한 범주 안에서 여러 가지 뜻이 있다"고 했습니다.

강: 네, 옛적부터 의문이 많았던 소재입니다. 이 박사님의 조자법 설명은 새로운 시각에서 다루어 볼 가치가 있다고 봅니다. 다른 문화권에 있는 사람들은 어떻게 조자법을 설명하는지 궁금합니다.

2. 글자의 탄생: 글안의 첫 글자

이: 전설에 따르면 창힐(蒼頡)이 한자를 만들었다 하고, 동양에서 제일 오래된 글자는 은허에서 대거 발굴된 갑골문이라 하는데, 상나라의 시조로 알려진 글/설/계(契)자를 풀어 보면, "칼로 긁어서 흔적을 만든 사람"이란 뜻이 담겨 있지 않습니까? 그로부터 추적해 보니, 한자의 원조가 되는 "긁어서 표시한 흔적이 계문(契文)으로 이를 서계(書契)"라고 했습니다. 그러나 글자는 이미 황제 때에 만들었다니, 상나라가 생기기 전에 서쪽에서 온 사람들이 함곡관(函谷關) 서쪽에서 상형문자, 즉 계문(契文)을 처음으로

Culture.(New Brunswick: Transaction Publishers, 2000). 中國詮釋學的特質. 評. 涂經詒編.

개발했다는 추리가 됩니다. 같은 글자로 쓰는 글안(契丹)[4]이 고조선 땅에서 나타났다 하니, 계(契) 부족과 한국 상고사와 어떻게 연결되는가는 문자의 시작과 상관 관계가 있다고 봅니다.

강: 전설을 근거로 논리대로 풀이하면 그렇게 되는군요. 여울을 따라 제일 위로 올라가면 근원이 되는 샘물을 찾을 수도 있으리라 봅니다.《사기》와《한서》에서는 사마천의 가계를 다루면서 옛 기록에 관한 문구를 남겼습니다. 복희(伏羲)씨부터 순후(純厚) 때에 이르러 팔괘를 만들었다. 그 다음에 나오는 요순 시대부터 "상서 예악" 하는 문구는 어떤 형태의 기록이 있었다는 뜻인 듯합니다.[5]

이: 네, 태호복희(太昊是伏羲)라 하니 그들은 서쪽 신강성(新疆省)에서 감숙성 통로를 따라 관중 분지로 들어왔습니다. 태호는 해를 뜻하니 "하늘에서 빛을 내는 물체란 뜻을 여러 글자와 소리로 적기 시작한 곳"이 중국 문화의 발생지라 봅니다.[6] 지금까지 조사한 문헌을 보면 염호(鹽湖, Salt water lake, 解池)가 있는 한원(韓原) 일대가 황제부터 순임금의 뒤를 이은 하(夏)왕조의 시발점입니다. 그곳에서 처음 사람이 만든 팔괘(八卦)라는

---

[4] 옛 한글사전에는 "契丹"을 글안이라 했다. 글(文,) 긁다, 칼(刀)이라는 첫 소리는 어원이 같은 통구스 말이라 본다.

[5]《史記》太史公自序: 余聞之先人曰: 伏羲至純厚, 作易八卦. 堯舜之盛, 尚書載之, 禮樂作焉. 湯武之隆, 詩人歌之.
《史記》匈奴列傳: 自淳維以至頭曼千有餘歲, 時大時小, 別散分離, 尚矣, 其世傳不可得而次云. 匈奴가 八卦를 만들었다.

[6] 같은 한자에 여러 가지 뜻이 있고 발음도 달리 하는 이유에는 여러 가지 설이 있다. 그 첫 발상지가 한원이다. 한민족의 첫 지도자 속에 잠겨 있는 '해(太陽, sun)의 뜻'을 여러 가지 글자와 발음으로 바꾸기 시작한 곳이다.

그림이 나타났고, 글자도 만들어졌다고 봅니다. 이 지역에서 나타난 우화(寓話)가 중국 문헌에 나오는 삼시도하(三豕渡河)[7] 또는 해시지와(亥豕之譌)라는 문구입니다. 이 '돼지를 뜻하는 "해(亥) 시(豕) 하던 글자"가 같은 사물의 이름'을 뜻하니까, 밝은 빛을 내는 물체를 '해(sun, 太陽) 또는 시(xie, xia)라 발음했다'고 봅니다. 처음에 곤륜산 "북쪽에서 밤에 밝은 빛을 내는 물체를 해(亥; hài, 辰名)로 발음했던 글자"에서 다른 글자와 발음이 생겨났다고 봅니다. 그 오랜 과정을 통하면서 '하늘에서 빛을 내는 물체'를 여러 글자와 발음; "해, 시, 흐이, 기, 하, 합, 흑, 계, 경"으로 적었습니다.

정현의 설에 따르면, 함곡관의 동과 서에서 '해를 시'라 발음했습니다. 일어(日語)에서는 "해, sun"을 '히'로 발음하지 않아요? 이곳에서 옛적에 "洽qià hé xiá. 郃hé xiá gé"라 하던 발음이 변하여 여러 글자로 나타났다고 봅니다. 해지(解池) 연안에 살던 유능한 지도자를 휴(攜, 携子)라 불렀고, 그가 '모든 어려운 점을 잘 풀어 준다 하여 같은 음을 가진 해(亥, 奚, 携)에서 풀 해자 해(解)로 바꾸어 기록했습니다. 그가 살던 곳에서 생활의 필수품인 소금이 납니다. 이 염호(鹽湖)를 해지(解池)라 쓰고, 읽기는 씨애치/셰츠(jiě/ jiè/xiè chi)라 하고, 그 호수에서 나온 소금을 지금도 해염(解鹽,xièyán)이라 쓰고, 읽기는 '씨애 앤'이라고 발음합니다.

돼지 세 마리가 건넜다는 강을 '잠/담/침;湛(zhàn chén dān jiān tán jìn) 水'라 이름 했고, 그 여울이 성(城)의 동쪽을 지난다고 했습니다. 그 성(城)이 춘추시대에는 하양(河陽)이란 마을에 있었다고 합니다. 그 성이 우(虞)와 괵(虢) 연합군이 방어선으로 사용했다는 계수(溪水)가에 있던 요새가 분명합니다. 계수(溪水)가 "잠/담/침;湛水"입니다. 이를 보면 우리가 흔히

---

7)《太平御覽》學部十二 正謬誤:《呂氏春秋》曰: 有讀史者: 晉師三豕涉河. 子夏曰: 非也, 是己亥也. 夫己之與三相近, 豕之與亥相似. 至晉而問之, 則曰晉師己亥涉河也.

쓰는 벽계수(溪水)라 읽는 계자가 옛적에는 "溪, 湛, 椹, 隰" 하는 글자와 뜻 또는 음이 비슷했다고 봅니다. 또 고구려 역사에 보면 '돼지를 희성'으로 써 왔고, 지금 한국 풍속에서 보는 '큰 제삿상에 놓여 있는 돼지머리'가 쓰이고 있지 않아요? 돼지를 여러 글자로 이름하는 풍속, 정현의 학설, 그리고 "요동돼지우화"[8]를 종합해 보면, 해시(亥豕)의 발음 변화도 이곳 "한원(韓原)"에서 시작되었다고 봅니다.

강: 해시지와(亥豕之譌)에 나오는 강물 해석은 이 박사 말씀이 옳습니다. 그 글자 풀이는 진(晉)의 군사(軍師)가 기해(己亥)일에 그 나라 서쪽에 있는 황하(黃河)를 건넜다는 뜻이니, 진의 하양이 틀림없습니다. 또는 노어해시(魯魚亥豕) 하는 "글자 모양이 비슷하여 이를 잘못 읽었다"는 술어는 한자를 쓰는 사람들은 누구나 알 수 있는 흔한 일이 아닙니까?

이: 이곳에서, 십간 12지의 마지막 글자로 쓰이는 사음자 돼지 해(亥)자를 "玄, 白, 黑"란 뜻의 글자로 훈역하여 기록했다고 봅니다. 제가 가정하여 던진 질문의 답이 《강희자전》에 있습니다. 아득히 멀리 "하늘/ 수평선/ 지평선; 一" 너머 무엇인가 보일 듯 말 듯한 물체 "점 丶"을 뜻하는 형상(亠)에, "작을 요(幺) 즉; 어리다, 어둡다"는 뜻을 더하여 거/가물 현(玄, xuán xuàn/ *huen)자를 만들었습니다. 이 글자는 '멀어서 분명치가 않다는 뜻의 가물 가물하다'는 한국 사람들의 선조가 쓰던 말이 중국 사람들에게 '잘못

---

8) 요동돼지(遼東之豕) 우화에 나오는 이름은 후한 광무제(漢 世祖, 기원전 6년- 57년)가 황제가 되기 전에 공로를 세운 사람들이다. 그들의 대화에서 옛적에 요동돼지와 하동돼지 머리가 모두 희다는 뜻은, 하동 사람들이 기르던 돼지를 요동(遼東), 당산 천진 일대'로 오면서 갖고 왔다는 뜻. 水經注: 湛水自向城東南逕湛城東, 時人謂之椹城, 亦或謂之隰城矣.

전해져서 검다는 뜻'으로 풀이했습니다. 이 글자의 참 뜻이《시경》에 나오는 현조(玄鳥)입니다.

작을 요(幺)자에 다시 사람을 뜻하는 "大"자를 더하여 옛적에 "시이, xī"라고 발음하던 글자(幺)를 만들었고, 그 위에 다시 금수가 "긁어 만든 자욱형"이란 형 "爫; 叉, 爪"을 더하여 "해(奚)"라고 발음했던 글자를 만들었습니다. 이 글자를 한국에서는 "해"라고 읽지만, 중국에서는 "시이xī xí/hai"라고 읽었습니다. 이 글자에는 "긁어서 자국을 내던 사람들"이라는 뜻이 있지 않나요? 이 글자(奚)는 박지원의《열하일기》에 나오는 부족 이름입니다. 그 당시에 해(奚)족은 열하, 즉 승덕에서 산을 너머 만주로 오는 동쪽지역에 살았습니다. 얼마 전까지만 해도 해족(奚族)이라 불리던 부족을 오늘에는 발음이 비슷한 글자로 바꾸어 회족(回族)이라 합니다. 중국 전역, 특히 중국 서쪽에 흩어져 살고 있지 않습니까? 이 해족(奚族)의 유능한 지도자를 휴(携)라고 기록했습니다. 그 글자도 "해모수"의 해(解)자와 같이 해(sun)를 뜻하는 성씨로 씌여 왔습니다. 옛적에는 해(奚)자를 앞에 말씀드렸던 "합 合, 해 解"하는 여러 글자로 기록했었습니다. 동서남북에 살던 해(奚, 解)라 부르던 부족들의 지도자를 사악 군목(四岳群牧)9)이라 했고, 다첨(僉)이 뽑은 "최고 지도자를(하늘 같이 높은) 제일 웃사람"이라는 뜻에서 우(high, 禹)10)라고 했습니다. 그 부족이 우리들의 만형이라는 뜻에서 곤오씨(昆吾氏)라 했습니다. 주나라 무왕이 기원전 1046년에 상나라를 정벌하고 나서 "곤오에게 명하여 금문으로 새겨 두라" 했다는 기록이《일주서》

---

9) 四岳 牧; 동서남북 전역(四岳)에 퍼져 살던, 목(牧)은 "소가 우는 소리, 맥(貊)/馬/牟;móu mù mào"로 부르던 부족의 지도자라는 뜻.

10) 夏禹: 四岳 牧; 동서남북 전역에 퍼져 살던 貊족의 지도자들이 "僉曰; 伯夷" 백이를 만장 일치로 그들의 웃사람으로 뽑았다. 해(夏, 奚, 解) 족의 최고 지도자다. 夏禹, 王儉, 天子란 다 같은 뜻이다. "周穆王大征西戎, 西戎獻昆吾劍."

에 있습니다.11) 우(禹)자가 높다는 뜻으로 우리 말에 손윗사람 또는 맏형을 뜻하는 곤(昆)자로 바꾸었고, 우리들이라는 뜻의 오(吾)는 "소우는 소리로 기록했던, 해라는 뜻을 지니고 있는, 부족"이라는 맥(貊)족을 뜻했습니다. 이렇게 글자를 따라 올라가 보니, 우(禹)자는 예맥(濊貊)의 지도자였다는 추론(推論)이 나왔습니다.

《사기》〈백이열전(伯夷列傳)〉에는 "순 임금과 하우씨 시대의 글자를 사마천 자신이 읽을 수 있었다"고 했습니다.12) 백이숙제는 하우씨의 후손입니다. 동양 글자의 기원은 "소 우는 소리로 발음되던 부족이 말로 했던 약속(言約, 口)을 칼 끝으로 긁어 어떤 흔적으로 남겼던 풍속"에서 시작되었습니다. 산서성 일대에 살던 하우씨의 후손들이 잡혀 서주의 관노(官奴, 官婢)13)가 되어 해노(奚奴, 奚隸, 貉隸, 夷隸)라 했습니다. 그들이 서주의 관노가 되어 만든 글자가 예서(隸書)체입니다.

강: 참으로 놀라운 말씀을 하십니다. 순임금 시절에도 글자가 있었다는 의문스러운 이야기를 하십니다만, 듣고 보니 일리가 있어 보입니다. 일월성(日月星)을 삼신(三辰)이라 하니, 세 물체가 너무 멀고(玄, 지극히 멀어 가물가물하여) 나타내는 빛의 강도가 달라 표현에도 차이가 있었다고 봅니다. 삼신(三辰)이 내는 빛을 "돼지 해(亥hài/하이/허이 또는 가물 현 玄)자로

---

11) 武王再拜曰: 嗚呼！允哉！天民側側, 余知其極有宜. 乃召昆吾, 冶而銘之金版, 藏府而朔之.

12) 《史記》列傳 伯夷列傳: 夫學者載籍極博, 猶考信於六藝. 詩書雖缺, 然虞夏之文可知也.

13) 奚: 何也. 해 sun이란 뜻. 《說文》曰: 大腹也, 又東北夷名亦姓夏車正奚仲又虜複姓後魏書有達奚薄奚統奚吐奚等四氏.
《周禮·天官》酒人奚三百人. 《註》奚, 猶今官婢. 通作傒徯. 廣韻·奚: 奚: 獸跡亦邑名在洛陽. 옛 한원에 있던 낙수 연안.

발음했던 글자"에서 "밝다, 희다, 검다 하는 여러 글자와 발음이 생겨 났다"고 풀이하는 이 박사님의 추리는 그럴 듯해 보입니다. 앞으로 깊이 연구해야 할 문제라고 봅니다.[14)

이:《정자통》에는 동위(東魏, 534-550년)시대에 설치된 "대각사 비문에는 예서가 그 당시 해서(楷字)체"라 했습니다.[15) 청조 말 민국 초기에 명성을 올렸던 훈고학의 대가 장병린(章炳麟, 1868-1936년)이 남긴《겸명서(兼明書 - 卷一)》에는 예서(隸書)가 서주시대부터 있었다는 근거를 밝히면서, "해 亥, 항亢, 시豕"자의 변천 과정을 설명했습니다.[16) 돼지 해(亥)자는 옛적에는 시(豕) 개(蓋) 오를 항(亢) 자로도 기록했다 합니다.

《강희자전》에는 "한왈항양, 우극야(旱曰亢陽,又極也)"라 했습니다. 이 오를 항자는 극을 뜻하고 가뭄이 심한 상태를 항양이라 한다 했으니, 지극히 높이 떠 밝은 빛을 내는 "해, 달, 별"을 뜻했다고 봅니다. 그러면서 "거차 해 문, 據此 亥 文"이라, "하여 예서는 해문(亥文)이다" 했습니다. 해문을 전주해서 해서(楷書)라 했습니다. 잡혀 갔던 관노(奚奴, 奚隸, 貉隸, 夷隸)가 만든 글자란 뜻입니다. 이를 노예 예자 예서(隸書)라 했지 않겠습니까?

---

14) 亥; 辰名.《爾雅·釋天》太歲在亥曰大淵獻.《前漢·律歷志》該閡於亥.《唐書·禮樂志》吉亥祀先農. 亥作'豕. 韻補》叶許已切, 音喜(xǐ/씨이). 亥音皆(jiē/지애). 亥자에는 해(sun) 별(star)의 뜻이 있고, 발음은 해, 씨애, 지애로도 했다.
삼신(三辰)을 공경하는 부족이라 하여 숙신씨(肅愼氏) 하여 삼신(三辰)의 대표가 되는 해를 숭상하는 부족으로 알려졌다고 본다. 그러나 글자(辰) 속에 있는 "달, 별, 북쪽, 동방"의 뜻을 가차전주하여 진, 신 하는 여러 글자가 나왔다고 본다. 한(韓)민족의 삼신(三神) 숭배사상이 숙신씨(肅愼氏)라는 이름에 숨겨져 있다. 그 부족이 예맥(濊貊)족이다.

15)《正字通》: "東魏大覺寺碑題曰: 隸書, 今楷字也."

16) 蓋以亥字之形, 似布算之狀. 按古文亥 作亢, 全無其狀. 亥 作豕 據此亥 文, 則春秋之時有隸書矣.

그는 《수경주(水經注)》에 실린 문구를 서주시대였다고 했습니다. "임치현에서 발굴된 동관(銅棺)에 글자가 적혀 있는데, 그 관이 강태공의 6세손인 호공(六世孫胡公)의 관이었다. 글자 셋이 금서(今書)와 같았다. 예서(隸書)가 서주 때(周代)부터 있었다는 확실한 증거다." 예서(隸書)는 맥예(貉隸), 즉 예맥(濊貊)족 이 만든 글자체입니다. 하우씨(夏禹氏)와 혈통이 같은 맥(貊)족이 남긴 글자체, 즉 해문(亥文)이 정서(正書) 또는 진서(眞書)라고도 하는 해서(楷書)입니다.

당(唐)의 두광정(杜光庭)이 작성한 《예서해(隸書解)》에도 같은 내용이 실려 있습니다.17) 《송경문공필기(宋景文公筆記)》18)에 따르면, 옛적에 예서(隸書)라 부르던 글자체를 당 현종 때에 해서(楷書)라 이름을 바꾸었다고 합니다. 아침 조례에서 고하던 조근단송(朝覲壇頌)에는 순임금 때 글자가 있는데, 그를 계자(稽字)라 불렀습니다. 이 계(稽jī qǐ/ 지 찌)자는 "생각할 계, 조아릴 계; examine, investigate; delay"의 뜻이라 하는데, 앞에서 말씀드렸던 글자들, 즉 "계(挈; 끌 설, 끊을 계, assist, help, lead by hand), 계(契; qì qiè xiè/ deed, contract, bond; engrave)의 동음이자"라고 봅니다. 노나라 땅에 살던 하우씨의 후손인 비씨 집안 경(經)도 옛글자와 같았다는 기록이 있습니다.19)

---

17) 《隸書解》; 作者: 杜光庭　唐. "世人多以隸書始於秦時程邈者, 非也. 隸書之興, 興於周代"

18) 《宋景文公筆記》- 考古: 唐玄宗始以隸楷易《尚書》古文, 今儒者不識古文自唐開元始.
予見蘇頲撰《朝覲壇頌》, 有乿虞氏字. 館閣校讎官輒點乿字側雲疑, 不知乿即稽字.
稽: 考也, 計也議也, 合也, 治也. 《書·堯典》曰若稽古帝堯. 鄭注尚書稽古爲同天. 《書·舜典》禹拜稽首.

19) 《孔子家語》相魯: 孔子以公與季孫, 入於費氏之宮, 登武子之臺. 漢書 藝文志: 費氏經與古文同. 唯費氏經與魯古文同.

강: 네? 예서(隸書)가 서주 시대 이전부터 있었다고요? 이 박사께서 아주 놀라운 사료를 근거로 풀이하여, 또 하나 새로운 학설을 제시합니다. 이 문제는 뒤에 자세히 들어 보도록 합시다.

이: 네, 저의 영문책《만주상고사》에서 서주시대에 "〈한혁〉에 나오는 기추기맥(其追其貊)의 맥족이 쫓기다 잡혀 서주의 노예가 되었고, 그들이 태사 주 밑에서 주물에 새겨 놓은 글자가 대전(大篆)자, 즉 예서의 전신이라" 했습니다. 글자를 보면, 검을(가물 가물) 현(玄)과 어찌 해(奚) 자를 풀이하면서 말씀 드린 내용이 상나라 시조로 알려진 글자, 글안(契丹), 또 서계(書契) 하는 "설/계/거/글(契)"자에 들어 있지 않습니까? 맥(貊, 貉, 貘)족이 한자를 만들었다는 결론이 나왔습니다.《강희자전》에는 어떤 글자를 설명하면서, 그 글자를 "노예들이 살던, 산서성 지역"에서는 다르게도 썼다는 뜻에서 "예작(隸作) 또는 성작(省作) 하는 단서"를 붙인 글자가 많이 있습니다. 맥예(貉隸)[20]는 동북쪽의 오랑캐를 정벌하여 얻은 사람들(중에서 글자 새기는 기술이 있는 자들을 뽑아서) 역원(役員)으로 삼았다는 기록이 있습니다. 몇몇 향토 사학가들이 "동이가 한자를 창시했다" 하는 주장은 일리가 있다고 봅니다.

강: 아니 이게 또 무슨 이야기요? 한자를 한국 사람의 선조가 만들었다니, 그러면 그 기술을 중국 사람들에게 빼앗겼다는 이야기입니까?

---

20)《康熙字典》豸部:《秋官·貉隸註》征東北夷所獲, 選以爲役員.

이: 상나라 시조와 대하(大夏)의 시조가 형제지간이었다는 근거가 《사기》〈정세가〉에 있습니다. 제곡고신(帝嚳 高辛)씨가 두 아들을 두었는데, 큰아들 연백(閼伯)은 상구(商丘)에 자리를 잡아 상나라의 시조가 되었고, 작은아들 실심(實沈)은 대하(大夏)로 가서 참(參)의 주인으로 하(夏)의 시조가 되었다. 그 후에 실심(實沈)의 후손 당숙우(唐叔虞)가 진(晉)의 시조가 되었다고 합니다. 〈춘추〉 소공편에도 그와 같은 내용이 실려 있습니다.[21] 결국 무왕의 아들이라는 당숙우(唐叔虞)는 제곡고신의 후손이고, 치수 사업에 성공한 우(禹)의 후손이 진(晉)을 세웠다는 뜻이 아닙니까?

동양에서 글자가 나타난 시기가 상(商)나라 때라 하지만, 그 전에 함곡관 서쪽에 있던 하우씨(夏禹氏) 때에 글자가 있었다는 뜻이고, 상나라는 산서성 서쪽 상구(商丘)에서 나타났다는 뜻이 아닙니까? 진(晉)을 예성(隸省)이라 하고, 주희는 한후의 성(韓城)이 있었다고 하는 동주를 금예(今隸)라 하지 않았습니까? 그곳에서 잡힌 사람들이 맥예(貊隸)였을 터이니, 그들이 예서(隸書)의 원조라고 봅니다. 그리하여 그곳을 예성(隸省)이라고 불렀습니다. 산서성에 단군이 인도하던 부족이 살았고, 그들이 북경 유역으로 옮겨 그곳에 옹노현(雍奴縣)[22]이 있었다는 기록도 있습니다.

강: 네. 그 기록을 저도 보았습니다. 주 왕실이 작위를 주었다는 여러 곳에 의문이 많이 있습니다. 이를 이 박사께서는 "옛 고조선의 수도 평양이 있던 산서성 서쪽에서 발해만 서안에 이르는 일대에 관한 중국 사람들의

---

21) 《春秋左傳》昭公 昭公元年: 昔高辛氏有二子, 伯曰閼伯, 季曰實沈.

22) 《尙書》堯典: "曰若稽古帝堯, 曰放勳. 黎民於變時雍"의 뜻은 帝堯가옹(雍), 즉 단군(壇君, Shaman, Priest)이었다는 뜻. "雍州"에서 설명했다. 각주 참조; 《漢書》: 雍奴, 漢縣, 屬漁陽郡.《水經注》㶟水: 又東至漁陽雍奴縣西, 入笥溝.

설명에는 의심이 많다" 하셨는데 저도 동의합니다.

이: 은허에서 나타난 갑골문과 서하문자(西夏文字,Tengut script) 그리고 글안 문자(契丹文字)는 그 뿌리가 같다는 증거입니다. 글안 문자(契丹文字)는 맥(貊) 족이 만든 글자, 즉 단군조선에서 쓰던 글자를 모체로 발전된 글자라 봅니다. 서주 무왕이 곤오(昆吾)에게 명하여 금판에 글자를 새겨 놓으라 명했다는 기록이 《일주서》에 있습니다.23) 이는 하우씨(夏禹氏)라 부르던 정치 집단을 만들었던 맥(貊)족이 글자를 만들었다는 뜻입니다. 우가 치수사업에 성공하여 순 임금으로부터 선양을 받고 높은 자리에 앉았다는 뜻으로 그에게 천자(天子)의 칭호를 썼다는 학설도 있습니다.

그러나 전부터 서쪽에 살던 사람들은 그들의 최고 지도자를 천자(天子), 즉 제일 웃/ 윗/우(虞)를 하늘에 반짝이는 해(三辰)란 뜻의 자손이라 믿었습니다. 이를 한자로 백우(伯禹) 또는 대우(大禹)라 하고, 그가 세운 나라가 해라는 뜻을 사음대자로 하(夏) 왕조라 하고, 그의 후손 하후씨(夏后氏)라 합니다. 그의 직계 후손이 백이(伯夷)로 고죽국의 마지막 왕자입니다. 그가 선양했다는 기록이 있으나, 누구에게 했다는 증거가 뚜렷하지 않습니다. 그가 숨어 살았다는 수양산(首陽山)이 함곡관 서쪽 해지 동쪽에 있었습니다. 이를 역산 또는 뇌수산이라고도 했습니다.24) 그러니 백이가 선양한 사람은 해지 연안에 새로 등장한 정치적 지도자입니다. 서주 왕실에 빼앗겼다는 뜻입니다. 그 후손들이 그곳에서 쫓겨나 발해만 연안으로 나와 자리

---

23) 《逸周書》大聚解: 武王再拜曰: 嗚呼 ! 允哉 ! 天民側側, 余知其極有宜. 乃召昆吾, 治而銘之金版, 藏府而朔之.

24) 《地理志》曰: 縣有堯山, 首山祠, 雷首山在南. 事有似而非, 非而似, 水出河北縣雷首山, 縣北與蒲坂分, 山有夷齊廟.
《通典》: 有雷首山, 夷齊居其陽, 所謂首陽山也. 括地志: 蒲州河東縣雷首山, 一名中條, 一名歷山, 舜耕處. 蒲阪有雷首山.

잡고 살았습니다. 그리하여 갈석산 유역에도 고죽국이 있었고, 수양산(首陽山)이 있었다는 전설이 생겨났습니다. 산서성에서부터 만주 땅에 이르는 넓은 지역에 있었던 고조선을 중국 기록에는 발조선(發朝鮮), 기조선(Gyi Joseon 暨朝鮮)이라 했고, 그 후손들이 먼 훗날에 그곳에서 글안을 세워 글안 문자를 남겼습니다. 서쪽으로 옮겨간 고조선의 자손이 세운 나라가 서하 또는 대하 제국(大夏,Tengut Empire, 1038－1227년)이고, 그들이 남긴 글자가 서하 문자(西夏文字, Tengut Script)입니다. 진시황이 중국을 통일하기 이전에 여러 제후국들의 글자 꼴이 달랐다지 않아요? 그 이유는 하우씨의 후손이 남긴 한자와 유사한 글자 꼴은 진시황의 영역 밖에서 독자적으로 옛부터 전해 오던 조자법에 따라 새로운 글자를 더 만들어 그렇게 되었다고 봅니다.

강: 네. 그래서 진시황 시절에 글자를 통일했다는 설명은 이해가 갑니다.

3. 훈고학(訓詁學)

이: 그 시절에 분서갱유가 있어 고전이 많이 손실되었고, 공자님이《시경》을 정리하여 제자를 교육할 때 쓰셨다고는 하지만, 글자 풀이에 관한 이야기는 없습니다.《시경》을 이해하려면 먼저 글자 하나하나를 올바로 풀이 해야 되니까, 한나라 때부터 성행했던 훈고학(訓詁學)이《시경》풀이에서 시작 되었다고 하는 설명은 옳습니다. 모형(毛亨: 중국 한나라 초기의 학자, ?-?)이 옛부터 전해 오던 시문을 알기 쉽게 풀이하여《모시고훈전(毛詩古訓傳)》을 남겨 그를 훈고학의 태두라 하지요? 지금 훈고학(訓詁學)이라

하는 한학의 한 분야는 글자부터가 이리저리 많이 바뀌어 기록에 나옵니다. 옛적에는 고훈(古訓, 故訓)이란 글자를 많이 써왔는데, 뒤에는 어순을 바꾸어 훈고(訓詁)란 글자로 기록에 나옵니다.

강: 그 이외에도 풀 해자를 써서 해고(解故, 解詁, 解詁)라 하는 등, 같은 뜻을 여러 글자로 기록해 왔습니다.

이: 옛적에 쓸 때는(주어는 생략하여) 앞에 있는 글자가 목적어고 뒷자가 동사로 한국말의 어순입니다. 이를 뒤에는 글자뿐만 아니라 어순도 뒤바꾸었습니다. 우리와 같은 어순을 쓰던 사람들이 옛적에는 발해만 서안뿐만 아니라 중원에도 살았었다는 증거라고 봅니다. 지금 말씀하신 바와 같이 가르칠 훈(訓)자를 풀 해(解)자로 바꾼 시대를 아십니까?

강: 뚜렷한 시대적 한계보다는 지역이나 글 쓴 사람의 취향에 따랐지 않았나 하는 생각입니다. 후한 초에 가규(賈逵, 30 -101년)는 해고(解詁)란 말을 썼다 합니다.

이: 네. 그가 바로 유학자요 천문학자로 잘 알려진, 반고와 같은 시대, 같은 지역 태생 어용학자로 경전의 많은 글자들을 바꾸었습니다.[25] 《후한서》〈가규열전(後漢書 鄭范陳賈逵列傳)〉을 보면 그는 옛 경전에 실린 100여만 자를 바꾸어 어마어마한 범죄 행위를 저질렀습니다. 그리하여 논왈(論

---

[25] 《後漢書》. 賈逵傳: 逵數為帝言古文尚書與經傳爾雅詁訓相應. 逵所著經傳義詁及論難百餘萬言, 學者宗之, 後世稱為通儒.
論曰: 鄭, 賈之學, 行乎數百年中, 遂為諸儒宗, 亦徒有以焉爾. 賈逵能附會文致, 最差貴顯. 世主以此論學, 悲矣哉.

曰) "그 후부터 귀현 세주가 모두 이를 의론하며 공부하고 있다. 아! 슬프다" 하는 문구를 남겼습니다.

진시황의 분서갱유로 고전을 많이 잃었다고 하나, 그의 열전에 보면 지금은 없어졌다 하는 많은 고전이 그 시절에는 존재했었습니다. 한무제 때 노공왕(魯恭王)이 공자가(孔子家)에서 옛 기록을 찾아 그때부터 이를 풀이하려고 많은 사람이 노력했습니다. 후한 중엽까지 고전이 많이 손실 오역되었다고 봅니다. 서로 같은 것은 다르게 하고, 다른 것은 같게 수정했습니다. 한무제에서 후한시대에 고전이 많이 손실되었다고 봅니다. 그 같은 행위가 참위설(讖緯說)로 이어지는 등 많은 논쟁이 되었습니다.26) 그 후에 나타난 정현(鄭玄)이 이를 절충시켰다고 봅니다. 그는 산동성 사람이니 함곡관 동서 두 지역의 언어를 비교할 수 있으리라 봅니다. 그의 후학이 있습니다.

강: 있다니 무슨 뜻입니까?

이: 북쪽 사람들이 집권하고 있던 위진시대(魏晉時代; 220-420년)에는 훈고학(訓詁學)에 조예가 깊은 사람을 현학가(玄學家)라고 불렀습니다. 이 글자를 현대 용어로 철학가(哲學家, metaphysicians)라고 번역하고 있습니다. 그 전에는 철학가가 없었다는 뜻이 아닙니까? 이 이름에 사용된 현(玄)자는 앞에서 요동 돼지 우화를 말씀드릴 때 나온 글자들, "玄, 亥, 解, 奚"에서 인용한 글자로 그들의 "말을 글자로 적은 사료를 연구하는 사람들"이란 뜻

---

26) 東海張霸通《左氏春秋》, 案百篇序, 以《左氏》訓詁, 造作百二篇, 其成奏上. 成帝出祕《尚書》以考校之, 無一字相應者. 成帝下霸於吏, 吏當霸辠大不謹敬. 成帝奇霸之才, 赦其辠, 亦不滅其經, 故百二《尚書》傳在民間.

입니다. 정현(鄭玄)의 이념(學)을 전수하는 사람들이란 뜻으로 훈고학(訓詁學)을 그렇게 불렀습니다. 고조선 사람들의 말, 즉 해어(何語, 蓋語)를 한자로 사음하여 적은 글자를 어떻게 풀이하느냐 하는 문제를 다루던 학자들을 현학가(玄學家)라고 불렀다고 봅니다.

강: 또 하나 아주 새로운 풀이를 하셨습니다. 그렇게 볼 수도 있군요. 참으로 흉금을 찌르는 새로운 설명이십니다. 많은 씨족이 하나의 부족국가를 이루고 살았을 터이니까 글자 자체가 시대와 장소에 따라 약간 달랐고, 시대가 흐르면서 이들이 변해서 몇 세대 후에는 이를 다시 번역해야만 이해할 수 있었다고 문헌에 나옵니다. 산동성 말(齊語)이 달랐다는 기록은 후한시대 문헌에도 몇 번 나옵니다.

이: 옳은 말씀입니다. 특히, 산동성 북부는 옛적에 고조선의 영역이었습니다. 고조선 땅을 많이 빼앗아 말이 다르니 자서전(字書典), 즉, 사전(辭典) 또는 자전(字典)이 만들어졌다고 봅니다. 《설문해자(說文解字)》, 《방언(方言)》 하는 책들과 같이 모두 후한시대에 만들어지지 않았습니까?

강: 그렇지요. 옛부터 전해 오던 《이아(爾雅)》도 오랜 시간을 거치면서 보완되어, 후한시대에 완성되었다고 봅니다.

이: 네. 앞에서 말씀하신 가규(賈逵)가 《이아(爾雅)》, 《고문상서》, 《모시》 등등 고전을 풀이하여 황실의 총애를 받았다 하지요? 《후한서》에 그를 설명한 문장에 고훈(詁訓) 해고(解故)하는 문구가 같이 있습니다.[27] 《사기》에 보이지 않는 "모시고훈(毛詩故訓)"이란 말이 《한서》에 처음 나옵니다. 옛

글자를 알기 쉽게 풀이한 학문은 주로 후한시대에 나타났다고 봅니다. 그 선봉자가 가규(賈逵)인 듯합니다.

한나라 때 공자 가문의 벽에서 나온 죽간의 기록을 읽을 수 없었다 했으나, 그 후에도《춘추좌전(春秋左傳)》을 비롯한 이름 있는 고전마저 그 풀이가 구구하니, 글자뿐만 아니라 어문법 해석에도 문제가 있었다고 봅니다.《공자가어(孔子家語)》와《좌씨춘추(左氏春秋)》에 보면, "공자 님이 노나라에 있을 때 비씨, 즉 하우씨 후손의 궁을 찾아갔다. 그들이 옛 기록도 많이 보관하고 있었다" 하는 기록이 있습니다.[28]

강:《좌전》에 나오는 비, 비인(費, 費人)이 하후씨의 후손이란 뜻이군요. 그들이 여러 곳에 흩어져 살았었다고 봅니다. 그러니 아까 이 박사께서 보여 준 바와 같이 말이 달랐으니 어순도 달랐을 수도 있겠지요. 그리하여 한나라 때부터 춘추학(春秋學)이 나타났습니다. 그러나 중국 글자를, 중국 황실에서 인정한 유명한 학자가 풀이했는데, 누가 감히 그를 반박할 수 있었겠습니까?

이: 네. 답이 보이는 듯합니다. 그런데《이아(爾雅)》란 책은 그 이름부터 해석이 분분하고, 저자와 작성 연대도 잘 알려져 있지 않으니 궁금합니다.

---

27)《後漢書》鄭范陳賈逵列傳: 逵數為帝言古文尚書與經傳爾雅詁訓相應, 詔令撰歐陽, 大小夏侯尚書古文異.
　　逵集為三卷, 帝善之. 復令撰齊, 魯, 韓詩與毛氏異同. 并作周官解故. 遷逵為衛士令

28) 謂古文奇字篆書隷書蟲書也. 道家者流. 蓋出於史官. 明成敗興廢. 然後知秉要持權. 故尙無為也. 東萊人費直. 治易長於筮. 無章句. 徒象象繫辭十篇文言解說上下經. 沛人高相. 略與費氏同. 專說陰陽災異. 此二家. 未立於學官. 唯費氏經與魯古文同.《孔子家語》相魯: 孔子言於定公曰: 因費宰公山弗擾, 率費人以襲魯. 入於費氏之宮, 登武子之臺. 費人攻之.

한마디로 표현하면, 훈고학(訓詁學)의 발생은 지금 중국 공산당에서 실시하고 있는 "동북공정"과 같은 취지에서 발생한 학문이구나 하는 생각이 듭니다.

강: 그렇게까지 확대해서 현재 진행되고 있는 중국의 국책과 결부시키느니보다는 체계적으로 학문을 다루려면 앞에 말한 종류의 기본 자료가 정리되어야 다음 단계로 넘어갈 수 있으니 그 과정이 꼭 필요했겠지요.

이: 네. 옳은 말씀입니다. 그런데 그때에는 갑골문에 관한 연구는 극히 희박했던 것 같아요. 그래서 알아 보니 "그림으로 나타나는 글자를 어떻게 읽느냐" 하는 문제는 그 기원이 글자 만든 시기와 일치한다고 볼 수 있지 않겠습니까?

한자가 변해 온 과정을 보면, 갑골문은 모형(logogram)일 뿐, 어떻게 읽는가 하는 문제는 금문에서부터 나타났다고 봅니다. 조자법에 따라 새로운 글자를 만들고, 그 "글자를 어떻게 읽어 상대방에게 뜻을 전하였던가" 하는 문제는 말소리(word of mouth)를 통하여 '다른 사람에게 자기의 뜻(willingness, emotional feeling)을 알려 주기 위함이었습니다. 그 안에는 뜻을 안고 있지만 "감정은 음율(音律, rhythmic intonation)이 포함되어야 잘 전해진다"고 봅니다. 한국 말로 '말(馬)'이라는 발음에 음율을 더하여 "마마마마"라고 하면 하나의 문구가 된다는 실례도 있지 않아요?

4. 음운학(音韻學, Phonology)

강: 그래요? 이 박사께서 너무 뜻밖의 질문을 들고 나오니 무어라 답할 수가 없군요. 육서 원칙의 조자법을 인용하여 새로운 글자는 언제나 만들 수 있었을 터이니 글자 수가 늘어날 수밖에 없었고, 그 새로 만든 글자를 어떻게 발음하느냐 하는 설명이 마땅히 있었어야 될 게 아니었겠습니까?

이: 옳은 말씀이십니다.

강: 선진시대의 금문은 글자 꼴이 복잡하고 여러 제후국의 글자가 달라 진시황이 천하를 통일하여 마차 바퀴와 글자가 같아졌다 했으나, 그 당시 글자에 음율(音律)이 들어 있었다는 이야기는 들어 보지 못했습니다.

이: 《시경》을 읽어 보면, 국풍이 그 지역 사람들이 부르던 옛 노래고, 이를 글자로 남긴 시문을 종합한 책이 《시경》이라고 말할 수 있지 않습니까?

강: 옳습니다. 그 《시경》을 한국에서는 단순히 글자의 뜻을 다루었지 노래로 읊은 것 같지는 않아요. 그러나 우리가 지은 시(詩)에는 음율을 넣어 읊었습니다.

이: 새로 만든 글자를 만들 때는 그 글자를 어떻게 발음했다는 기록이 있으련만, 선진 문헌 자서(字書)편을 보아도 글자 발음의 뚜렷한 근본을 찾을 수가 없더군요. 그러나 중국 양(梁)나라의 주흥사(周興嗣, 469-521년)가 지었다는 《천자문(千字文)》은 옛 음율을 살려 만든 사언고시(四言 古詩)

운문(韻文)이 아닙니까? 한국 첫 한시로 알려진 〈황조가〉가 그렇고, 〈월령가〉도 그 부류에 속합니다.

강: 그래요. 《아어》, 《방언》, 《설문해자》 등 모두 지역에 따라 말이 달랐다는 이야기만 있지 그 글자를 어떻게 음률을 넣어 발성했다는 뚜렷한 설명이 없이 그와 비슷하게 발음되는 글자로 설명했지요. 자녀들에게 교육을 시킬 때는 글자의 "형체, 발음, 뜻"부터 가르쳤다 하여 《소학(小學)》이라 이름 했지요. 그러나 구체적으로 글자의 음율에 관한 이야기는 들어 보지 못했습니다.

이: 또 하나 저에게 문제점을 일깨워 준 근거는 "절운(切韻)의 원조는 선비족 육법언(陸法言: : 562-미상)이고, 시의 운률"이라 하는 문구입니다. 이를 보면, 중국의 음운학(音韻學)은 모형(毛亨)이 이야기한 고훈(古訓)과 같이 "시경(詩經)의 글자들을 어떻게 운을 넣어 읽었을까?" 하는 의문에서 고음운(古音韻) 연구가 시작되었다고 봅니다. 음운학의 시발점을 《안씨가훈(顏氏家訓)》〈음사(音辭)〉와 《통전(通典)》〈악서(樂序)〉에서는 노래, 즉 시(詩)에 두고 있습니다.

강: 그렇게 생각하십니까? 중국 음운학의 시초는 "《시경》을 어떻게 읽어야 옳바른 뜻이 나오는가 하는 의구심"에서 출발했다는 것은 생전 처음 들어 보는 이야기입니다만, 시는 노래이니 이치에 맞는 설명입니다. 참으로 새로운 착안입니다.

이: 정현이 해(解jiě/지애)를 해(懈xiè/시애)라 발음한다고 했듯이, 많은

글자들을 어떻게 발음한다는 각주가 붙어 있고, 주희도《시집전(詩集傳)》에서 "연사소완(燕師所完)이라는 시구"를 옛적 풀이와는 달리 '어떻게 운을 넣어 읽어야 한다, 무슨 뜻이다'라고 적어 놓았습니다. 그러나《모시정의》에서는 주희가 지적헌 시구를 "옛적 편안한 시절에 많은 사람들이 쌓았다"라고 했습니다.[29] 연(燕)나라와는 관계가 없다는 뜻입니다. 언어와 어순이 다른 사람들의 민요라 볼 수 있는 어떤 국풍(國風)의 시구를 한문으로 풀이하려니 어려움이 많아 이를 그럴 듯하게 설명하였습니다. 현대 학술 용어로 표현하면 "고음운(古音韻) 연구는 동양에서 언어학(言語學)연구의 기원이었다"고 보겠습니다.

강: 그래서《초사》와는 달리 "《시경》풀이에는 앞뒤가 틀린 풀이가 더 많이 나오게 되었다"는 말은 그럴 듯한 설명입니다만… 좀 더 생각해 보아야겠습니다.

이: 제 생각으로는 후한 때 북쪽 사람들이 반항하면서부터, 삼국시대가 끝나 중원이 잠깐 조용해졌던 시기에 한학의 기초가 되는 '옛적《소학(小學)》을 가르치던 전통 교육 풍속'이 다시 나타나 중국 음운학으로 이어졌다고 봅니다.

강: 송대의《광운》은 수문제(隋文帝, 581-600년)의《절운(切韻)》에 뿌리

---

[29]《詩集傳》: 燕(因肩反)師所完, 其追其貊(母伯反). 貊: 音鶴. 本作貃.《正字通》貊似貍,《墨客揮犀》貊狀似兔.
《毛詩正義》: 燕師所完.(師, 眾也. 箋云: 薄, 大. 燕, 安也. 大矣彼韓國之城, 乃古平安時, 眾民之所築完.

를 두었고, 절운의 원조는 그 전부터 그 지역에 있었던 음운학을 이어 받았다고 봅니다.《안씨가훈(顔氏家訓)》〈만학편〉에 "산서성 진양(병주, 并州)에 갔다가《자림》과《운집(字林, 韻集)》을 보았다"는 기록이 있습니다.

이: 서진시대(265−420년)에 만들었거나 그 전부터 산서성에《자림(字林)》이 있었다는 뜻이군요. 그곳에 조위(曹魏)가 있었으니, 시문에 특출한 재질이 있던 간웅 조조와 그의 아들 조비(曹丕)는 틀림없이 음운학을 알고 있었다고 봅니다. 남북조시대 북송진종(北宋真宗) 때에 체계적으로 이루어졌다는《광운(廣韻)》은 서진(西晉)이 망하고 회수(淮水) 이남으로 쫓겨 와서 북방 민족의 어휘도 남쪽 사람들의 언어에 포함시켜 만든 방대한 음운서라고 봅니다.

강: 이치에 맞는 풀이가 됩니다.
한족과 북방 민족의 사이에서 자라난 수 문제(隋文帝, 581-600년)가 언어 문제를 절실히 느껴《절운(切韻)》을 만들고, 뒤를 이어 당나라 때에도 음운학을 많이 공부했다는 기록이 있습니다. 그를 종합하여 남송(南宋, 1127-1279년) 때에《대송중수광운(大宋重修廣韻)》을 편찬했다고 합니다.

이: 북쪽 사람들도 음운학에 관심이 많았을 법한데, 그에 관한 사료는 없습니까?

강: 원(元)나라 때에 양환(楊桓)이란 사람이《서학정운(書學正韻)》과《오음집운(五音集韻)》을 남겼다 합니다만, 저는 보지 못했습니다.《절운(切韻)》의 원조는 선비족 육법언(陸法言)이라 했습니다. 이 박사의 이야기를

듣고 보니, 육법언(陸 法言)이란 그전부터 알려진 "여섯 가지 글자 발음하는 방법을 논한다" 하는 뜻이 아닌가 하는 생각이 듭니다.

이: 네, 저도 그런 생각을 했습니다. 《글안국지(契丹國志)》에는 위기 쌍육(圍棋, 雙陸)을 즐긴다는 기록이 보입니다. 이를 한국에서는 "바둑, 생륙/쌍육"이라 하고 한자로는 여섯 육자(雙六)를 쓰지 않았습니까? 맥(貉)자 설명을 보면, 상이(相異)하다는 뜻의 반대말을 요즘에는 상사(相似)라 하는데, 옛적에는 상/장사(狀似)라는 글자로 쓰기도 했습니다. 육법언(陸法言)이란 글자는 사람 이름이 아니라 "여섯 가지 발음하는 방법, six principles of speaking"이란 뜻이고, 글자를 읽을 때 음율을 넣는 방법을 설명했다고 봅니다.

강: 그래요. 일리가 있습니다. 맥(貉)자가 동이의 대명사같이 인용되었으니, 그에 관한 기록에는 글자를 어떻게 발음했다는 근거가 어디엔가는 숨어 있다고 봅니다.

5. 고조선문자(古朝鮮文字)

이: 네. 동양에서 글자가 언제 어디에서 생겨 변해 왔나를 살펴보니, 옛적 맥(貉, 貃, 貊)족이 살던 땅에서 나타났습니다. 그들이 만주(滿洲) 지역에 옮겨 왔으니, 고조선의 후예들도 제 나름대로 문자(文字)가 있었다고 봅니다. 요약하면, 고조선(古朝鮮)은 산서성 해지 연안에서 나타나 한때는 하북평원을 석권하다 결국 만주 요양 일대에서 최후를 맞았습니다. 한때 만주에서

그림 1. 여러 모형의 도전(刀錢). 방대했던 고조선의 여러 지역에서 오랜 시간 동안 모양이 약간 다른 도전(刀錢)을 만들었다.

큰 나라를 이루었던 발해에 관한 기록은 아주 희박하여 알 수가 없으나, 그 뒤를 이어 받은 글안은 옛 고조선 땅을 되찾았고, 뒤를 이어 받은 여진 또한 글안과 같이 그들의 문자가 있었습니다. 그 전에 만주지역에 있던 정치집단에서도 그들의 문자(滿洲文字)를 사용했었다고 추측할 수 있습니다.

기원전 2세기까지 대흥안령을 주축으로 내몽고와 만주 서쪽 일대에 걸치는 방대한 지역에 있던 정치 집단을 동호(東胡, 古朝鮮, 發朝鮮, 暨朝鮮, 濊貊朝鮮)라 합니다. 그 지역에서 홍산 문화(紅山文化)라 부르는 유적이 발견되었습니다. 그들의 남쪽에는 황하 문화권의 문자가 사용되었고, 중원이 춘추전국시대를 거치면서 많은 사람들이 황하 문화권에서 난을 피하여 홍산문화(紅山文化)권으로 옮겨 와 살았습니다. 그들이 고조선 땅에 살면서 남북이 서로 교류를 했습니다. 화폐를 썼다고 봅니다. 고조선의 전성기에 쓰였던 화폐가 그들의 상징인 칼을 본따 만든 도전(刀錢)이고, 그 주물에 남아 있는 글자가 고조선에서 쓰던 글자라 봅니다. 《삼국사기》에도 옛적에

는 고유의 기록이 있었다는 근거가 여러 곳에 적혀 있습니다.[30]

　삼국 중에서 제일 먼저 발해만 일대에서 첫 황금시대를 이루었던 백제(百濟)는 근초고왕 30년(375)이 박사 고흥을 맞아 《서기(書記)》를 편찬했고, 고구려와의 전쟁에서는 제왕을 상징하는 황색기를 쓰고, 고구려왕을 살해했습니다. 삼국 중에서 백제만이 "대방군왕(帶方郡王) 백제왕"이라는 왕 칭호를 받았습니다. 이 깃발의 뜻은 당시 백제는 한자 문화권의 통치자란 자부심을 뜻하여 제왕을 상징하는 색깔로 깃발을 만들었다고 봅니다. 어려운 국책 사업인 역사 기록을 작성한 근고초왕의 심정을 고려하면 '그 지역에서 쓰던 글자'로 기록했을 가능성이 높습니다. 우왕의 우와 같이 높다는 뜻이 있는 고(高)씨 고흥은 발해만 서남쪽 사람으로 글자 사용하는 방법을 잘아는 사람이었다고 봅니다.

　백제와 쌍벽을 이루었던 고구려에서는 나라 초기부터 《유기(留記)》라 이름한 기록을 남겼습니다. 건국 초기에 문자가 있었다고 봅니다. 고구려는 이 글자로 옛부터 가첩을 만들어 후세에 전해 내려와 그 분량이 "100권이나 되는 기록을 남겼다"고 했습니다. 고구려의 시발은 상형문자의 시발점이 되는 산서성 일대였습니다마는, 의무려산 일대에 있던 고구려현을 국초(國初)라고 보더라도 상나라 유민들과 같이 섞여 살던 때라 서주(西周)의 명맥을 이어온 오늘의 한자와는 다른 글자로 《유기》를 남겼다고 봄

---

30) 《古記》云: 百濟開國已來, 未有以文字記事. 至是. "衛滿僭號於漢初, 年代綿邈, 文字疎略 固莫得而詳焉."
　《三國史記》〈百濟本紀第六〉: 自箕子受封於周室 衛滿僭號於漢初 年代綿邈 文字疎略 固莫得而詳焉.
　國初始用文字時, 有人記事一百卷, 名曰《留記》, 至是刪修. "臣富軾言: 又其古記, 文字蕪●, 事迹闕亡."

니다. 유리명왕(瑠璃明王, 기원전 38년 -기원후 18년)은 한족(漢族) 여인이 떠나자 한자로 〈황조가〉를 읊었습니다. 그 당시에는 고구려의 수도가 한나라 세력권에 가까이 있었다는 증거입니다. 고구려 지식층에서 한자 만드는 방법에 따라 만들어진 여러 종류의 상형문자를 이해할 수 있었다고 봅니다. 당나라에서는 신라가 고구려를 함락했다는 소식을 전해 듣고, 궁중 학자 시어사(侍御史) 가언충(賈言忠)을 만주에 보내 고구려의 역사 기록을 가져갔습니다. 그가 갖고 간 역사책을 《비기(秘記)》라 했습니다. 비밀스러운 기록이란 뜻을 보면 《비기》는 신집(新集)이 아니라 유기(留記)였다고 봅니다.

《삼국사기》에는 해동 만주 땅은 기자(箕子) 이래로 한나라 초기에는 위만이 왕이라 칭하는 등 여러 나라가 있었고, 오랜 세월이 흐르는 동안 문자가 소략하여 자세히 알 수 없다고 했습니다. 이러한 기록을 종합해 보면, 만주 땅에는 독특한 글자가 분명 사용되어 왔었습니다. 전성기를 이룩한 백제와 고구려에서는 한자와는 다른 만주지역에 전해 오던 고유 문자를 한자와 같이 사용했다(共用)고 봅니다. 삼한의 후예가 모두 발해만 연안에 있었습니다. 그곳에서 제일 늦게 떠나 한반도 동남쪽 끝에 수도를 정한 신라 땅에는 "울산 반구대 암각화"가 아직도 남아 있습니다.

만주에 글자가 있었다는 뚜렷한 증거는, 1180년에 남송의 섭융례(宋葉隆禮)가 집필한 《거란국지(契丹國志)》와 그보다 반세기 전에 작성된 《고려도경(高麗圖經)》에도 다음과 같이 있습니다. "볼 것 같으면, 왜(倭), 만주 지역 나라들은, 가로 쓰고 혹은 왼쪽으로 획을 긋고 혹은 노끈을 매듭지어 신표로 하고, 혹은 나무를 파서 기록으로 삼고 하여 각각 방법을 달리 하고 있으나, 고려인들은 예서법(隸書法)을 묘사하여 중화와 같이 바로 잡았다." 섭융례가 한 말이 앞에 조자법에서 설명한 "칼로 긁어 자국을 남겼다

는 상형 글자에서 글안(契丹)족의 역사가 숨어 있다"한 문구입니다.[31]

섭융례가 사절단을 따라 고려에 왔을 때는 김부식이 《삼국사기》를 편집하기 이전입니다. 그 당시 왜(倭)는 여러 부족 국가로 통일된 언어가 아니었습니다. 일본의 서남쪽 어떤 지역에서는 옛적에 만주에서 쓰던 방법과 비슷한 문자로 약속을 했다는 뜻입니다. 《글안국지(契丹國志)[32]》에는 "발해가 이미 망했으니, 글안도(독자적인) 글자"를 만드는 게 옳지 않겠느냐고 간한 기록이 있습니다. 이 뜻은 고구려의 유민들이 진국(震國)이란 나라를 세우고 나서 자리가 잡힌 뒤에는 그들이 옛부터 지켜 오던 "밝은 햇님의 후손"이란 뜻을 살려 발해라고 이름을 바꾸고 저 나름대로의 글자를 만들어 썼었다는 뜻입니다. 울산 반구대 암각화를 만든 사람들이 발해만 서북 연안에서 살았습니다. 그곳에도 비슷한 암각화가 있다고 봅니다. 아니면 불원간 나타나리라고 봅니다.

《사고전서》〈조선사략(朝鮮史略)〉에도 다음과 같이 실려 있습니다.[33] "집필자 이름은 알려지지 않았으나, 단군 이래 고려 말까지 조선에는 역사 기록이 명시되어 있다."

옛적에는 한국어를 '간략한 한자 또는 그와 비슷한 모양의 문양'을 이용하여 기록에 남겼습니다. 이를 세 부류로 나누어 '이두(吏讀), 향찰(鄕札), 구결(口訣)'이라 부르기도 합니다. 향찰(鄕札)이란 뜻의 '札(箚)'자는 그 지방 사람들(合, 해족)이 어떤 물체(竹)에 칼(刂)로 새겨서 소식을 전해 오던'

---

31) 새끼를 친 글자들(鞪, 契, 挈, 挈, 猰, 挈, 挈, 挈, 挈, 鼜. □: 上: 㓞, 下: 口. 挈, 亥, 亥. 奚. 諧.

32) 《契丹國志》卷之一: 渤海既平, 乃制契丹文字三千餘言. 因於所居大部落置寺, 名曰天雄寺. 今寺內有契丹太祖遺像.

33) 《欽定四庫全書》〈朝鮮史略〉 "臣/等謹案朝鮮史略十二卷一名東國史略 不著撰人名氏乃明時朝鮮人所紀其國治 亂興廢之事始於檀君終於高麗恭讓王."

증거품이라고 봅니다.[34] 글자가 있었다는 더 뚜렷한 증거는 장병린(章炳麟, 章太炎, ?-1936년)이 남긴《구서(訄書)》에 "조선에는 순임금 때부터 가첩이 있었다"라고 했습니다.[35]

강: 명도전에 있는 글자가 고조선 글자라는 설명은 논리적으로는 합당합니다. 가슴 뿌듯한 희소식입니다만, 증명하려면 시간이 많이 걸리고 어려움이 많으리라 봅니다. 우리 모두 도전에 새겨진 글자를 깊이 알아 봅시다.

II. 중화 문명의 발생지에서

이: 글자를 만들기 전에도 사람은 감정을 표현했습니다. 중국 문명의 발생지에 살던 사람들이 부르던 노래를 그려 놓은 글자가 시문입니다. 제가 다루고자 하는 방대한 취지의 소제를 순자는 〈권학(荀子 勸學)편〉에 남겼습니다. "사람은 행동하는 존재다.《상서(尙書)》는 정사를,《시경(詩經)》은 대중의 목소리를 기록했고,《예기》는 율법을 크게 나누어 놓은 것이다.《시경》과《서경》은 그 내용이 방대하고《춘추》는 그 내용이 은미(隱微)하

---

34) 향찰(鄕, local. 札 패piece/공문서/書札) Has meaning of engraving on a piece of Bamboo.
　《中庸·方策註》簡, 札, 牒, 畢, 同物而異名. 札, 木簡之薄小者也.《釋名》札, 櫛也. 編之如櫛齒相比也.

35)《兼明書》禮義冠帶之族, 厥西曰震旦, 東曰日本, 他不著錄. 岡本監輔曰: 朝鮮者, 鞋韖之苗裔. 餘以營州之域, 自虞氏時著圖籍矣, 卒成於箕子.

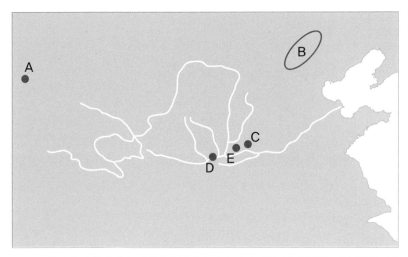

그림 2. 중화 문명의 발생지. 태행산맥 동서의 산하 지리 지형: 황하(黃河), 위수(渭水), 낙수(洛水), 분수(汾水). A 감숙성 돈황, B 홍산문화(승덕, 적봉, 대흥안령 일대). C 소금 생산지 해지(解池). D 반파(半坡) 유적지. E 함곡관.

다."36)

은미(隱微)하다고 한 문구는 여러 가지 의미가 숨어 있다고 봅니다. 공자님이 제자들에게 《시경》을 공부하라 한 말씀 속에는 "《춘추》에는 시(詩)와 같은 표현법이 담겨 있다"는 의미도 있다고 봅니다.

돼지 해(亥)자로 발음되던 부족 이름 해(解, 奚, Xie/시/씨/씨애, 개, 기), 즉 고조선 사람들(盖狄, 東胡)이 쓰던 말소리를 한자로 적었다는 뜻이 글자 발생, 성장 과정, 시문, 그리고 다른 중국 문헌 속에 남아 있습니다. 어느 누구나 처음에 '음을 빌려서 글자로 쓸 때는 일정한 제한이 없어' 글쓴 사람의 구미에 맞는 한자를 선택했다고 봅니다. 예로부터 전해 오던 여러 지역의 구전 문화와 기록을 정리하여 《사기(史記)》를 남겨 놓은 사마천은 많은 글

36) 為之人也, 舍之禽獸也. 故書者, 政事之紀也 ; 詩者, 中聲之所止也 ; 禮者, 法之大分, 詩書之博也, 春秋之微也.

자를 이리저리 뒤바꾸어 놓았습니다. 그가 함곡관 서쪽에서 태어난 사람이고, '높다는 뜻을 "위, 우, 고"라 기록' 하였듯이, 옛적 동호(奚, 盖狄, 東胡) 계통의 언어인 한국 말을 가차한 글자가 《사기》에는 많이 있다고 봅니다. 글자뿐만 아니라 한문 어순과는 다르게 기록한 문구가 여기저기 보입니다.

강: 아니, 그게 무슨 뜻입니까? 어떻게 이 박사께서 그렇게까지 깊고 폭넓게 조자법을 설명하십니까? 글자를 만든 방법 이면에는 그 사람들의 정서가 담겨 있습니다. 옛 글자 속에는 구전문화를 시로 읊어 정서를 문자 속에서 남겼습니다. 사마천이 많은 글자를 뒤바꾸어 적었다는 이야기는 들어 본 적이 있습니다. 더더욱 그가 남긴 글에는 우리가 쓰는 어순이 남아 있는 것 같습니다.

이를 조자법에까지 결부시켜 뚜렷하게 설명한 사람은 없었습니다.

이: 《사기》〈진세가(晉世家)〉 첫줄을 보세요. 사마천이 여러 곳을 돌아다니며 여러 곳의 전설을 들었다니, 그가 산서성에 갔을 때 그곳에서 옛부터 전해 오던 전설을 근거로, 다음과 같은 문구를 남겼다고 봅니다.

"晉唐叔虞者, 周武王子而成王弟初, 武王與叔虞母會時, 夢天謂武王曰: 余命女生子, 名虞, 余與之唐及生子, 文在其手曰虞, 故遂因命之曰虞武王崩, 成王立, 唐有亂, 周公誅滅唐."

이를 풀이하면, "진 당숙우라는 사람은 주 무왕의 아들이고 성왕의 동생이다. 처음에, 무왕과 숙우의 어머니가 잠자리를 같이했을 때, 꿈에 하느님이 일러주었다.(그 꿈 이야기를) 무왕이 말했다. '내가 명하여 네가 관계한 여자가 임신했다. 아들이다. 이름을 우라 해라. 나와 같은 당이니라.' 이에 나온게 아들이었다. 글자가 있었다. 그 손에 이르기를 '우'라 하여 천명에 따라 부르기를 우라 했다. 무왕이 죽었다. 성왕이 들어섰다. 당에 무슨 일이 있었다.(그를 핑계 삼아) 주공이 주살시켜 버렸다, 당을!"

주공이 천명을 받고 태어난 당(唐, 旦, 壇君, 檀公)을 죽였다는 뜻입니다.

강: 아니! 그렇게도 풀이가 되는 군요. 성인이라고 하던 주공이 하늘의 명을 받아 태여난 사람을 죽였다는 뜻이 아닙니까?

이: 네.《사기》에는 그와 비슷한 어순으로 작성된 근거가 여기저기 보입니다. 다음은 주공이 주멸했다는 당우(唐虞)란 이름이 나오는 〈흉노열전〉 첫 구절입니다.

"匈奴, 其先祖夏后氏之苗裔也, 曰淳維唐虞以上有山戎, 獫狁, 葷粥, 居于北蠻, 隨畜牧而轉移. 其畜之所多則馬, 牛, 羊…, 逐水草遷徙, 毋城郭常處耕田之業, 然亦各有分地. 毋文書, 以言語為約束."

"흉노는 그 선조가 하후씨 후예다. 부르기를 '순유'라 했다. 당우(唐虞) 영토 위(북쪽)에 있었다. 산융, 험윤, 훈죽이 기거하기는 북쪽 만(야만인들) 땅에서 가축을 기르며 따라 다니며 돌아다녔다. 그들이 살던 곳에는 많은 말, 소, 양 등 여러 종류의 동물이 있었다. 이를 쫓아서 물과 풀을 따라 옮겨다녔다. 성곽도 경작지도 없이 흩어져 살았지만, 각자가 땅을 나누어 가졌다. 문서가 없어 말이 약속이었다."

이 당우(唐虞)는 지명 또는 인명의 약자라는 등 여러 가지로 풀이해 왔습니다.[37]

---

[37] 《論語》: 唐虞之際, 於斯為盛.《孟子》: 孔子曰: 唐虞禪, 夏后, 殷, 周繼, 其義一也唐虞謂之牧何. 夏曰歲, 商曰祀, 周曰年, 唐虞曰載. 獫狁이 葷粥이다. 獫狁은 선왕 이후에도 많이 나온다. 唐虞는 지역을 뜻했다.

사마천은《사기》를 도당(陶唐)부터 시작하여 한무제 시기까지를 쓴다 하고, 황제부터〈본기〉를 시작했습니다.《사기》〈오제 본기〉에 나오는 도당 (陶唐)은 도자기 굽는 마을의 당(唐, 旦, 壇君)이란 뜻으로 황제를 뜻합니다. 요 임금 이전 사람이라야 이치에 맞습니다. 그러나 당우(唐虞)는 요순 임금을 뜻합니다. 다른 사서에서도 당(唐)을 여기저기에 인용했습니다. 한국 말로 "단 또는 당(旦, 壇君)으로도 발음하는 소리(音)"를 가차한 글자라고 봅니다.《여씨 춘추》에 "진이 패자일 뿐 아니라 여러 하후(夏, 蓋狄)에 둘러 싸여 있어 공격할 수가 없다"고 했습니다.[38) 산서성에 있던 제후국 진(晉) 은 하우씨(夏禹氏)와 같은 부족(蓋狄)이 세운 나라입니다.

강: 네. 당우(唐虞)라는 두 글자는 풀이가 모호합니다. 흉노들이 살던 곳이 산서성을 중심으로 한 지역이라 제후국 진세가 초기 기록과 관계가 깊다는 이야기시군요. 일리가 있습니다. 이 박사 이야기가 그럴 듯해 보입니다만, 앞으로 많은 사람들이 깊이 살펴보기를 바랍니다.

이: 천명을 받고 태어난 사람 당(唐)을 죽였다 하여 그곳에는, "그 후 꼭 당(當)은 크리라"했다는 전설이 기자(箕子)가 한 말이라 하여 전해 내려왔다고 봅니다.[39)

강:《사기》진세가에 있는 "그후 필 당 대의(其後必當大矣)"라 하는 문구를 그렇게 풀이하십니까?

---

38)《呂氏春秋》慎行論 慎行 無忌說王曰: 晉之霸也, 近於諸夏 而荊僻也, 故不能與爭不若大城城父而置太子焉, 以求北方, 王收南方, 是得天下也.
39)《史記》〈世家 晉世家〉: 且吾聞箕子見唐叔之初封, 曰 其後必當大矣.

이: 네. 보십시오. 그 문구는 필(必)자 한자면 그 뜻이 통합니다. 당(當)자를 옛적에 풀이한 대로 받아들이면 '아무런 쓸 이유가 없는 연자(衍字)가' 아닙니까? 그 당자는 단(唐, 旦, 壇, 叔旦)의 뜻을 다른 글자로 바꾸어 썼습니다. 기자가 한 말은 한글 어순입니다. 그 전 문구도 한글 어순입니다.

강: 네? 기자(箕子)가 한 말이 한글 어순이라고요? 청천벽력 같은 소리입니다. 이 박사의 글자 풀이는 참으로 신랄합니다. 여러 학자들이 벌떼같이 달려들겠습니다. 그러나 다른 시각에서, 이 박사님이 인용하신 정현의 설이나 안사고(顔師古)의 설명을 감안하면 그럴 법도 합니다.

정현(鄭玄)이라면 어려서부터 신동(神童)으로 알려졌고, 《삼국지》에 나오는 관우, 장비와 의형제를 맺은 유비(劉備)의 어머니가 존경했던 후한시대의 최고 훈고학자입니다. 정현의 조부는 서안 사람이고, 정현은 산동성 북해고밀(北海高密) 사람이니, 그는 함곡관 동과 서쪽 지역의 방언을 잘 알았던 사람이라 봅니다. 그를 《시경》 풀이의 태두로 치고 있습니다. 《시보(詩譜)》와 《모시전(毛詩箋)》은 《시경》을 이해하려면 꼭 읽어야 하는 고전입니다. 이 박사 설명을 듣고 보니, 한국에서 '해'로 발음하는 똑같은 글자가 중국의 다른 지역에서는 'jiě지애, jiè찌애, xiè쉬에/시에/씨에'라고 발음했고, 일본에서는 '아사히' 하는 '히'로 발음했다는 증거가 확실하군요.

그러니 같은 소리를 여러 한자로 적었었다는 이 박사님의 주장은 단옥재(段玉裁, 1735-1815년)가 이야기한 "모든 한자가 한 사람에 의하여 한 곳에서 일시에 만들어진 것은 아니라 같은 뜻을 한 여러 글자가 생겼다"는 풀이와 일맥상통합니다.

이: 그러나 후대 사람들은 정현의 이야기를 그런 뜻이 아니라고 반박합

니다. 여기 나온 글자 해(解)와 기(箕) 계/글/설(契; qì qiè xiè/ kai3 kit3 sit3/ *kèi ket set) 그리고 앞에 놓여 있는 저의 영문본에서 사음자라 한 발조선의 발(發)자에는 단군조선과 기자(箕子)에 관한 사연이 많이 숨어 있습니다. 옥편에는 "해 합야: 諧; 合也"라, 즉 화할 해자를 합이라 했습니다. 이는 '글자 뜻이 합이다'는 게 아니라 '두 글자가 같은 소리로 발음하여 읽는다'는 뜻입니다. 합자는 《강희자전》에서 '고을 이름 합(郃)자'를 설명하면서 '가차 전주가 어떻게 이용 되었는가' 또 '동음 이자의 관계'를 자세하게 설명했습니다.

이곳이 《시경 대아 대명(詩經 大雅 大明)》에 나오는 "제합지양, 在洽之陽"[40]이라는 곳입니다. 문왕이 합(洽, 해, sun)이라는 사람들이 살던 땅에 들어가 그들과 혈연 관계를 맺고 살았다는 뜻입니다. 옛적에는 그 마을에 "합, 洽qià hé xiá; 합 合 hé gě 이라는 여울氵"이 흘렀으나 물이 말라 물이란 뜻은 사라지고 마을이 생겨, 읍(邑)이란 뜻이 들어갔다' 하여 물이란 뜻을 마을이란 뜻으로 바꾸어 합(洽)를 합(郃) 자로 바꾸어 적었다고 합니다. 그곳이 협서성 합양현(陝西省合陽縣)입니다. 그곳이 사마천의 조상이 살았다는 소량(少梁)입니다. 그곳을 "소량갱명하양,少梁更名夏陽"이라, 즉 소량을 바꾸어 하양이라 했던 곳이라고 했습니다. 이를 보면 사마천이 살 때에는 해(合)와 합(洽) 하(夏)는 같은 소리로 읽었습니다. 소(少, shǎo shào/) 자는 형용사로 그와 비교되는 대량(大梁)이란 곳이 멀리 떨어지지 않은 곳에 있었다고 봅니다. 또 오늘 한국 말로 합(合)[41]이라 읽고, 중국 말로 "hé gě;

---

40) 《詩經》大雅 文王之什 大明: 文王初載, 天作之合. 在洽之陽, 在渭之涘. 文王嘉止, 大邦有子.
　　문왕 처음에 지도자가 되자 하늘이 만든 합(해, sun)이라. 흡수(洽水)가에 살게 하고 위수가에 살도록 했다. 문왕 기뻐하사 그 큰 나라에 규수가 있다는 것을.

41) 合;《前漢·西域傳》西夜國王, 號子合王. 서역국에 있는 서야국 왕을 햇님의 아들이

허어, 흐어, 끄어, 거어"라 발음하는 글자를 옛적에는 흡 또는 합 "洽qià hé
xiá. 郃hé xiá gé"이라 발음했다는 뜻이고, 오늘 합(合; hé/흐어, gě/그어)이
라고 발음되던 부족이 그 여울 가에 살았다는 뜻입니다. 그 이외에도 그 당
시 해지 연안에서 사용했던 여러 글자들의 발음이 있습니다.[42] 이곳 지명
이《수경주(水經注)》〈하수 합수(河水: 郃水)[43] 편〉에도 자세히 나옵니다. 그
곳 마을 신읍(莘邑[44]; xīn/ shēn)이 옛적 제곡고신씨(帝嚳高辛氏)가 살던 마
을이고, 기씨(艾奇, 箕, 斤氏)의 출생지입니다. 이곳에서《동이전(東夷傳)》
부여조(扶餘條)에 나오는 조두(俎豆)를 썼습니다. 중국 정사에는 이곳에 "태
사지국; 太姒之國", 즉 하우씨(夏禹氏)의 후손 또는 주 문왕의 부인이 살던
곳이라 했습니다. 이 하(夏, xià jiǎ/시아/샤) 부족을 곤오(昆吾)씨라고 합니
다.《설문(說文)》에서는《시경 대아》에 있는 "곤오희이, 昆夷呬矣"란 시구
(詩句)를 인용하여 두 글자 설명을 "동이는 식(息, xī) 희/휴/휘(呬)라 한다"

라 한다. 閹자는 門과 盍를 겹한 자.
《後漢·西域傳》子合國, 去疏勒千里. 又通作閹.《후한서》서쪽에는 햇님의 나라가 있
다. 合을 보통 閹로 쓴다. 뒤에 盍를 설명.

[42] 郃: 曷閤切, 弐音合.《說文》左馮翊郃陽縣.《詩·大雅》在郃之陽. 本作洽.《註》洽, 水
名, 在同州郃陽夏陽縣. 今流已絕, 故去水加邑." 六號之別名: 神號, 尊其名更為美稱,
若曰皇天上帝也. 鬼號, 若曰皇祖伯某, 祇號若曰后土地祇也. 齊號, 黍曰薌合, 梁曰
香其之屬也. 薌合은 解谷이란 뜻. "夫豾, 五穀不生, 惟黍生之."

[43]《水經注》卷四 河水: 郃水 河水又逕郃陽城東, 魏文侯伐秦至鄭, 還築汾陰郃陽, 即
此城也. 故有莘邑矣, 為太姒之國.《詩》云: 在郃之陽, 在渭之涘. 又曰: 纘女維莘, 長子
維行. 謂此也. 城北有瀵水, 南去二水各數里, 其水東逕其城內, 東入于河. 又于城內
側中, 有瀵水東南出城, 注于河. 城南又有瀵水, 東流注于河. 水南猶有文母廟, 廟前
有碑, 去城十五里, 水, 即郃水也, 縣取名焉. 故應劭曰: 在郃水之陽也.

[44] 나라 이름 신(莘shēn xīn)자는 "蓁, 辛,辛"과 같다. 號地名.《詩·大雅》纘女維莘.
《傳》太姒國也.
《郡國志》郃陽南有古莘國, 散宜生爲文王求有莘氏女以獻紂, 即此地也.《班固·東都
賦》俎豆莘莘.《王褒·青髥奴文》莘莘翼翼. 又長貌.《詩·小雅》魚在在藻, 有莘其尾
《爾雅·釋天》太歲在辛曰重光, 月在辛曰塞.《禮·月令》其日庚辛.

고 했으나 그런 시구(詩句)는 물론 희(呬)자 마저도 현존하는《시경》에서는 찾아볼 수가 없습니다. 글자의 뜻과 문맥을 보면《시경》《대아(大雅)》 면(緜)에 실린 시구(詩句)의 글자를 바꾸었습니다. 해지 연안에서 쓰던 "해, 解"의 발음이 "시 희 히 해"로 사용되었다는 근거를 감추었다고 봅니다.[45) 이 지역에 제계(帝啓, 夏啓)가 아들을 보냈다는 기록이《사기》와《죽서기년》에 있습니다.[46) 황하가 함곡관을 나오기 전인 한원 일대입니다.

강: 아니 이 박사! 어찌 그렇게 뚜렷하게 설명해 줍니까?

이《시경》《대아(大雅)》 대명(大明)은 주무왕이 천명을 받아 서주 창업에 성공하여 주공이 사직에 읊은 시문인데 여기 실린 "합지양, 洽之陽"이라는 곳은 지금은 말라 버렸다는 흡수(洽水) 가까이에 있었습니다. 후에 지진이 나서 물길이 바뀌었다고 봅니다. 그 가까운 곳에는 틀림없이 양산(梁山)이 있었습니다. 이 박사 책에는 풀 해(解) 자를 비롯한 많은 "해, he, hae"라 발음하는 글자들이 "해를 숭상하던 부족"을 뜻한다, "하(夏) 왕조도 해를 뜻하는 사음자 같다"는 기록을 남겼는데, 이번에 설명을 듣고 보니 이박사 학설이 동북 아시아 상고사를 바꾸어 써야 할 디딤돌입니다.

《좌씨춘추》에는 여러 지명이 나옵니다만, 그곳들이 오늘의 지도로 어디

---

45)《詩經 大雅 緜》; 混夷駾矣.《說文》東夷謂息爲呬, 引《詩·大雅》: 昆夷呬矣.
　　◎按《詩》本作昆夷駾矣, 維其喙矣. 傳: 喙, 息也.《說文》改駾作呬, 非.
　　《강희자전》: "說文; 東夷謂息爲呬, 引《詩·大雅》: 昆夷呬矣."《大戴禮記》帝繫: 昆吾
　　者, 衛氏也 ; 參胡者, 韓氏也.
　　呬; xì/ hei: 客家话 [梅县腔] si [台湾四县腔] si [客英字典] si [海陆丰腔] si,粤语:
　　hei, 潮州话: hi, 휘 또는 휴로 발음.
46)《史記·夏本紀贊》夏啓封支子于莘, 因聲近改爲辛.《竹書紀年》帝啓: 放王季子武觀
　　于西河.

인가는 분명치 않습니다. 소량(少梁)이라는 말이 기록에 많이 나옵니다. 이 박사의 설명을 듣고 보니 어디인가가 분명해졌습니다.《수경주》에는 사마천의 비문을 인용하여 그곳이 하양(夏陽)으로, 괵인들이 살던 마을(虢邑)이라 했고, 해(奚)족들이 산다 하여 그 마을을 지나던 여울, 합(洽)이 계수(溪水)로 나옵니다. 이곳이 각주 "5"를 설명할 때 나온 "奚"를 해(奚)라 발음한 위수로 들어가는 낙수 연안에 있던 마을, 즉 낙양(洛陽)이라 한 곳입니다. 옛적에 "하낙출도서"라 한 곳이 관중 분지의 동쪽 이고 황하의 서쪽으로 《시경》과《일주서》에 나오는 낙(洛)자입니다.[47] 그 동쪽 하동에 있는 염호를 지금까지도 해지(解池, Xiechi/시애취)라 부르니, 괵인은 해(Xie; 奚, 解)족이 분명합니다.

《신서(新序)》에 의하면, 우(虞)와 괵(虢)은 작은 나라였지만, 강 건너 하양 에 요새를 만들어 같이 지키고 있어(夏陽之阻塞, 虞虢共守之), 하동에 있던 진(晉)이 정벌하지 못했다는 기록이 있습니다. 우(虞)와 괵(虢)은 같은 해(Xie; 奚, 解)족으로 하우씨(夏禹氏)와 같은 부족이 분명합니다.

이: 이곳이 바로 사마천 아버지가 역(易)을 배운 양하(楊何)라 봅니다.[48] 《시경》에 실린 "합지양, 洽之陽"을 소양(少梁) 또는 하양(夏陽)이라 한 곳을 가차전주한 글자입니다. 천관을 배운 당도(唐都)는 그곳에서 분수를 따라 동북 쪽에 있었다고 봅니다. 도(都)가 경(京)이니 이곳을 당경(唐京)이라고 불렀다고 봅니다.

---

47)《詩經》小雅 瞻彼洛矣.《逸周書》職方解: 正西曰雍州, 其山鎭曰嶽山, 其澤藪曰弦蒲, 其川涇汭, 其浸渭洛.
　　河洛出圖書. 親夏故虞, 紬唐謂之帝堯, 以神農爲赤帝. 作宮邑於下洛之陽, 名相官曰尹.
48)《詩經》秦風 車鄰: 阪有桑, 隰有楊. 판에는 뽕나무. 시/습지에는 버드나무.

《시경》에 실린 "흡지양(洽之陽)"이라 한 곳은 물목이 좁아 "조주위양(造舟爲梁)"이라, "배를 만들어 다리로 사용했다"고 한 곳입니다. 배를 다리로 사용했던 사람들이 《시경》 위풍에 나오는 맥(貊)족이었습니다.[49] 이를 가차 전주하여 앞에 말씀드린 "少梁, 郃陽, 夏陽, 楊何" 여러 가지 이름으로 기록되었습니다. 그곳이 황하 동쪽, 즉 하동(河東)에서 강물을 건너기에 가장 적합한 곳이라 마을이 생겼다고 봅니다. 다리를 놓기 전에는 말(馬) 등에 엎혀 물을 건넜다고 합니다. 순 임금이 태어났다는 제풍(諸馮)이 이곳입니다.

사마천은 똑같은 내용을 두 곳에 '음은 같으나 뜻이 다른' 글자로 기록했습니다. 《상서》〈우공편〉에는 "협우갈석 입우하(夾右碣石入于河)라 하고, 《사기》〈하본기〉에서는 협우갈석 입우해(夾右碣石入于海)라" 했습니다. 우리가 쓰는 '바다 해' 자 발음과 물 하(河, hé, hē, hè/허어, 흐어, 허!)자가 같은 발음이었다고 봅니다. 이 '해'라는 말 소리를 여름 하(夏)자로도 바꿀 수 있었다고 봅니다. 그는 위와 같이 글자도 앞뒤를 바꾸어 '어느 어순이 그 당시 어순'이었는가를 분별할 수가 없게 되었습니다. 이를 역으로 풀이하면, 그는 한어와 동호어(東胡語, 蓋語, 何語)에 능통했다고 봅니다. 이렇게 혼합하여 작성된 《사기》를 후세 사람들이 풀이하다 보니 '명사로 기록했던 해자'를 다른 사람들은 "何, hé, hē, hè/허어, 흐어, 허!" 하는 어기사(語氣詞)로 풀이했다는 등등 여러 곳에 그러한 증거가 보입니다.[50] 후세 사람

---

[49] 《詩經》: 大明 造舟爲梁, 不顧其光. 魏風 伐檀: 胡瞻爾庭有縣狟兮. 貊: 貊子, 狟.《疏》狟似狐, 善睡.
《釋文》貊, 本作貉.《爾雅·釋蟲》莫貉, 蟷蜋, 蛑.《疏》莫貈, 又與貊同.《字林》北方人, 非獸也.

[50] 《사기》: "河陽縣春秋晉河陽邑太史公學天官於唐都, 受易於楊何少梁夏陽."《수경주》(水經注) 卷六 湛水: 同于三家之誤耳. 其水自溪出南流". "湛水自向城東南逕湛城東, 時人謂之椹城, 亦或謂之隰城矣. 溪曰隰澗. 隰城在東, 言此非矣".

들이 사마천이 쓰던 글자를 잘못 풀이한 곳이 많다고 봅니다.

강: 시대의 변천에 따라 말 소리가 바뀌었을 터이니, 같은 곳을 여러 사람들이 이리저리 돌려 다른 글자로 적었다는 설명은 이해가 갑니다. 그때는 하(河)와 해(海)를 같이 발음했다는 증거가 확실하니, 갈석산 어귀로 나와 오늘의 해하(海河)로 올라왔다는 뜻이 됩니다. 그 일대에 예맥 숙신씨가 살았다 하여 양사도(楊師道)가 당 태종에게 바친 시문에는 숙신향(肅慎鄕)이라고 했습니다. 여러 글자로 표기된 숙신(息愼. 稷愼, 肅育, 肅愼, 儵倰)씨를 해(解)란 글자로도 써왔다고 봅니다. 이를 흔히들 예맥(濊/穢貊/貊/貉)이라고 부릅니다.

이: 강 박사님의 말씀을 달리 풀이하면 우(虞)와 괵(虢), 즉 하우씨(夏禹氏)와 곽숙(霍叔)은 같은 해(奚, 解)족이 아닙니까? 제가 추리한 결론과 같습니다. 그러나 중국 정사에는 주 선왕 때까지 서주를 많이 도와주었던 괵공(虢公)은 주무왕의 동생이 되는 곽숙(霍叔)의 후손이라고 설명하고 있습니다. 괵공(虢公)은 서주가 망할 때까지 주 왕실에 충성을 다했습니다.

노희공(魯僖公, 기원전 659-627년) 2년, 즉 주 왕실이 함곡관 동쪽으로 쫓겨간 이후 제 환공 시절이 되는 기원전 658년에 우와 진의 군사가 하양을 멸했다는 기록이 《춘추좌전(春秋左傳)》과 《춘추공양전(春秋公羊傳)》에 실려 있습니다: "虞師, 晉師滅夏陽,"《춘추좌전(春秋左傳)》에는 하양(夏陽)을 아래 하(下)자 하양(下陽)이라 기록했지만, 하양은 괵(虢)의 고을 이름이라 했습니다. 같은 사건을 다루면서 《춘추공양전(春秋公羊傳)》에는 다음과 같이 대화 형태로 기록을 했습니다. 누가 멸했느냐고 물으니 "개적 멸지; 蓋狄滅之"요, 즉 북적의 한 분파인 개/해적이 멸했다고 했습니다. 그곳을 초구(楚chǔ丘)라 했습니다. 해(奚, 解)족, 즉《좌전》에는 산융으로 나오는 개적(蓋狄)이 충성을 다했다는 결론이 아닙니까?

비슷한 발음을 하는 글자 "춰(虘;cuó)"가 새겨진 "서주태사춰(cuó)궤; 西周太師虘簋"라 이름을 붙인 주물(鑄物)이 협서성 부풍현(陝西扶風縣)에서 발굴되었습니다. 태사춰(太師虘)를 태사주(太史籒)로 적었다고 봅니다. 이곳이 괵공(虢公)의 관할 지역이었습니다. 앞에서 설명한 "옛 발음을 전주하여" 적었다는 근거가 아닙니까? 남쪽에 있던 초(楚)나라와는 아무런 관계가 없는 곳입니다. 이 글자가 사서 여러 곳에 추위(倕爲)라고 나오는 "倕; chuí/추왜이"가 아닌가 합니다. 여섯 추가 글자도 만들(陸倕爲文)고 활도 잘 만들었다는 설이 있습니다.[51] 태사춰(太師虘)를 사주(史籒)라 했고, 그가 괵공(虢公)이고《시경(詩經 江漢)》에 나오는 소호(昭虎, 召虎)라 봅니다.

한국 말로 "해, 하늘"의 뜻 또는 음이 오랫동안 지나오면서 여러 가지 한자로 기록 되었다고 봅니다. 그 안에 새겨진 70자 중에는 지금은 쓰여지지 않는 많은 글자가 있습니다. 왕 12년에 이 주물을 만들어 주었다고 합니다. 그 글자를 보면, 당시 글자를 만들어 쓰던 방법, 즉 "육서, 조자법"을 어느 정도 이해할 수 있습니다.

그 근거는 활에 관한 설명과 소호 김천(少皞金天氏)씨를 뜻하는 호(皞)자 설명을 결부시켜 보면; "虘, 虢, 攜, 皞, 虎, 皓, 隔, 鄗" 하는 글자들이 모두 하늘,해, 또는 햇빛/볓(白, 皞, 非)을 의미하는 글자가 뚜렷합니다.[52] 빛/햇

---

51) 說苑 君道: 當堯之時, 舜為司徒, 契為司馬, 禹為司空, 后稷為田疇, 夔為樂正, 倕為工師, 伯夷為秩宗, 皋陶為大理, 益掌歐禽, 堯體力便巧不能為一焉. 太平御覽 銘: 成, 命太子舍人陸倕為文乃詔臣為銘. 黃帝時巧人名. 又唐虞共工名.《書·舜典》作垂. "和之弓, 垂之竹矢" 史籒, 周宣王太史名, 造大篆. 詩經 大雅 江漢: 王命昭虎.

52)《山海經》: 少皞生般, 般是始為弓矢. 少皞, 金天氏 管子: 倕作弓, 般是浮游作矢, 而羿精於射 ; 奚仲作車, 乘杜作乘馬, 皞:《韻會》合老切, 趫音昊.《廣韻》明也.《類篇》

볗(非)이란 사람은 백익(伯益)의 후손이라 했습니다.

강: 그래요. 논리에 맞지 않는 앞과 뒤가 다른 이야기들이 중국 정사에
는 많이 실려 있습니다. 주물이나 돌에 새겨진 글자는 바꿀 수가 없으니
그릇된 옛 역사를 밝혀 주는 좋은 자료가 되지요. 무왕의 형제가 어디 그
뿐입니까? 서주 왕실에서 봉했다는 많은 제후국이 모두 서주와 같은 성씨
라 했습니다. 〈한혁(韓奕)〉에 나오는 한후(韓侯)의 선조도 무왕의 한 형제
라 했지요.

이: 네. 그 한후(韓侯)도 서주 무왕과는 아무런 혈연관계가 없다고 봅니
다. 그러한 근거가 《통전(通典)》〈고옹주(古雍州)편〉[53]에 있습니다. 이를 풀
이하면 다음과 같습니다. "한후의 성은 옛적 한국(韓國)이 소량(少梁)이라
고 부르던 곳이고, 한(漢)대에는 하양현이라 했다. 그곳에 양산이 있었고
우공이 물길을 다루던 기산과 양산이 있는 곳이다." 이 기록을 보면, 〈한
혁〉의 한성이 황하 서쪽, 사마천의 고향에 있었습니다. 산서성은 옛적에
"노예가 살던 곳"이라 했으니, 서주의 수도 가까이에 있었던 작은 도시국
가였던 '우(虞)'와 괵(虢)은 한(韓, 汗, 馯)이 다스리던 나라'였다는 뜻이고,
그들이 노예가 되었다는 뜻입니다. 이는 앞에 인용한 문구 "그들이 강건너
하양(河陽, 夏陽)에 요새를 만들어 같이 지키고 있어, 하동에 있던 진(晉)이

白貌. 又太皞, 伏羲氏. 少皞, 金天氏. 又通作昊. 皞天罔極, 《詩·小雅》作昊天. 昊天罔
極. 又通作顥. 西顥, 西方太皞也. 又通作皓. 見皓字註. 或作皛皛.
《廣韻》从日作暤. 《六書故》暤之从白, 日之譌也. 俗作皡, 非. 又皞皞, 廣大自得之貌.
非子, 伯益之後.

53) 《通典》〈古雍州〉: "韓城古韓國謂之少梁. 漢為夏陽縣. 有梁山, 《尚書》〈禹貢〉: 理梁及
岐."

정벌하지 못했다"는 기록과 같습니다. 여러 사서에 나오는 한원전쟁터(戰 於韓原, 韓原之戰, 少梁之戰)가 바로 그 지역입니다. 이 지역을 다룬 중국 문 헌에 따라 그 당시의 음성학(音聲學, phonology)을 풀이하면 한국 상고사 에 알려지지 않은 많은 비밀이 사실로 드러나리라 봅니다.

강: 하양(夏陽)이라 한 곳이 말을 바꾸면 "부하(負夏), 즉 하양(夏陽) 또는 소양(小梁)을 뒤로 하고"란 뜻이 아닙니까? 그곳으로 순 임금(虞舜)이 자리 를 옮겼다는 곳이고, 명조(鳴條)에서 죽었다 합니다. 하왕조의 마지막 왕 걸(桀)이 상나라 군사에 쫓기다가 그도 명조(鳴條)에서 죽었다 합니다. 쫓 겼다면, 그 당시 제일 방어하기 좋은 곳에서 끝까지 싸우다 졌다는 뜻이니, 하 왕조가 한원 일대에서 나타났고 함곡관 서쪽 요새에서 멸망했었다는 설명이시군요.

중국 사서 여러 곳에 "우이력산지, 탕이장산지; 禹以歷山之, 湯以莊山之" 라 하는 문구가 나옵니다. 우 임금이 다스리던 땅의 진산이 되는 력산(歷 山)은 순 임금이 다스리던 곳으로 "순경어력산; 舜耕於歷山"이라 했습니 다. 이 력산(歷山, lì shān)을 다른 사서에는 동음 대자를 써서 려산(麗山, 驪 山, lìshān)으로 기록되었습니다. 이 산이 수양산입니다. 함곡관 서쪽입니 다. 중국 사서에는 순 임금이 죽었다는, 또는 그의 묘지가 여러 곳에 있다 하여 혼란을 이르키고 있습니다. 그러나 이 박사의 설명을 들으니,《한시 외전》또,《맹자》에 나오는 "순이 명조에서 죽었다"는 기록이 확실하다고 봅니다.[54]

의문에 싸였던 명조(鳴條)라는 곳이 "하동군 안읍현; 河東郡安邑縣"이라

---

54) 《韓詩外傳》卷三,《孟子》離婁下: 舜生於諸馮, 遷於負夏, 卒於鳴條, 東夷之人也.
   《史記》夏本紀: 湯修德, 諸侯皆歸湯, 湯遂率兵以伐夏桀. 桀走鳴條, 遂放而死.

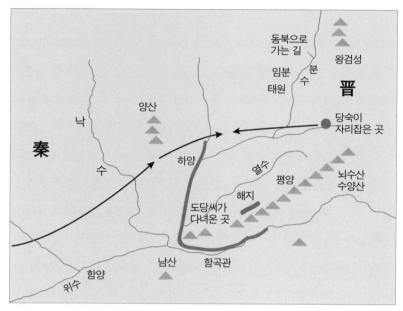

그림 3. 고조선 발생지: 열산(烈山), 왕검성(王險城), 불함산(不咸山), 숙신(肅愼), 려융(驪戎), 려민(黎民), 연경(燕京), 유주(幽州), 부여(扶餘)가 이곳에 있었다.

하는 기록이 있습니다. 그곳이 산서성 해지(解池) 연안에 있는 오늘의 운성시(運城市)입니다. 순 임금의 이름 우자를 따서 우읍(虞邑)이라고 이름을 붙인 적도 있습니다. 이 박사께서 '요순 임금의 뒤를 이은 하 왕조까지는 수도가 함곡관 서쪽에 있었다는' 또 하나 새로운 증거를 뚜렷하게 밝혀 내셨습니다.

이: 네. 옛적에 "유주 연야(幽州, 燕也)"하는 문구에서 연(燕)자는 편안하다는 뜻이 있어 이곳을 안읍(安邑)이라고 바꾸었다고 봅니다.[55] 이곳이

55) 《呂氏春秋》有始: 西方爲雍州, 秦也. 北方爲幽州, 燕也.《荀子》: 湯居亳, 武王居鄗, 皆百里之地也. 杜伯射王于鄗.
《史記》太史公自序: 武王旣崩, 叔虞邑唐. 君子譏名, 卒滅武公 唐縣, 本春秋時鮮虞

《사기》《진세가》에 무왕이 숙우를 봉했다는 곳을 간략하여 우읍(虞邑)이라 했습니다. 높은 사람이 살던 읍이라 하여 호(昊)라는 뜻이 있는 글자(隔, 部)로 나타납니다. 해지 연안입니다. 이곳이 고조선의 첫 수도 평양입니다. 이곳이 연경(燕京)이라 한 곳입니다. 또 하나는 먼 후에 나타났습니다. 181년에 죽은 '선비 수장 단석괴(檀石槐), 또 나라 이름; 당(唐) 조위(曹魏)의 어원' 등을 생각해 보았습니다. 이들이 활동한 무대를 보면, 모두 단군조선의 첫 수도 평양이 있던 산서성 지역과 일치되더군요. 당(唐) 단(檀)이라는 한자가 단군(壇君)을 간략하게 기록한 글자라 봅니다.

강: 그래요?

이: 전쟁에 관한 기록은 늘 자세하게 기록되었지요. 뒤에 전쟁을 다루면서 다시 자세히 설명드리겠습니다. 얽히고설킨 글자들의 현 위치를 추정할 수 있는 기록은 《여씨춘추》와 《논형(論衡)》에 나와 있습니다. 《삼국유사》에 나오는 "왕검이 唐高(요, 堯)가 즉위한 지 50년에 평양성에 도읍을 정했다"는 시기와 일치하는 시절에 요 임금은 단수(丹水)가에서 포수(浦壽)와 싸웠고, 우 임금은 조위와 싸웠습니다.[56] 이 전장 터가 모두 관중분지 동쪽이 되는 산서성 서쪽에 있던 곳입니다. 단수(丹水)가에 죄인들이 길을 뚫어 만들어 놓은, 높은 지대에 있는 마을은 홍수가 없고 시원하여 살기 좋은 곳이라, 그곳에 사는 사람은 수명이 길다고 했습니다.

이곳이 《주역(周易)》에 나오는 "습감(習坎, xí kǎn)으로 일국의 지도자(왕

邑也, 漢為唐縣地. 《註》郕, 虞邑也.

56) 《呂氏春秋》恃君覽 召類: 堯戰於丹水之浦, 以服南蠻 ; 舜卻苗民, 更易其俗 ; 禹攻曹魏, 屈驁有扈.

검)가 천혜의 요소에 자리를 잡았던 곳"이란 뜻이고, 이를 짧게 기록하면 왕험성(王險城)이 됩니다. 우리 말로는 "왕검성(王儉城)"으로 수도인 평양 부근에 있었던 산성을 뜻한다고 봅니다. 이 성을 우왕의 아버지 곤(鯀, 鮌)이 쌓았다 합니다.57) 《강희자전》에 따르면, 이를 《상서(尚書)》〈우공편〉에서는 왕옥산(王屋山)이라 했습니다.58) 《상서》〈요전(堯典)〉에는: "택우리왈 양곡; 宅嵎夷, 曰暘谷"이라, '우리가 살던 곳이 양곡'이란 뜻은 "우왕의 무리들이 살던 곳을 양곡이라 한다"는 곳이 《삼국유사》에 나오는 단군조선의 수도 "아사달; 阿斯達"을 뜻한다고 봅니다.

아직도 의문에 싸인 왕검(王儉)이란 글자의 출처가 이 《상서》에 실려 있는 모두 다 첨(僉,qiān/치앤)자에서 나왔습니다. 순 임금이 "첨(僉)에게 물었더니, 모두들 백이(伯夷)를 추천했다"라 했습니다.59) 필사본을 그대로 실은(Scanned text), 尚書(尚書一 41/182)에는 "백우작사공; 伯禹作司空"이라 했습니다. 백이(伯夷)는 백우(伯禹)가 분명하지요? '모두들'이란 뜻인 첨(僉) 자는 순 임금 당시 "소 우는 소리란 글자(豿)로 기록된 부족 단위였던 목(牧)의 지도자"를 뜻했습니다.60) 첨(僉) 자 자체에 '모든 사람들이란 뜻'이 있으나, 이를 확실히 하기 위하여 사람 인(亻) 변에 붙여 검(儉)자를 만

---

57) 帝顓頊高陽氏; 帝產伯鯀. 帝堯陶唐氏 命崇伯鯀治河, 黜崇伯鯀, 司空禹治河. 昔堯 殛鯀于羽山. 鯀生禹. 禹鯀之子也. 夏鯀作城, 鮌作城郭. 夏鮌作城.

58) 又王屋, 山名. 《書·禹貢》至于王屋. 《疏》正義曰: 王屋在河東垣縣東北.

59) 《尚書》虞書 舜典: 帝曰: 咨！四岳, 有能典朕三禮？ 僉曰: 伯夷！帝曰: 俞, 咨！伯, 汝作秩宗. 夙夜惟寅, 直哉惟清, 伯拜稽首, 讓于夔, 龍. 帝曰: 俞往, 欽哉！《Scanned text, 尚書》尚書一 41/182: "僉曰.; 伯禹 作司空. 帝曰俞咨禹." "欽哉, 欽哉, 惟刑之 恤哉！流共工于幽洲, 放驩兜于崇山, 竄三苗于三危, 殛鯀于羽山. 羽畎夏翟. 《註》羽 畎, 羽山之谷. 夏翟"夏朝的禹. 禹代鯀為宗伯, 入為天子司空, 故稱為伯禹. 書經 . 舜 典: 伯禹作司空.

60) 목(牧)이란 행정 단위의 수장을 뜻했다. 이 글자는 모(牟)와 같이 맥(豿)의 또 다른 사음 대자이다. 牟: 說文: 牛鳴也.

들어 썼습니다. 모든 부족의 지도자가 만장일치로 추천(僉)한 사람(人)이 그들의 제일 웃사람, 백우(伯禹)이고 그를 한국 기록에는 왕검(王儉)이라고 했습니다. 즉, 우(禹) 임금이 왕검(王儉)이라는 뜻입니다.《상서》에 나오는 대우모(大禹謨)를 하우(夏禹) 또는 대우(大禹)라 하였습니다. 그를 천자(天子)라 함이 마땅하나 그 존칭을 배제하던 풍토에서는 그 칭호는 널리 씌어지지 않았습니다.

우의 아버지가 치수 사업에 실패하여 쫓겨나 죽었다는 곳이 우산(羽山)입니다. 유주(幽洲/幽州)에 있어야 합니다. 그곳이 항산(恆山)[61] 일대, 즉 산서성에 있는 항산(恒山)이었다고《역림》에 적혀 있고, 도당 씨가 사공 우를 시켜 조위(曹魏)의 융, 즉 후/호(扈)를 쳐부셨다는 기록이《죽서기년(竹書紀年)》에도 있습니다. 이 일대에 북당(北唐)이 있었고, 그들의 서울을 당도(唐都) 또는 당경(唐京)[62]이라 기록했습니다. 북쪽을 위쪽이라 하고 남쪽을 아래쪽이라 하여 한자로 상하로 쓰기도 했습니다. 북당(北唐)이 청주 한씨의 별칭 상당 한씨(上黨韓氏)의 기원이고, 이곳이 선우씨의 출원지인 산서성 태원(太原)이라 봅니다. 산서성 항산(恒山, 常山) 일대가 또한 한국 상산 박씨의 본향이라 봅니다.

남북조시대인 양 원제(梁 元帝, 508-555년) 때 편찬된《금루자(金樓子)》에는 우왕(帝禹夏后氏)이 수도를 평양(平陽)에 잡았는데, 이곳을 안읍(安邑)이라고 했습니다. 이곳이《죽서기년》에 기도(冀都, 冀)라고 한, 해지 연안에 있는 운성시(運城市)입니다. 기(冀)자는 '北, 下: 異' 북쪽에 다른 사람들이

---

61) 항산(恒山):《焦氏易林》: 坎: "恆山浦壽, 高邑所在. 陰氣下淋, 洪水不處, 牢人開戶" 夬: 高阜所在, 陰氣不臨. 洪水不處, 為家利寶.

62) 당경(唐京):《금루자(金樓子)》"帝禹夏后氏. 都平陽, 或營安邑."
《죽서기년(竹書紀年)》帝禹夏后氏: 帝即位, 居冀. 頒夏時于邦國. 冀州." "舜卻苗民, 更易其俗 ; 禹攻曹魏."

살던 곳'이라는 뜻이니, "북쪽 사람들로부터 빼앗은 도시"란 뜻이 아닙니까? 남북조시대에 편찬된 《안씨가훈(顔氏家訓 書證)》에는 하북지역이 옛적에는 모두 이적의 땅이어서 사음자를 많이 썼다는 간접적인 표현을 하면서 옛 고전, 특히 《시경》, 《좌전》, 《상서》 풀이가 잘못된 점이 많이 있다고 했습니다.

하우씨와, 왕검, 평양이 일련의 관계를 맺고 있다는 증거가 있습니다. 우(禹)가 치수 사업을 성공해서 땅이 넓어 순 임금이 기주(冀州)를 나누어 유주(幽州)와 병주(幷州) 둘로 만들었다고 했지만, 《시경》에 기(冀)자 병(幷)는 없고 유(幽)자만이 〈소아(小雅)〉 여러 곳에 보입니다.[63] 특히, 〈소아 사간(小雅: 斯干)〉은 주 무왕의 태사였던 사람(史佚)이 해지 연안의 지도자가 새로 궁궐을 짓고 즐기는 사연을 엮은 시문, 부(賦)라 했습니다.[64] 대우가 치수 사업을 하였다는 구주(九州)는 분명히 함곡관 서쪽에 국한되었었습니다.

강: 그렇게 복잡한 기록을 어찌 그리 쉽게 풀이하여 오늘의 지명으로 '이곳이다' 하고 결론을 내리십니까? 더더욱 왕검(王儉)과 하우씨(夏禹氏)가 직접 혈연 관계가 있다니 이게 무슨 청천벽력 같은 이야기십니까?

---

63) 幽: 深也, 微也, 隱也, 亦州名.《詩·小雅》幽幽南山.《註》幽幽, 深遠也.
《禮·檀弓》望反諸幽, 求諸鬼神之道也.《註》鬼神處幽闇.《禮·檀弓》望及諸幽, 求諸鬼神之道也.]謹照原文及改反.

64) 詩說 小雅:《斯干》: 王者落其新宮, 史佚美之, 賦也. 周武王時太史, 名佚. 斯干은 해지 연안에 살던 부족의 지도자란 뜻으로 옛 단군의 후손이다. 이를 《죽서기년》에는 아버지와 의형제였다는 뜻으로 당숙우(唐叔虞)라고 했다가 뒤에는 다시 한후(韓侯)라 했다.《禮記》曾子問; 孔子曰: 吾聞諸老聃曰: 昔者史佚有子而死, 下殤也逸周書克殷解: 乃命召公釋箕子之囚, 史佚, 遷九鼎三巫.

이: 네, 너무 소설같이 꾸민 이야기로 들어 넘기셔도 좋습니다만, 여러 사람들이 저와 같은 시각으로 위에 나온 글자들을 추적하면 똑같은 결론이 나오리라 봅니다. 여기 제가 찾은 원문을 요약하여 보여 드리지요.

중국 문헌에 왕검(王儉)[65]이란 이름을 여기서 처음 보았습니다. 그 내용은 "북쪽에 있던 진(晉)조가 남쪽으로 옮겨 온 이후에는 왕검에 관한 기록을 포함한 모든 북쪽 기록은 가짜라 하여 볼 수 없지만, 왕검에 관한 사부 목록뿐이고 성명도 없지만, 총명한 하우씨의 후손이 틀림없다"고 했습니다. 중원 북쪽에서는 왕검(王儉)이란 호칭이 위진시대(魏晉時代)까지도 사용되었다는 증거입니다. 《삼국유사》와 중국 기록을 종합해 보면, 하우씨가 고조선의 왕검입니다. 우(禹)가 모든 '소 우는 소리로 기록되던 부족장'의 추천을 받아 최고 집권자, 왕검(王儉)이 되어서 만들었다는 정(鼎)은 유목민의 필수품이었던 동복(銅鍑), 즉 가마솥을 뜻한다고 봅니다.[66]

강: 이 박사 풀이가 너무도 놀라운 추론입니다. 사학계에는 큰 풍랑이 있으리라 봅니다. 한국 상고사를 바로잡을 수 있는 중요한 사료니까 그 원본을 저도 한 번 다시 보아야겠습니다.

서쪽에서 동쪽으로 왔다면, 더 서쪽에 있었다는 기록은 찾으셨습니까?

이: 네. 앞에 말씀드린 목천자가 서왕모를 만났고 쉬었다는 곳이 있습니다. 그의 여행기에는 서하씨(西夏氏) 여러 하(諸夏) 하는 문구가 있고, 또

---

65) 《顔氏家訓》書證: 而河北本皆為夷狄之狄. 王儉四部目錄, 不言姓名, 題云: 王弼後人. 謝炅, 夏侯該, 並讀數千卷書, 皆疑是譙周; 而李蜀書一名漢之書, 云: 自稱蜀才. 南方以晉家渡江後, 北間傳記, 皆名為偽書, 不貴省讀, 故不見也.

66) 鼎:《說文》鼎三足兩耳, 昔禹收九牧之金, 鑄鼎荊山之下. 이 형산(荊山)은 산서성에 있다.

하후계(夏后啟)를 찾아보고 그곳에서 쉬었다는 기록이 있습니다.[67] 이곳이 하후씨와 혈연관계에 있던 부족장의 도읍지로 "서안에서 실크로드를 따라 서쪽으로 가는 길목"에 있었다고 봅니다. 혹시 돈황(敦煌)[68]일대가 아닌가 합니다. 목천자를 위해 하종백 요역(河宗伯夭逆)이 향연을 배풀었다는 곳을 "연지산; 然之山"이라 했는데, 그 산이 무당(雍, shaman, priest)의 산이란 뜻으로 나타나는 "雍山, 雍之山"이라 봅니다.

평양(平陽)이 관중분지에 있었다는 증거가 《삼국지(三國志)》《위서(魏書) 무제기(武帝紀)》에 있습니다. 조씨 선조 평양후 조참(曹參以功封平陽侯)의 묘가 섬서성 함양에 있다는 기록입니다. 이렇게, 단군조선의 첫 수도였던 산서성 해지(解池) 일대가 중국 역사의 핵심지로 되다 보니, 그 후손들이 기록한 중국 정사에 실려 있는 한국 상고사와 관계되는 글자들은 모두 가차전주하여 이리저리 돌려서 특별히 주의하여 옛 글자 풀이를 해야만 진실을 찾을 수 있다고 봅니다.

《상서(尚書)》에는 중화 문명 발생 시부터 상나라 다시 주왕조로 넘어가는 시대를 기록했어야 합니다. 그 속에 한한 사전에는 실리지 않은 글자(jì/ kei3/ gyì;기/지;曁)가 여러 번 나옵니다. 그 글자 풀이가 의문스럽습니다. 조자법에 따르면 이 글자는 "이미 기(既)와 아침 단(旦)자를 겹친 상형자로, 이른 아침"이란 뜻이니, 조선(朝鮮)이란 뜻이 있는 글자입니다. 한나라 때 만든 《설문해자》는 그렇게 풀이했지만 송나라 때에 만든 《광운》에서는 이를 접속사로 풀이했습니다.[69]

---

67) 《穆天子傳》: 予歸東土, 和治諸夏. 萬民平均, 吾顧見汝. 以觀夏后啟之所居. 西夏氏.

68) 《說文》鼎三足兩耳, 和五味之寶器也. 昔禹收九牧之金, 鑄鼎荆山之下. 《玉篇》鼎, 所以熟食器也.

69) 《說文解字》: 曁; 既 旦: 日頗見也. 廣韻: · 曁: 及, 至, 与也. 禹拜稽首, 讓于稷, 契曁, 皐陶. 庶邦塚君曁百工.

제가 이야기하려는 것은 단순한 이 몇 자의 어원을 찾고자 함이 아니라, '육서의 하나라는 형성(形聲, 象聲)은 이방인들이 쓰던 말을 한자로 기록(假借, 寫音字, phonetic loan character, PLC)할 때, 이리저리 다른 글자로 뒤바꾸어(轉注, phono semantic matching character, PSMC) 만들었다'는 뜻이 뚜렷하게 나타났다는 증거를 보여드리고 있습니다. 그 많은 접속사를 뒤로 밀어 놓고 어떻게(기/지;暨)를 접속사로 쓸 수가 있습니까?

이방인의 말을 문법이 다른 한문으로 적은 중국 고전을 말이 다른 사람들의 문법으로 풀이하다 보니 "동사가 명사로, 명사가 동사로 뒤바꾸어 풀이한 결과"가 나왔습니다. 그 예가 성씨의 변천 과정을 소개한《잠부론(潛夫論)》〈지씨성(志氏姓)〉에 많이 실려 있습니다. 또한 한국에도 많이 알려진 계씨성(桂氏姓)의 글자 선택에서도 보입니다.[70] 우리 한자《옥편》에는 실려 있지 않은 글자 "炅, 昋, 耿, 炔"가 모두 빛날 경(耿, gěng/경, 껑/깡)으로 기록에 나오는 부족 이름에서 한나라 때에 여러 곳으로 피해 살면서 음을 살려 다른 글자로 사용했다 합니다. 그 성씨의 본향인 경향(耿鄉)이 한원(韓原)에 있었고, 그곳이 "평양 피씨현(平陽皮氏縣) 동남"에 있었다 합니다. 앞에 말씀드린 바와 같이 잘못된 글자를 바로 잡은 정유오(正謬誤, correction of typo/ mistakes)의 과정을 통하여 만들어진 글자가 많습니다. 이를 '선의로 해석 하느냐, 또는 고의적으로 숨기려 한 게 아니냐' 하는 문제를 깊이 고려해야 된다고 봅니다.

또 하나는 한국에서 "계挈; qiè qì"라 발음하는 글자는 "계/걸/글/설 契;

---

70) 桂:《說文》江南木, 百藥之長.《本草圖經》桂有三種: 菌桂生交趾山谷, 牡桂生南海山谷, 桂生桂陽. 牡桂卽木桂也. 單名桂者, 恐或是牡桂, 人多呼丹桂,《淮南·招隱士》桂樹叢生兮山之幽.《姓苑》漢末, 陽城炅橫四子避難, 一居幽州, 姓桂. 계(桂)의 사음대자가《상서(尚書)》〈우서(虞書)〉〈순전(舜典)〉에 나오는 계(契暨皋陶)라 본다.

qì qiè xiě"와 같이 '칼로 나무 또는 어떤 물건에 긁어서 흔적을 남겼다'는 뜻입니다. 손(手)을 사람(大)을 의미하는 그림(A pictogram, 象人形,《徐曰》本古文人字)으로 바꾸어 만든 글자입니다.71) 이 칼로 긁어 자국을 남겼다는 상형 글자에서 새끼(挈, 挈, 栔, 栔, 挈, 挈, 挈, 挈, 挈, 挈.□: 上: 扨, 下: 口. 挈)를 친 글자들과 해자 현자(亥, 奚, 玄)들의 조자법을 보면, 옛 단군조선 땅에서 나타났다는 거란(契丹)족의 역사가 숨어 있습니다. 계(挈)를 글자가 비슷한 글자로 바꾸어 제지(帝摯, 帝摯少昊氏)라는 사람 이름을 만들었습니다. 《시경》〈대아〉대명에 나오는 지중(摯仲)이라는 글자를 결부시켜 보면 해(奚, sun)라는 뜻이 있습니다.

강: 음. 이 교수가 나를 다시 한 번 놀라게 하십니다. 마치 "영, Zero"의 개념을 설명해 주더라 하신 숙부님의 말씀이 생각납니다. 일리가 있습니다. 그래 그거야. 글자 만들었던 방법은 여섯 가지가 아니라 서너 가지뿐이고, 중국 고전 자체를 한문 어법과 다른 문법으로도 풀이해 보아야 한다는 말도 일리가 있습니다.

이 교수는 어떻게 그런 기발한 착상을 했습니까?

이: 예, 말씀하신 대로 그 답은 《시경(詩經)》과 《초사(楚辭)》에서 찾았습니다.

강: 그게 또 무슨 말이요?

---

71) 소호 금천씨는 상고시대 제왕으로 이름은 현효(玄囂), 혹은 설(挈)이라고 하며, 황제(黃帝)의 맏아들이다.

이:《시경》을 읽어 보면, 우리가 지금도 쓰고 있는 어휘나 개념이 더러 남아 있습니다. 우리와 같은 말을 하던 사람들이 남겨 놓은 시문인 듯합니다.

강: 아니, 이게 또 뭐야? 가면 갈수록 더 이상한 이야기를 하시는군.

이: 그 대표적인 표현이 높다는 뜻의 '우, 우' 하는 '같은 소리를 되풀이하는 강조법'이《시경》에는 많이 나옵니다.《시경》이 우리와 같은 말을 쓰던 사람들의 시가라는 또 하나의 증거입니다. 셋째로는 아까 말씀드린 바와 같이《초사》와 달리 '시문의 앞뒤가 서로 다른 풀이'를 하고 있다는 점입니다.

강: 그래. 일리가 있습니다.

이: 또 있습니다.

강: 또 있다니, 그게 또 뭐요?

이: 중국 사람들이 자랑스럽게 여기는《강희자전》에는 물론이고, 선진 시대 여러 문헌에는, 어떤 글자나 문구의 출처를 밝히면서 "시운(詩云)" 또는 "시(詩)"라 했는데 제가 인용하고 있는 "중국철학서전자화계획(中國哲學書電子化計劃), http://ctext.org/zh" 전자 도서관(電子圖書館)에도, 또 제가 갖고 있는《한글판 시경(韓譯 詩經)》에도 그런 문구는 찾아볼 수가 없습니다. 음을 따라 다른 글자로 적은 시문도 여럿 있습니다.

강: 그럴 수도 있겠지요. 앞에서 이야기한 후한 초기의 학자들이 이 문제를 놓고 설전을 했다는 기록이 가규(賈逵)와 관련된다고 했습니다.

이: 그 당시 토론의 핵심은 진지한 학술 토론이라기보다는 처음부터 은폐시키려는 의도에서 조직적으로 실행해 왔다고 봅니다.

강: 어떻게 그렇게까지 무서운 표현을 하십니까?

이: 말씀드리지요. 저는 한학을 전공한 사람이 아닙니다. 한국 상고사를 들추어 보니 너무나 모순된 설명이 많아 현재 역사학계의 중진들에게 물어 보았지요. 모두들 하나같이 사료의 부족이라 합니다. 저는 그렇게 보지 않습니다. 우리 상고사에 관한 사건들이 중국 문헌에 숨어 있다고 봅니다. 그러한 가설(假說) 아래 중국 고전을 살펴보고 있습니다.

흔히들 부르는 "거란, 기탄, 글안"의 정체가 뚜렷하게 나타나지 않았습니다. 그 이름부터가 모호하여 논문을 쓰다 보니 중원의 남쪽 사람들이 북쪽 역사를 "조직적으로 은폐해 온 증거"가 여기저기에 많이 나타났습니다. 한무제(漢武帝, 기원전 156-87년)가 영토를 넓혀 이를 수용하기 위해 사전을 만들었던 사회적 여건이 남북조시대에는 중원 세력이 북방 세력에 밀리면서 음운학(音韻學, Phonology)이라는 명분 아래 《광운(廣韻)》을 만들었습니다. 그 내용을 깊이 살펴보면, 그 전부터 써오던 《절운(切韻)》과는 다른 점이 많아, 옛것에 새로 만든 글자를 더했다기보다는 많은 낱말을 새로 만들어 전혀 다른 '새로운 사전'을 만들었다고 봅니다. 그러면서 서쪽과 북쪽에 살던 적대 관계에 있던 사람들이 쓰던 말을 한자로 적을수 있도록 많은 글자를 만들면서, 비하하는 뜻을 새로 만든 글자 속에 심었습니다. 그

한 본보기가 앞에서 보여드린 "貉, 狟, 貊" 글자들이고, 또 하나는 오히려 유(猶)[72]자입니다. 개 변(犭)을 오른쪽에 붙여 꾀 유(猷)라 하는 글자는 그 본뜻은 서쪽에 살던 융(戎)족 추장의 아들이라, 한때는 한국에서 많이 쓰던 '학생 제군' 하는 "젊은 지도자"라는 뜻이 있습니다. 그리하여 〈한혁〉에 나오는 융조(戎祖)를 《모시정의》에 "융 유여야; 戎, 猶女也"라, 즉 앞에 앉은 젊은 한후, 너의 조상이라고 풀이했습니다.

강: 음. 일리가 있습니다. 한국, 중국, 두 나라 문헌에 단군조선이 중화 문명의 발생 시기와 같은 시기에 나타났다 하니, 그 당시에 "구전되어 오던 전설과 민간에서 부르던 노래, 글자 만든 방법, 그후에 어떻게 변해 왔는가"를 함께 다루어 한 책상 위에 놓고 들여다보니, "고조선의 발생, 변천, 천도" 과정이 보이더라는 말씀이군요. 옳습니다. 이 박사님 견해를 이해하겠습니다.

---

72) 猶: Phono-semantic compound(形聲): semantic 犬 + phonetic 酋.《說文解字》犬部; 玃屬. 从犬酋聲. 一曰隴西謂犬子為猷.
"隴西謂犬子為猷"의 뜻을 《아어》에서는 "《爾雅》云: 猶如麂善登木"라 했으니, 이 글자를 '원숭이'로 풀이했다.
《康熙字典》· 殥:《淮南子·地形訓》九州之外乃有八殥, 八殥之外而有八紘.《註》殥, 猶遠也. "猷猶音義同"
중국 구주(九州)는 팔인(八殥)으로 싸였다. 인은 멀리 있는 유란 뜻이다. 중국은 융적(戎狄)으로 둘러쌌다는 뜻이다.

III. 사서의 특성과 사관의 임무

이: 주 선왕 때의 기록은《죽서기년(竹書紀年)》에 간략하게 잘 나와 있더군요.

강: 그렇습니다. 그 내용을 누가 수정했다는 의혹이 있으나, 그 구성은 옛적 왕을 기준으로 한 역사서의 시작을 엿볼 수 있습니다. 중국은 토질이 건조한 곳이 많아 옛부터 혈거생활을 한 흔적이 많이 보이고, 많은 사료가 그러한 암굴에서 발견되었습니다. 실크로드의 허브였다는 돈황에서 그러한 문화적 유산이 많이 나왔지 않습니까? 그 이외에도 여러 곳에서 많이 나타났습니다. 그 대표적인 사료가《일주서(逸周書)》와《목천자전(穆天子傳)》이고, 1970년대 이후에 중국에서 현대식 토목공사가 활발해지면서 땅속에 묻혀 있던 유물이 많이 나온다고 합니다. 청대에 편찬된《묵자한고(墨子閒詁)》에는 '옛 사서에 글자를 이리저리 돌려 기록했다는 증거를 많이 보여 주고,《일주서》에 기자(箕子)[73]란 편명만 있고 내용이 없는 이유를 "공조가 원문에 주를 달 당시에는 마땅히 그 내용이 있었을 거라" 하지 않았습니까?

《죽서기년(竹書紀年)》과《목천자전(穆天子傳)》이 대표적인 기년체(紀年體)를 사용했습니다. 이를 흔히들 편년체(編年體)라고도 부르지요. 이 방법이 가장 오래된 역사 기록 방법입니다. 한국에서도 족보(族譜)를 만들기 전에는 여러 가문이 그들의 혈통을 적어 왔던 가첩(家牒)이 있었습니다.

---

73) 孔晁作注時, 當尚在也. 今書《七志》有武王《須臾》一卷.

이:《사기》에도 보첩(譜牒) 옥첩서(玉牒書) 하는 기록을 모아 편찬했다는 문구가 있습니다. 또《태평어람》에는 "환의 가첩(洹家牒)"이라는 문구가 있습니다.[74] 환(洹氏) 씨 가문 20대에 관한 기록이나 후손들은 몰랐다고 했습니다. 그런 측면에서 보면 사마천은 최고 집권자인 왕 이외에도 공헌이 많았던 제후들의 세가, 또 유명 인사의 약력을 실은 전(傳)을 포함하여 새로운 역사 기록 방법을 시작했더군요. 그래서 모두들 사마천이 기전체(紀傳體)를 개발한 선구자라고 칭찬을 합니다만, 그가 중화사상을 확립하기 위하여 옛부터 전해 오던 기록을 바꾸어《사기》에 실었다고 봅니다.

호수(壺遂)가 사마천에게 역사 기록을 남기려는 이유가 무엇이냐고 물었을 때, 사마천은 동중서(董生)에게서 들었다면서 "춘추에는 사람들에게 예(禮)를 가르치려는 저자의 뜻이" 담겨 있으나, 자신은 다만 지난 일들을 간추려 정리할 뿐이라고 했지 않나요? 공자께서 지도자의 비행을 은폐하고 예를 권장한 정신을 당시 신흥 유학파(Neo-Confucianism)[75]의 태두로

---

74) 《太平御覽》: 顧謂左右曰. 昨得祇洹家牒. 論明念誦勤懇. 請延二十載. 乃知修道不可思議. 所延二十載. 以償功也. 令吏送還舍. 其家殯明已畢, 神雖復體, 家人不之知也. 환(洹)은 오환(烏桓, 烏丸, 烏亘)의 뜻이고, 제/대(載)자는 미주 서북부 원주민(American Indian)의 토템 폴(Totem Pole)에 새겨진 후손을 차례대로 그렸다는 뜻이다.

75) 신흥유학파(新興 儒學派, Neo-Confucianism)란 필자가 만든 말이다. 춘추전국시대를 거치면서 활발했던 제자백가(諸子百家)들은 진시황의 학대를 받았다. 공자의 가르침을 이어 받은 학파에서는 집권자와 협력해야 살아갈 수 있다는 사실을 파악하고 진승의 발기를 적극 지원했다. 그 여파로 한나라 초기부터 조정에 관여했다. 이 시절에 공자의 기본 사상에서 벗어나 권력과 야합하게 된 이들을 신흥유학파라 이름한다. 이를 조리 있게 설명한 사람이 동중서다. 그는 맹자와 순자의 두 상반되는 인간 본성의 논쟁에서 맹자의 성선설을 지지했다. 삼강오륜(三綱五倫)이 뿌리를 박게 되었다. 《春秋繁露》: 此孟子之善. 循三綱五紀 循三綱五紀, 通八端之理, 忠信而博愛, 敦厚而好禮, 乃可謂善. 《史記》〈匈奴列傳〉: 孔氏著春秋, 隱桓之間則章, 至定哀之際則微, 爲其切當世之文而罔褒, 忌諱之辭也.

알려진 동중서(董仲舒, 기원전 176-104년)가 사관으로서 해야 할 지침을 사마천에게 일러 주었다고 봅니다. 사마천은 〈흉노열전〉을 마치고 나서도 같은 말을 했습니다.

강: 바로 보셨습니다. 앞에서 이 박사께서 《순자》에 나온 미(微)자를 옛부터 설명하던 "자세하다"는 뜻이 아니라, "숨기다, 혼미하다, 미묘(微妙)하다, 분명치가 않다"는 뜻으로 풀이하셨습니다. 듣고 보니 그 풀이가 옳습니다.

흔히 중국의 외교 정책을 이이치이(以夷治夷), 이이제이(以夷制夷)라 하는데, 동중서의 저서에 나오는 "고왈 군자이인치인(故曰: 君子以人治人), 즉 옛말에: 군자는(자기가 직접 하지 않고) 다른 사람으로 하여금(나쁜) 사람을 다스리게 한다" 하는 문구에서 글자를 바꾸어 다른 뜻으로 써 왔다고 봅니다. 그가 '당시 기로에 서 있던 공맹 사상'을 부활시킨 사람입니다. 모두들 이야기하기를 그가 춘추필법(春秋筆法)의 효시라 하고, 그에 따른 모순이 많다지만, 그 방법은 중국 사람뿐 아니라 어느 나라 사관이든 역사서를 쓸 때는 자기들에게 유리하게 서술하는 기준이 되었다고 봅니다.

이: 네. 옳습니다. 그렇게 작성된 동양 상고사를 바로 옆에 살던 '우리의 선조들이 아무런 비판 없이 그대로 한국 역사로 받아들였다'고 저는 봅니다. 사마천이 말한 "가치관이 《좌씨춘추》에 들어 있다"는 황제 위주의 중화 통치 이념도 동중서를 위시로 한 신흥유학파가 확립시켰다고 봅니다.

강: 일리가 있는 이야기입니다. 공자님의 충서(忠恕) 인효 사상(仁孝思想)이 어떻게, 부모님을 버리고 전장에 나가 목숨을 바쳐 국가에 충성(忠誠)하라고 바뀔 수가 있겠습니까? 누군가가 뒤에 공자님이 그리도 중요시

하게 가르치신 충서의 뜻을 바꾸었다고 볼 수밖에 없습니다. 흔히들 이 변질된 공자님의 원 이념을 잘못 이해하여 "공자가 죽어야 한다" 또는 동양사상 전체를 비방하는 분들도 있어 보입니다. 모두 잘못 풀이하여 그런 결과가 나왔습니다. 동양 철학에 관한 이야기는 뒤에 더 토론하기로 하고, 역사 기록이라는 문제로 돌아갑시다.

이: 네, 그럽시다. 그러나 '역사, History'라는 말의 뜻은 너무나 방대합니다. 요점만 요약하지요. 저는 '동북아시아 역사 공부는 모든 사회 과학의 근본'이라고 봅니다.

강: 아니, 이 박사! 이게 무슨 뜻입니까?

이: 저는 좀 더 범위를 넓게 잡고 풀이해 봅니다. 앞에서 "지식이 무엇인가" 하는 질문에 부딪혀 "스스로 찾아야 한다"는 결론을 내리고 나서부터 미국이 발전했다는 요지와 같은 설명입니다.

사람은 나면서부터 의문점이 있으면 그것을 알려고 하는 욕망이 생기지 않아요? 이것이 사람이 태어날 때부터 하느님 어깨에 달아 매어 준(천부의) 한 권리라고 하겠습니다. 그 많은 기본권 중에 하나가 알고자 하는 이성적 욕구, 이욕(理慾)입니다. 그래서 사람은 더 많이 알려고 공부를 하고, 학문을 하는 사람은 이 욕구를 충족하려고 계속하여 좀 더 찾아보려고 연구를 하고 있습니다. 역사를 공부하는 사학가는 의문점을 풀어 보려고 계속 노력해야 합니다. 또 자라나는 사람들에게는 그들의 뿌리를 옳바로 이해할 수 있도록 바른 길로 인도해야 할 의무가 있습니다. 사학가는 이렇게 자신의 권리와 의무를 충실히 이행해야 하는 중요한 위치에 있다고 봅니다.

역사라는 같은 학문을 하지만, 사관과 사학가의 의무는 다릅니다. 같은 기록을 놓고 여러 사람이 달리 풀이하기 때문입니다. 특히, 동양 상고사에서는 사관이 기록한 한자가 다르게 풀이될 수 있는 요소가 너무도 많고, 그 글을 쓴 취지와 성격이 춘추필법에 따랐기 때문입니다. 후세 사관은 과거 기록을 그가 살 당시의 상황에 맞도록 풀이하려 했고, 또는 황실에 충성을 다하려고 글자 풀이에는 수단과 방법을 가리지 않았습니다. 사마천도 그 당시에 벌써 "《시경》과 《서경》에는 없어진 곳이 있다"고 했습니다.[76] 진시황 때 만들어 놓았다는 비문이 손실 또는 파괴된 증거도 여러 곳에 있습니다.

공자님 가르침의 핵심이 되는 충서(忠恕)[77]를 후학들이 해석하면서, 공자님이 인용한 《시경》에 나오는 "벌가벌가 기즉불원; 伐柯伐柯, 其則不遠)하는 시구 풀이를 바꾸었습니다. 이 가지 가"柯 kē/크어"자는 가한(可汗)을 이리저리 돌려 만든 글자로 그 시구절의 뜻은 "가한으로 가한을 벌하라, 그들은 서로 멀지 않다"는 뜻입니다. 공자님이 인용한 말씀이 《중용(中庸)》에 있습니다.

"가한으로 하여금 가한을 벌하면 그들은 서로 염탐할 것이고, 그러면 가한은 서로 멀어진다. 그리하여 옛말에 군자는 사람으로 하여금 사람을 다스리게 한다, 바뀌었다면 그만 끝이다. 멀지 않은 곳에 있는 도가 충서다."

이 "가한을 벌했다(伐柯)는 시문"을 《시설(詩說)》에서는 노송(魯)에 넣고 설명하기를 "관숙이 주공을 맞아 상의"한 사실을 기록한 시문이라 했습니

---

76) 《史記》〈伯夷列傳〉: 夫學者載籍極博, 詩書雖缺, 然虞夏之文可知也.

77) 《詩經》豳風 伐柯. 《爾雅·釋詁》柯, 法也. 《詩說》魯: 管卒以殷圉衛大夫議迎周公, 乃作此詩, 一章全比也, 二章比而賦也 《禮記》〈中庸〉: 子曰: 道不遠人. 人之爲道而遠人, 不可以爲道. 《詩》云: 伐柯伐柯, 其則不遠. 執柯以伐柯, 睨而視之, 猶以爲遠. 故君子以人治人, 改而止. 忠恕違道不遠.

다. 그러나 《모시서(毛詩序)》와 주희의 《시경집전(詩經集傳)》에서는 모두 주공(周公)을 찬미한 노래라고 했습니다만, 《시경》에는 이 시문이 함곡관 서쪽, 한원에 있던 나라 빈풍(豳風)에 실려 있습니다. 그 가까운 지역 위풍(魏風)에 나오는 벌단(伐檀)과 같이 한원에 살던 부족장을 처벌한 장면을 그린 시문입니다.

공자님이 인용한 시문 한 편이 또 없어진 근거가 있습니다; "《詩》云: 相彼盍旦, 尙猶患之"[78] 하는 구절입니다.

문제가 되는 글자는 옛적에 중국 제일 서쪽을 진단(震旦) 또는 옹주(雍州)라 했는데, 그곳에 살던 사람들을 "모해Mòhé, 靺鞨" 희단(盍旦, hédàn/흐어단)이라 불렀다는 기록이 있기 때문입니다.[79] 이 글자는 빛을 내는 삼신(三辰, 日月星)을 공경하는 사람들, 즉 단군조선의 근간이 되던 "예맥숙신"이 살던 곳이란 뜻으로, 돈황에서 감숙성 통로를 따라 서안으로 내려오는 통상로를 포함하고 있습니다.

〈방기(坊記)〉에 실린 내용은 뚜렷합니다.

"하늘에는 두 해가 없고, 땅에는 두 군주가 없고, 한 집에는 두 주인이 없다." 이것은 백성들에게 신하와 군주 간에는 마땅히 구별이 있다는 것을 보여 주려고 한 말입니다. 춘추에는 초나라 월나라의 왕이 죽었다 하지 않

---

78) 《禮記》〈坊記〉: 子云: 天無二日, 土無二王, 家無二主, 尊無二上, 示民有君臣之別也. 《春秋》不稱楚越之王喪, 禮君不稱天, 大夫不稱君, 恐民之惑也. 《詩》云: 相彼盍旦, 尙猶患之. "震旦, 西域稱中國之名, 《樓炭經》蔥河以東名震旦. 又盍旦."

79) 葛: 有熊氏之後爲詹葛氏, 齊人語訛, 以詹葛爲諸葛. 《唐韻古音》《路史》葛天氏, 葛音蓋. 按古本葛與蓋通.
　　蓋: 〔古文〕盇, 又 《廣韻》胡臘切, 音盍. 亦苦蓋也. 《集韻》青齊人謂蒲席曰蒲蓋. 又通盍, 何不(曷빛)也.
　　《太平廣記》李章武: 子婦曰. 此所謂靺鞨寶, 出崑崙玄圃中(解谷), 彼亦不可得. 妾近於西岳與玉京夫人戱.

고, 예군(禮君)을 천자라 부르지 않고,(지도자 밑에서 지도자를 도와주는 직책에 있는) 대부를 지도자라 부르지 않는 이유는 백성들이 현혹될까 두려워하여 그리하는 것입니다. 《시경》에 이르기를 "저 허/계단(盍hé kě 旦)이란 부족을 보아라, 저들은 뚜렷한 통치자가 없어 유(猶,戎의 지도자들,즉 가한, 可汗)끼리 늘 싸우고 있지 않느냐" 하는 뜻입니다. 유가에서는 이 문구를 잘못 번역하여 "해단을 보고 사람들은 오히려 이를 미워한다"로 풀이하고, 예군(禮君), 즉 천신께 제사드리는 직책을 맡은 제사장인 단군(壇君)을 '예(禮)에는 임금을 천자라 부르지 않고'라 풀이하고 있습니다. 그 글귀는 현존하는 《시경》에서 찾아볼 수가 없습니다.

앞에서 인용한 〈서묘(黍苗)〉에 나오는 "개운귀처(蓋云歸處)라 한 시구"는 본뜻이 "개/해, 蓋/盍hé kě(그들의 지도자)가 이야기하기를 고향으로 돌아간다고 약속했다"라 풀이해야 시인의 뜻이 나타납니다. 유가에서는 이를 '왜 못가느냐'라고 풀이합니다.

이 "盍hé kě"자는 "蓋, 葛, 解, 契"와 같이 모두 "해,sun"를 뜻하는 글자입니다. 이 글자는 여러모로 가차전주하여 사용되었습니다. 평안도 말에 어떤 사람 또는 상대방을 '치'라 하지요? 그 기록이 〈서역전〉에 "저인(氐人)은 서로 '희/거/그/저치(盍稚)'라 부른다"고 했습니다.[80] 이렇게 중국 황실에서 임명한 사관은 모든 근거를 찾아 자기가 설계한 역사관을 글자로서 남기면서 그와 관계되는 시문까지도 글자를 바꾸어 뜻을 다르게 풀이하거나, 어떤 시문은 없애 버렸습니다.

강: 이 박사께서 또 하나 저에게 숙제를 주셨습니다. 저도 늘 〈방기〉에

---

80) 《魏略·西域傳》氐人分竄山谷間, 其種非一, 自相號曰盍稚. 氐: [古文] 氒. 詩·商頌》
自彼氐羌, 莫敢不來享.

실린 그 문구가 의심스러웠습니다. 이 박사 풀이를 듣고 보니 그럴듯해 보이기도 합니다. 다시 한 번 알아보겠습니다. 과거와 현재와는 가치 판단의 잣대가 다르니까요. 그렇게 잘못 기록되고 풀이해 온 한국 상고사는 우리가 보는 관점에서 다시 복원해야 된다는 이 박사의 주장은 합당하다고 봅니다.

이: 한자 문화권에 사는 사람들이 모여서 이렇게 "중국 황실 위주로 가차와 전주를 이용하여 작성된 동양 상고사"를 어떻게 "오늘의 역사 학술지에 실을 수 있겠는가" 하는 방법부터 깊이 다루어야 합니다. 그게 없이는 일관된 학술적 평가를 할 수가 없어 한국 상고사는 '이러이러한 의견이 있다' 하는 정도로 끝없는 논쟁만이 계속될 뿐입니다. 이렇게 되면 사학가의 의무를 옳바로 이행하지 못한 결과가 됩니다. 같은 역사학을 다루지만 사학가와 사관의 임무 사이에는 뚜렷하게 선이 그어져 있습니다.

강: 이 교수, 그게 무슨 뜻입니까?

이: 앞에서 말씀하신 춘추필법을 행사하는 사람이 사관이고, 그렇게 옛 '사관이 은밀하게 감춰 놓은 기록'을 여러 방면으로 관찰 분석하여 합당하게 풀이하여 과거에 있었던 일을 복원시켜야 하는 일이 사학가의 임무입니다. 사학가는 쉬지 않고 새로운 방법을 모두 동원하여 의문점을 해결하려고 연구실에서 노력하는 과학자와 같은 학문을 하는 사람입니다. 사관은 이름 그대로 관리입니다. 국가의 이익을 위해 사학가가 찾아낸 사실들을 은밀하게 기록해야 합니다. 때로는 있던 기록을 말살시키기도 했다고 봅니다. 앞에서 그러한 역할에 앞장섰던 사람이 가규(賈逵)인 듯하다고 했

습니다. 흔히들 춘추 삼전이라 하지만, 한나라 때까지는 춘추 5전(五傳)이 있었다고 합니다.[81]

강: 이해가 갑니다. 참으로 뜻 있는 말씀이십니다.

그러한 뜻을 사마천은 《사기(史記)》〈십이제후년표(十二諸侯年表)〉에 그가 보고 느낀 춘추 역사서의 숨은 이야기를 다음과 같이 비추었습니다. "춘추 기록을 살펴보니 선왕전까지는 손상되지 않은 자료를 볼 수가 없구나." 그러면서 끝으로는 "공자가 춘추를 모호하게 편집하여 역사를 바로 이해할 수 없게 되었다. 어느 누구의 글을 보아도 완전하다고는 볼 수 없다"는 언조를 남겼습니다. 이러한 여러 기록을 놓고 이 박사의 설명을 들으니, '역사는 변한다' 하는 말이 합당하다고 봅니다.[82]

---

81) 《漢書》〈藝文志〉: 春秋所貶損大人當世君臣, 有威權勢力, 其事實皆形於傳, 是以隱其書而不宣, 所以免時難也.
　　及末世口說流行, 故有公羊, 穀梁, 鄒, 夾之傳. 四家之中, 公羊, 穀梁立於學官, 鄒氏無師, 夾氏未有書.
　　正義曰: 故 者因上起下之語. 夫子約魯史《春秋》, 學開五傳者, 五傳者, 案《漢書·藝文志》云: 春秋古經十二篇, 經十一卷: 左氏傳. 公羊傳. 穀梁傳. 鄒氏傳. 夾氏傳.《史記》:"廢天下之史文, 余甚懼焉."

82) 太史公讀春秋歷譜諜, 至周厲王, 未嘗不廢書而嘆也. 是以孔子明王道, 故西觀周室, 論史記舊聞, 興於魯而次春秋, 上記隱, 下至哀之獲麟, 約其辭文, 去其煩重, 以制義法, 王道備, 人事浹. 及如荀卿孟子, 公孫固, 韓非之徒, 各往往捃摭春秋之文以著書, 不同勝紀. 漢相張蒼歷譜五德, 上大夫董仲舒推春秋義, 頗著文焉.

2장 │ 《시경(詩經)》에서

2장 《시경(詩經)》에서

강: 이 박사의 영문본에는 "평양이 산서성에 있었다" 하는 등 많은 새로운 학설을 내놓으셨습니다. 선학들은 물론이고 현재 역사학 또는 한학을 한 사람들이 그런 이야기를 하신 분이 없었는데, 어떻게 그렇게 많은 새로운 학설을 내셨습니까?

이: 첫 수도 평양이 산서성에 있었다는 이야기는 뒤에 다시 자세하게 말씀 드리겠습니다. 제가 이렇게 외람된 학설을 내놓을 수 있는 이유는 다름이 아니라 다 제가 살고 있는 좋은 시대와 장소, 그리고 현대 문명의 덕이라고 봅니다. 제가 한학을 전공으로 한 사람이 아니지만, 그저 좋은 시대에 살고 있기에 선현들이 보지도 듣지도 못한 숨겨져 있던 사료를 책상 앞에 앉아서 찾아볼 수 있습니다. 한학을 오래 공부하신 분들, 또 한국 상고사를 전공하신 여러분들 앞에 서기가 부끄럽고 송구스럽습니다. 급히 펴낸 책이라 틀린 점이 많이 있다고 봅니다. 책 두 권에 실린 내용은 바둑에 비유하여 말씀드리자면, 저는 이제 포석을 마쳤습니다. 그 후부터는 시간을 두고 하나하나 차근히 정리해 가고 있습니다. 기자와 《시경》 한혁의 주인공인 한후에 관하여 더 연구하다 보니 새로운 사실들을 많이 찾아냈습니다. 그래서 이를 강 박사님과 한번 상의해 보고자 찾아왔습니다.

1. 《시경(詩經)》

사: 이 박사님은 《시경》 속에서 한국 상고사에 관한 자료를 많이 찾아볼수 있다고 하셨습니다. 《시경》이란 책 이름은 우리 모두가 많이 들었지만, 이를 강 박사님이 간단히 설명해 주셨으면 좋겠습니다.

강: 《시경(詩經)》은 동양에서 옛적부터 전해 내려오던 제일 오래된 노래를 글로 엮은 책입니다. 그 속에는 그때까지 중국 전역에 퍼져 있던 사람들이 부르던 토속적인 노래, 조정에서 향연을 베풀 때 또는 제사를 지낼때 부르던 노래로 나누어 이들을 풍(風), 아(雅), 송(頌)이라는 편명을 붙여분류하여 내려오고 있습니다.

공자님께서 이를 모아 제자 교육에 쓰셨다고 합니다. 오랜 시대를 지나면서 전란으로 많이 손실되고 지금은 310여 편만이 전해 오고 있습니다. 진시황의 분서갱유 이후에도 네 가문에 전해 내려오던 "《제시(齊詩)》, 《노시(魯詩)》, 《한시(韓詩)》, 《모시(毛詩)》가 있었다" 하나, 오늘날 남은 것은 《모시》뿐이어서 흔히 말하는 《시경》을 《모시》라 부르기도 합니다. 전한시대에는 모형(毛亨)이 옛 글을 모아 풀이하여 《모시고훈전(毛詩故訓傳)》이라 이름을 붙였고, 후한시대에 정현(鄭玄)이 그 시문을 다시 풀이 하여 《모시전(毛詩箋)》이라 이름을 붙였으나 그 독단적인 책자는 전해 오지 않고당나라 때에 공영달(孔穎達)이 두 책자를 묶어 다시 풀이한 《모시정의(毛詩正義)》가 많이 알려져 있습니다.

《사고전서》 안에 포함된 《경의고(經義考)》에는 모형은 주를 달기를 편안할 일(佚)이라 했고, 모장의 것을 있을 존(存)이라 했습니다. 서진 초기에장화(張華, 232-300년)가 지은 《박물지》에는 모공이 북해 군수로 있을 때

정현이 그 고을 사람이라 존경했다 합니다. 정현이 지은《육예론(六藝論)》에서는 모시란 모(毛)자는 은밀한 뜻을 간략(簡略: 간추림)한 글자라 했습니다.[1] 그 후에도, 남송 때 주희, 청나라 때에는 마서진(馬瑞辰)이《모시 전전통역(毛詩傳箋通釋)》을, 청나라 후기에 단옥재(段玉裁)는《고문상서찬이(古文尙書撰異)》와《모시고훈전(毛詩詁訓傳)》을 내 놓았습니다. 그 이외에도 많은 사람들이《모시》를 중심으로 한 옛 글들을 연구하여 발표했습니다. "시설(詩說)"이라 이름한 책은 여럿이 있습니다마는 저는 남송의 강기 백석도인(姜夔, 白石道人; 1155-1221년)과 청조에 혜주척(惠周惕, 1671-1741년)이 편찬한 또 하나의《시설》만을 알고 있습니다.

이: 네. 저는《모시》서문을 보고《시경》풀이에는 많은 의문이 있다는 점을 확실히 느꼈습니다. 특히, 정현이 '하어(何語)를 썼다'는 문구를 보고《시경》을 다른 시각에서 풀이해야겠다는 결단을 내렸습니다.[2] 강 박사님이 인용하신 "《경의고(經義考)》"에 나오는 '일(佚)은 무왕의 사관이었던 사일(史佚)을 가르키는 글자 같아 보입니다. 또 인용하신 "측갱표명(則更表明)의 뜻"을, 달리 생각해 보면 '즉(卽) 밝다(明; 해, 解, 奚, sun)는 뜻을 다시한 번 나타냈다'는 표현이라 봅니다. 그 뒤를 따른 문구를 보아도 옛적에

---

1) 정현(鄭玄, 字 康成 127-200년)은 중국 후한 말의 학자로, 산동성 북쪽 발해만 연안 사람이다. 삼국연의 도원결의에서 유 현덕의 어머니가 극구 칭찬하던 석학이고, 현학(玄學)의 시조다. 한때는 남만주 요녕성에서 은거 생활을 했다. 朱彝尊《經義考》乃以《毛詩》二十九卷題毛亨撰, 註曰佚.《毛詩訓故傳》三十卷題毛萇撰, 註曰存《博物誌》曰: 毛公嘗為北海郡守, 康成是此郡人, 故以為敬.
鄭氏《六藝論》云: 註《詩》宗毛為主. 毛義若隱略, 則更表明.

2)《毛詩正義》: 是非惟不知毛, 鄭為何語, 殆並朱子之《傳》亦不辨為何語矣. 鄭氏《六藝論》云: 註《詩》宗毛為主. 毛義若隱略, 則更表明. 如有不同, 即下己意, 使可識別. 終唐之世, 人無異詞.

는 사가 시문이 서로 다른 점이 많았었는데, 당대 이후로는 다른 점이 없다 합니다. 개적(蓋狄, 奚, 何語), 즉 고조선 사람들의 시가란 뜻이 아닌가 합니다.

사마천은 옥중에서 자신의 불우한 처지를 여러 선현들이 그들이 놓였던 극한 사정에서 글을 써서 남겨 놓았다고 하면서, 자기는 《사기》를 평생 사업으로 집필한다는 의지를 굳혔습니다. 그러면서 《모시》 300여 편은 "성현인이 그곳에서 분(憤)이 솟구쳐 이를 못참아 노래를 읊었다"고 했습니다.[3]

《모시정의》에서 보면, 순자(荀卿)는 조나라 사람으로 모형의 스승이었습니다.

그의 언행을 기록한 《순자(荀子)》에는 어느 고대 사상가보다 《시경》을 많이 인용했습니다. 그가 인용했다는 시구(詩句) 중에 많은 분량은 지금 전해오는 《시경》에는 없습니다. 모형(毛亨)과 모장(毛萇)은 순자와 같은 산서성 예성(隷省) 사람들입니다. 후세에 유생들은, "큰소리로 서로 다투어, 다 같이 모(毛)와 정현(鄭玄)의 설을 부정"했습니다.

시비는 "모와 정이 하어(何語, 희어/해어)를 썼다는 점을 모두 몰랐기 때문이다. 주희의 전(傳)도 하어(何語; hé/흐어 어)에 관한 이야기가 없기는 일반이다" 하는 문구가 있습니다. 이 "何語, 희어 어"라는 문구가 사음자라 봅니다. 희어(何; 玄, 奚, 解)족이 하던 말이라는 뜻입니다. 중국 정사인 《위서(魏書)》가 더러운 글(穢書)이라 불렀다고 합니다마는, 그 글자는 예맥(濊貊)족의 역사 기록(濊史)이란 뜻이 잠겨 있는 것과 같이 "모시(毛詩)"라는 뜻도 "모(毛)의 노래"라는 뜻입니다. 산서성 지역에서 고조선의 핵심 부족이었던 해(何; 解, 奚)족들이 울분에 못참아 부르던 시가가 많이 있다고 봅니다.

---

3) 《史記》〈太史公自序〉: 夫詩書隱約者, 欲遂其志之思也. 不韋遷蜀, 世傳呂覽 ; 詩三百篇, 大抵賢聖發憤之所爲作也.

혜주척은 옛 고전이 모두 사음자가 많아 풀이하기 어렵다고 했지요? 그래서 당나라 때에 완성된《모시정의》를 그분들의 의견을 넣어《시설》을 편찬했다고 봅니다.

강: 네! 중국 천지가 떠들썩하겠습니다.《모시》에는 고조선 사람들이 울분에 차서 부르던 시가가 있습니다. 참으로 놀라운 풀이십니다. 동북 아시아 역사를 다시 써야겠습니다. 백석도인이라고 많이 알려진 강기(姜夔, 1155-1221년)는 주희(朱熹, 1130-1200년)와 거의 같은 시대 사람으로 은거 생활을 하면서 당송팔대가(唐宋 八大家)의 시풍을 이어 받은 강서시파(江西詩派)를 복구시킨 시인이라 합니다.

이: 저는 그가 남긴 문구를 여러모로 생각해 보았습니다. "시유사종 고묘, 詩有四種高妙"라, 즉 시문 안에는 "이(理), 의(意), 상(想) 그리고 자연의 고묘(高妙)함"이 있다. 그 후에 남긴 또 한마디가 저를 더더욱 감명시켰습니다. 시문 풀이는 더 어렵다는 말을 했지 않아요?

《한서(漢書)》〈예문지(藝文志)〉,《상서(尙書)》〈순전(舜典)〉,《예기》〈악기〉,《사기》〈악서〉에《모시(毛詩)》의 성격을 요약해 우(禹)왕 선조 축융의 후손인 기(夔; 조심할 기; kuí/ kwai4/ ghyui)가 제일 오랫적 사람으로 시를 처음 읊었다 합니다. 축융의 후손들이 글자도 만들고 시를 읊으며 춤추고 노래도 했었습니다. 그들이 초원에서 탭댄스(tap-dance)하는 모습을 "다리 하나 달린 도깨비"라 표현했습니다.[4]

---

4)《尙書》〈舜典〉: "詩言志, 歌永言, 聲依永, 律和聲"帝曰: 夔！命汝典樂.《禮記》〈樂記〉: 昔者, 舜作五弦之琴以歌南風,
  夔始制樂以賞諸侯.《史記》樂書: 昔者舜作五弦之琴, 以歌南風；夔始作樂, 以賞諸

강: 네, 그가 "시설(詩說)을 쓰고 한 말"이 있는데, 다음과 같습니다.[5]

"아 그렇구나! 나는 이 시문 풀이를 하여 옛 시인에게 큰 죄를 지었다. 다음 사람은 또 다시 더 무거운 죄를 지을 게 아닌가?"

남의 작품을 평한다는 자체가 얼마나 어려운 문제인가를 실토한 게 아닙니까? 옛 글자(古文字)로 편찬된 여러 사료를 풀이한다는 문제는 그보다도 더 어렵다고 봅니다.

이: 네. 그렇습니다. 그가 한 말의 숨은 뜻은 여러 가지로 풀이가 됩니다. 시경 풀이(詩說)를 본 시문의 뜻과는 다르게 바꾸어 풀이했다는 자책감에서 그런 말을 했다고 볼 수도 있습니다. 또 이를 역사서 풀이라는 입장에서 보면, 고문자(古文字)는 오늘의 시화(詩畵)라고 봅니다. 동양 상고사를 옳바로 인식하려면 중국 문헌의 고문자(古文字), 즉 옛적 시인이 남긴 시화(詩畵)를 그때 그 사람의 시각에서 풀이해야 됩니다. 주객을 바꾸어 상반된 입장에서도 시문을 풀이해 보아야 한다고 봅니다. 만주 사람들도 그들의 시각에서 《시경》을 풀이했습니다. 그 증거가 청나라 때 혜주척(惠周惕)[6]의 글이 아니겠습니까? 한국에서는 그러한 움직임이 없었습니다. 할 능력이 없었다기보다는 지정학상 있을 수가 없었습니다.

모두들 옛부터 있었다는 시문의 이름에 나타난 바와 같이 네 가문(四家

侯. 故天子之爲樂也, 以賞諸侯之有德者也.《韓非子》外儲說左下: 哀公問於孔子曰: 吾聞夔一足, 信乎？ 曰: 夔, 人也, 何故一足？

5) 백석도인 시집 권이 부시설(白石道人 詩集 卷二. 附詩設): "噫！我之說已得罪於古之 詩人, 後之人其勿重罪余乎." "噫！我之說已得罪於古之詩人, 後之人其勿重罪余乎."

6) 혜주척(惠周惕)은 오늘의 북경시 동북쪽이 되는 밀운현(直隷省密雲縣) 사람이다. 그의 성씨 혜(惠Huì/훼이)자 발음은 회족을 회족(回族)이라 하는 회(回huí)자와 같다. 해(解,奚)씨와 같은 뿌리다.

詩)에 전수되어 오던 초기의 시문들은 모두 북쪽에 살던 사람들이 읊은 노래라는 뜻입니다. 이를 남송 때에는 주희가 남족(南族) 위주의 시각에서 풀이했습니다. 지금까지 전해 오는《모시》의 모(毛)자는 한(韓)자와 같은 하나의 가차(假借),7) 즉 사음문자(寫音文字, 表音文字, Phonetic Loan Character, PLC)라고 봅니다. 이 글자(毛)는 모(牟)자와 같은 사음자로, "우명야; 牛鳴也" 즉 "소가 우는 소리(牟; móu mù mào)를 나타낸 글자"라고 기록되어 있습니다. 이를 한국 말로는 같은 발음이지만 중국에서는 다르게 발음하고 있습니다.

《죽서기년》에는 무왕이 상나라 군사를 맞아 싸운 전쟁터를 "우무야, 于坶野"라고 기록했지만,《시경》과《한시외전(韓詩外傳)》에는 "우목지야; 于牧之野"라는 글자가 다르지만 소리가 같은 글자를 썼습니다.8) 예전에는 "무(坶, 埳)와 목(牧)"이 같은 발음이었고,《죽서기년》과《광운(廣韻)》을 편찬한 사람은 다른 지역 사람이었다는 증거입니다. 그 전쟁터는 "소 우는 소리로 불리던 사람들이 살던 벌판" 즉, 말을 바꾸면, 마한(馬韓)의 전신이 되는 사람들이 살던 벌판이라는 뜻입니다. 그 일대에는 '그곳에 살던 사람들을 뜻하는 글자를 살려' 이름 붙인 중모현(中牟縣)이 한(漢)나라 시대에도 있었습니다. 이 "소가 우는 소리"로 기록된 부족을 시대와 지방에 따라서는 음은 같으나 뜻이 다른 여러 글자들, "木, 無, 坶, 慕, 牧, 馬, 母, 毛, 暮, 貊, 狢"로 기록되었습니다. 소 우는 소리가 어디 다 같습니까? 여러 사람이 다르게 표현했다고 봅니다.

---

7) 가차(假借,) 사음문자(寫音文字) 또는 표음문자(表音文字)를, "Phonetic Loan Character, PLC"란 용어를 씁니다.

8) 坶野殷近郊地名古文尚書作此坶.《說文》作埳. 埳: 坶野殷近郊地名古文尚書作此坶.《詩經》: 牧野. 牧之野.

강: 처음 듣는 놀라운 풀이입니다. 《시경》에는 "옛 마한의 머나먼 전신이 되는 사람들이 부르던 노래가 있다. 편찬자가 다른 지역 사람들이었다"라고 합니다. 그럴까요? 한 번 더 살펴보아야겠습니다. 중국 천지를 뒤흔들 새 학설입니다. 허기는 "목(牧)"자 이외에도 그와 같은 발음이었다고 이 박사님이 풀이한 "맥 모(貊, 牟)란 글자"가 《시경》에는 여러 번, 여러 지역에 흩어져 나옵니다.

이: 중국 사서에 보면, 서주 초기의 봉후국들은 모두 무왕이 그의 형제 또는 자식들에게 분봉하여 나타난 국가들이라 하는데, 《시경》의 국풍에 나오는 지역과 도시 국가의 이름이 다릅니다. 서주의 발생지로 알려진 곳을 뜻하는 빈풍(豳風)의 월령가 칠월(七月)은 억압을 받던 사람들이 부른 노래가 분명합니다. 그 이외에도 국풍에는 의문점이 많이 있습니다. 강 박사님은 어떻게 생각하십니까?

강: 그래요. 특히, 위풍(魏風)은 옛부터 의문이 많은 편명입니다. 분수(汾水)라는 뚜렷한 진(晉)나라의 땅 이름이 나오고, 순 임금과 하우씨가 도읍을 정했던 곳이라 합니다만, 위(魏)나라의 시조는 물론이고 그 나라의 처음과 끝에 관해서는 의견이 분분합니다.

이: 저도 그에 관한 사료를 최근에야 찾았습니다. 《시 위풍보(詩·魏風譜)》에 실려 있기를 "위자, 우순하우소도지지야; 魏者, 虞舜夏禹所都之地也"라 했습니다. 이 문구는 "순임금과 우왕의 수도가 있던 곳이다"라는 뜻이 아닙니까? 또, 《시 당풍보(詩·唐風譜)》에는 "숙우어 요지고허; 叔虞於堯之故墟, 즉 요임금이 다스리던 폐허가 된 곳이다"라고 풀이하면서 같은 우

(虞)자를 이름자로 풀이했습니다. 순 임금을 뜻하는 글자 앞에 붙은 우(虞)자는 설명한 사람이 없습니다. 조자법에서 설명한 바와 같이 세 곳에 실린 두 우(虞, 禹)자는 모두 높다는 뜻의 사음자가 분명합니다.

《광운》에서는 "요소도평양우공기주(堯所都平陽禹貢冀州)라, 즉 요 임금의 서울 평양이 있던 곳이고, 우공이 치수한 기주다"했습니다. 이 기(冀)자는 이리저리 뒤바꾸어 그 정확한 위치를 밝히기가 힘듭니다만, 해지 연안이므로《시경》에 많이 나오는 옹(雝), 즉 옹(雍, priest, 壇君)자와 관계가 깊은 곳이 확실합니다.[9] 위풍(魏風)에는 요순 시절부터 그곳에 살던 사람들이 부르던 노래가 남아 있다고 봅니다. 위풍(魏風)과 당풍(唐風)은 중국 문명의 발생지에 살던 사람들이 부르던 민요가 뚜렷합니다.

《삼국유사》에 나오는 단군왕검이 조선이라는 나라를 세우고 평양에 도읍을 정한 시절이 요 임금과 비슷한 때라 했지 않아요? 이 설명에 나오는 평양이 요 임금과 단군조선이 모두 위풍(魏風)에 실린 시문과 관계가 있지 않나 합니다. 다시 계속하여, 그곳을 "예성작진(隷省作晉)이라, 즉 옛적에 노예들이 살던 곳을 진(晉) 나라 땅으로 만들었다"하는 설명이 있습니다. 위풍에는 마땅히 노예가 된 사람들이 부르던 노래가 섞여 있다고 봅니다. 중국 사람들이 제일 평화스러웠던 시대라는 요순 임금이 다스리던 지역에 살던 사람들이 노예가 되었다니 참으로 놀랍습니다.

한한 사전에 "나라 이름 위, 빼어날 위, 빼어날 외"하는 글자(魏)는 높다는 뜻이 있지 않아요? 이 글자도 앞에서 말씀드린 글자들(韓, 毛, 木, 無, 坶, 慕, 牧, 馬, 母, 毛, 暮, 貊, 貃)과 같이 모두 가차전주한 글자입니다. 그들이 서

---

9)《韻會》冀或作巽.《呂氏春秋》云: 赤冀作春. 古者雝父初作春.
　《晉書·地理志》冀州, 其地有險有易, 帝王所都. 舜以南北闊大, 分衞以西爲幷州, 燕以北爲幽州.

주의 노예가 되었다는 뜻입니다. 이 문구들을 종합해 보면,《삼국유사》에 나오는 단군조선의 기원을 설명한 "당고(唐高/요堯)가 즉위한 지 50년에 평양성에 도읍하고" 하는 때와 일치합니다. 장소가 '우리말과 같이 발음되나 한자로는 다른 글자'로 적혔습니다.《삼국사기》와《삼국유사》에 실린 평양(平壤)을 광개토대왕 비문에는 평양(平穰)이라 새겼습니다. 평양이라는 도시 이름이 사음자가 아닌가 하여 여러모로 중국 사료를 살펴보았습니다. 요순 시절에 살았던 팽조(彭祖)를 시조로 하는 팽씨의 출처가 평양(坪壤)이란 기록을 찾았습니다. 평씨(平氏)의 본향이 산서성 임분이란 기록도 있습니다. 단군왕검이 요 임금과 같은 시절에 조선을 세우고 첫 수도를 평양이라 한 곳이 산서성에 있었다는 증거가 확실합니다.

산서성에 살던 사람들의 말소리가 잘못 전해져서 글자를 다르게 썼다는 기록이《수경주(水經注; 灅水, 래이수)》에 있습니다.[10] 상건하(桑乾水)가 '마읍(馬邑) 서쪽을 지나서 이를 그곳 사람들(개/합적; 蓋狄)의 말소리가 잘못 전해져서 마천(磨川)이라 한다'고 하니, 마(馬)와 마(磨)는 현대 중국어로는 달리 발음하나 한국어에서는 같은 발음이지 않아요? 이를 보면, 그 시대 산서성 쌍건하 일대에 살던 "합/개적 蓋狄"이 쓰던 말이 한국어와 비슷했다는 풀이가 됩니다.

강: 네, 이치에 맞는 풀이입니다. 그들이 쓰던 말이 한국말과 어순이 같다고 한 〈진세가〉와 〈흉노열전〉 첫 구절이군요. 그러한 어순을 잘못 풀이하여 옛 글자 풀이는 어렵다고 한 듯합니다.

---

10)《水經注》灅水: 桑乾水自源東南流, 右會馬邑川水, 水出馬邑西川, 俗謂之磨川矣. 蓋狄語音訛, 馬, 磨聲相近故爾.

이:《양자 (揚子)》〈방언(方言)〉에는 높다는 뜻의 가차 위(魏)를 잘 설명했습니다.11) "위, 세야" 란 뜻은 '가늘고, 작고, 섬세하다'하는 뜻이니, '위에, 높이'하는 뜻과는 반대되는 뜻이 아닙니까? 그곳을 다스리던 지도자의 성품을 그렸다고 봅니다. 그 지역을 설명했습니다. 황하가 관중분지 동쪽에 있는 '산서성 서쪽에서 남남서로 흐르다 갑자기 동쪽으로 방향을 바꾸어 함곡관을 지나기 전의 황하 유역에 살던 사람들이 남긴 민요'가 위풍(魏風)입니다. 어쩌면 서주를 거쳐 후한시대에 가서는 '옛 고조선의 지도자 위치에 있던 집안, 즉 서이(西夷)가 몰락'하여 '예스 맨'이 되었는지도 모르지요. 이 '요 임금의 수도 평양'이란 문구를 보는 순간 제가 추측하였던 "단군조선의 첫 수도 평양(平壤)이 바로 이곳에 있었구나" 하는 확신을 얻었습니다. 일연 스님이 인용한《위략(魏略)》의 위자는, "그 지역의 역사를 간략하게 기록했던 역사서란 뜻의 글자"로 우(禹)자와 같은 뜻이고, 앞에 예를 든 글자들과 같이 모두 우리가 지금 쓰는 "높다, xx위에" 하는 뜻의 가차(假借, PLC)가 분명합니다.

강: 그럴 수도 있겠지만, 그런 가설을 증명하려면 또 다른 증거가 더 필요할 터인데…, 그렇다면《위략(魏略)》이나《위서(魏書)》에 실린 글들이 모두 한글 어순이란 말씀인가요?

이: 네. 그렇습니다. 우선 이름을 봅시다.《위서(魏書)》를 비하하는 글자로《예서(穢書)》또는《예사(穢史)》라 하지만, 그 참 뜻은 "예맥(濊貊, 穢貊) 족의 역사서"란 뜻이 아닙니까?

---

11)《揚子·方言》: "魏, 細也. 自關而西, 秦晉之間, 凡細而有容謂之魏."

그들이 살던 지역에 남긴 말이 사음자로 밝혀졌으니, 그 전부라고는 할 수 없으나, 그곳을 다룬 중국 고전에 실린 상당히 많은 문구가 한글 어순에 따라 번역하면 글귀가 쉽게 풀립니다. 신선의 행적을 모아 놓은 《열선전(列仙傳)》에 있는 한 구절을 보여 드리겠습니다.

강: 그래요? 《열선전》은 전한시대에 유향(劉向); 기원전 77 - 6년)이 편집했다 합니다. 도가(道家) 경전은 경외서(經外書)라 저는 숙독하지 않았습니다. 그 속에 우리말과 같은 어순으로 쓴 문장이 있다는 이야기는 금시초문입니다. 한번 보여 주시기 바랍니다

이: 네, 다음은 《열선전(列仙傳)》〈유백자(幼伯子)〉의 한 구절입니다. "幼伯子者, 周蘇氏12)客也. 冬常著單衣, 盛暑著襦, 形貌穢異13)"

이 문구를 한글 어순으로 풀면, "유백자란 사람은 주 소씨의 객이었다. 겨울에도 늘 몸에 걸친 것은 홑옷뿐이요, 한창 더울 때도 걸친 것은 짧은 팔적삼이어서 형모가(그곳에 살던 평범한 사람들, 즉 예맥과는) 달랐다" 하는

---

12) 周蘇氏:《書·立政》周公若曰: 太史司寇蘇公, 式敬爾繇獄, 以長我王國. 한원에서 천진 당산 지역으로 왔다.
《契丹國志); 蘇州 原作薊州, 據會編卷二十一引亡遼錄改. 亡遼錄載蘇州爲節鎮州. 글안(契丹의) 소손녕의 선조?

13) 모예(貌穢)가 예맥(濊貊)이다. 선진시대에는 나오는 이름자다. 후한시대에 예(濊, 穢, 薉)란 형용사를 붙여(濊貊) 만들었다. 한원에 살던 맥(貊)이 일년(歲)에 한 번씩 추수(禾)하여 천신께 제사드리던 사람들(肅愼)을 뜻한 글자다. 그 나무 위에 그 별이 보인다 하여 목성이라 했다. 그 나무가 한원에 분수가 흐르는 곳에 많이 자랐다. 獩:《集韻》通作薉穢. ○按《廣韻》《集韻》《類篇》俱書作獩. 貊:《集韻》同貌 王省惟歲. 《傳》王所省職, 兼總羣吏, 如歲兼四時. 又星名.《爾雅·釋天》唐虞曰載, 夏曰歲, 商曰祀, 周曰年.《郭註》歲, 取歲星行一次也. 一歲移一辰. 年數同. 歲星爲陽人之所見. 又歲星木會在東方, 爲靑龍之象, 又年穀之成曰歲. 山名. 在桂陽. 木星之精.

뜻이 아닙니까?

강: 음, 그렇군 그래. 그렇습니다. 한국말 어순이 분명합니다. 사마천이 쓴《사기》〈흉노 열전〉과 〈진세가〉의 첫장에도 그런 어순이 보였으니, 중국 문헌 여러 곳에는 옛 우리 조상이 쓰던 말을 가차전주했다는 이 박사의 의견은 일리가 있습니다.

이: 이 문구를 자세히 살펴보면, 한나라 때까지만 해도 '산서성에서 발해만 서쪽 연안에 이르는 어느 곳에는 예맥(濊貊)족이 살았고, 그들은 우리와 같은 어순의 말을 썼다'는 증거입니다.

강: 그렇게 풀이가 됩니다. 문헌에는 맥국(貊國)14)이 있었다는 기록이 몇 곳에 있으나, 정확한 장소를 찾지 못하여 의견이 분분합니다.《산해경》에는 한수(漢水) 동북쪽, 연(燕) 가까이에 있다 망했다는 기록이 있고,《수서》〈백제전(隋書 百濟傳)〉에는 "맥국천여리운(至貊國千餘里云), 즉 서쪽으로 3일을 가면 맥국 천리에 이른다" 한 기록이 이곳을 뜻했다고 봅니다. 같은 내용이《북사(北史)》에도 실려 있습니다. 시대가 흐르면서 예맥(濊貊)족이 서쪽에서 동쪽 다른 곳으로 움직였다는 뜻이군요. 그건 그렇고,《시경》글귀도 한글 문법으로 풀이해도 된다고 보십니까?

---

14) 맥국(貊國)이 점차로 서쪽에서 동쪽으로 옮겨 왔다. 춘추시대에는 중원과 만주에 왔을 때 숙신씨가 만든 활을 맥궁(貊弓)이라 했다.《太平御覽》朝鮮;《魏志》曰: 濊貊國, 南與辰韓, 北與高勾麗, 沃沮接, 東窮大海. 有似勾麗. 都尉主之, 皆以濊爲名. 同姓不婚. 樂浪檀弓, 出其地.《風俗通》曰: 貊者, 謹案,《春秋傳》: 大貊, 小貊. 貊者, 路也, 薄也.

이: 아닙니다. 시문은 다르지요. 문법상으로 완전한 문장이 아니니까요. 또《시경》의 국풍은 여러 지방에 전해 내려오던 노래를 기록했기에 변수가 너무 많아 강 박사님의 질문에 단적으로 '그렇다 아니다' 하는 뚜렷한 답을 해드릴 수는 없습니다.《상서》또한 일종의 시문이라고 봅니다. 중국 역사의 근간이 되는《춘추좌전》과《사기》에는 진(晉)나라를 가장 자세하게 기록하였지만, 진풍(晉風)이란 편명은 없고 그 지역에 관한 시문이 당풍(唐風)에 많이 실려 있습니다. 왜 그렇게 되었습니까?

강: 그곳에 봉작된 사람이 앞에 인용한 당숙우(唐叔虞)라 해서 그렇게 되었다고 합니다. 왜 진풍(晉風)이란 말을 쓰지 않았는지는 모르겠습니다.

이: 옛 순우 임금 이름에 실린 '우'로 발음되는 글자가 모두 한국말로 '높다는 뜻'을 표음문자로 밝혀졌습니다.《시경》에 실린 시문을 공자님께서 제자 교육에 사용하셨다니, 사마천의《사기》는 물론하고《상서(尙書)》또는《춘추》보다 더 오랫적 사실이 기록되었다고 봅니다. 시대와 장소를 고려해 보면,《시경》에 있는 여러 글자들이 고조선과 관계가 깊다고 봅니다. 무왕이 4 형제였다 하고 그 셋째 동생이 한후(韓侯)라 하니 그 지역에 있던 시문이 한시(韓詩)였다고 볼 수 있지 않을까요?

강: 시문이 남아 있지 않고, 기원전 약 200-150년 후한시대 사람인 한영(韓嬰)이 편집했다는《한시외전(韓詩外傳)》만 남아 있으니 무어라 답을 할 수가 없군요.

이: 또 하나는 무왕의 선조가 처음 자리 잡은 곳을 그린 시문이라고 하

는《빈풍(豳風)》은 있는데, 서주의 개국공신인 소공 석(召公奭)을 북경 지역에 봉했다고 하는 연(燕)나라를 그린 연풍(燕風)이란 편목은 보이지 않아요. 그 이외에도 예로부터 풀이해 온 한글 번역판을 보면 특히 여러 국풍에 의문이 많이 생깁니다.

강: 네, 역사서에 실린 "무왕이 소공 석을 연(燕)에 봉했다"는 기록과 시경에 나오는 소공(召公)의 후손들이 활동한 지역을 연(燕)이라 한다는 설과는 일치되지 않아 의문이 풀리지 않고 있습니다. 《모시정의(毛詩正義)》에 실린 〈시보서(詩譜序)〉와 〈주남 소남보(周南召南譜)〉에는 여러 이야기가 실려 있습니다만, 확실한 이유를 찾지 못하고 소공(召公奭) 이후 구대(九代)까지의 기록이 없어졌다는 쪽으로 설명하고 있습니다.

이:《시경》에 나오는 모든 자료를 종합해 보면 소공 석(召公奭)의 봉지가 북경 일대였다는 설명은 이치에 어긋납니다. 서주 초기에 재상으로 일했다는 기록을 보면 그의 봉지는 함곡관 서쪽에 있었어야 합니다.

강: 그렇게 볼 수도 있지요. 《시경》은 어렵습니다. 그래서 예로부터 공자님께서는《시경》을 읽으라고 제자들에게 권하셨지요.《모시》는 북쪽 사람들이 읊은 시를 묶은 시집이고, 남쪽 사람들이 읊은 시는《초사(楚辭)》입니다. 남쪽 방언으로 쓰였기에 이 두 시집만으로도 남북의 차이점을 어느 정도 비교해 볼 수 있습니다.

이: 네. 그럴수밖에 없지요. 억지로 뜯어 맞추려니 제대로 풀이가 안 되어 어렵다고 했습니다. 《시경》과 《죽서기년》에 나오는 "召康公. 召穆公, 召

伯, 燕"하는 글자들이 "소공 석(召公奭)과 관계가 있다고도 하고 없다고도 하고, 옛적에는 연(燕)이 아닌 언(偃, 郾)이라는 한자로 표기했다기도 하고, 남연(南燕) 또는, 북연(北燕)이라고 호칭하였다"는 등 여러 설이 있습니다만 이치에 맞지 않습니다.

사: 두 분의 이야기를 듣고 보니,《시경》에는 중국 역사 기록에는 보이지 않는 많은 역사적 사실이 여러 시문에 들어 있군요.

2. 한혁(韓奕): 저 멋진 사나이

이:《시경》에 실린 한혁(韓奕)을 토대로 만든 "저 멋진 사나이"라는 뮤지컬(Musical)을 토대로, 시사회 이전에 여러 분들에게 보이려고 만들었습니다. 여러분들 보셨는지요?

사: 네, 여기 오신 분들은 모두 보셨다고 합니다. 저도 보았습니다. 한후를 말 한마디 없는 멋진 사나이로 묘사했지 않아요? 참으로 잘된 시문입니다. 그 당시 상황이 지금 눈앞에 그대로 그려지지 않아요?

강: 그래요, 그래서 부(賦)라 했지요. 시인이 눈앞에 펼쳐지는 상황을 있는 그대로 드러내 보였거든요.

이: 제가 갖고 있는 한글 번역판《시경》을 읽어 보면 많은 시문이 앞뒤가 안 맞는 풀이로 되어 있습니다. 그러면서 여러 중국 학자들이 풀이한

근거를 알려 주고 있습니다. 예로부터 이 시문을 어떻게 풀이해 왔는지를 여기 모인 관중들을 위하여 강 박사님이 한번 풀이해 주시면, 앞으로 시문을 설명할 때 많은 도움이 되리라 봅니다.

강: 그렇게 합시다.

한혁을 낭송한다.[15)]

奕奕梁山(혁혁량산): 높고 큰 양산

維禹甸之(유우전지): 우임금님이 다스렸도다

有倬其道(유탁기도): 밝으신 그 도

韓侯受命(한후수명): 한나라 제후 명을 받았도다

王親命之(왕친명지): 천자께서 친히 명하시기를

纘戎祖考(찬융조고): 그대의 조상을 계승하여

無廢朕命(무폐짐명): 나의 명을 저버리지 말고

夙夜匪解(숙야비해): 밤낮으로 해이하지 말고

虔共爾位(건공이위): 그대의 자리를 공경하고 삼가면

朕命不易(짐명부역): 나의 명은 바뀌지 않으리라

榦不庭方(간부정방): 조공하지 않는 나라 바로잡아서

以佐戎辟(이좌융벽): 그대의 임금을 보좌하여라

四牡奕奕(사모혁혁): 네 필 수말 건장하여

---

15) 한혁 풀이에는 여러 형이 있으나 많이 알려진 구글에 실린 "267 시경대아 제3 탕지십 (詩經大雅 第三 蕩之什) 한혁(韓奕)"을 인용한다.

孔脩且張(공수차장): 키 크고 몸집은 크다

韓侯入覲(한후입근): 한나라 제후 조공 와서

以其介圭(이기개규): 그 큰 홀을 들고

入覲于王(입근우왕): 천자께 들어와 뵙는구나

王錫韓侯(왕석한후): 천자께서는 한나라 제후에게

淑旂綏章(숙기수장): 훌륭한 무늬 있는 깃대와 기장목

簟茀錯衡(점불착형): 대자리 차가리개와 무늬 새긴 멍에와

玄袞赤舃(현곤적석): 검은 곤룡포와 붉은 신

鉤膺鏤錫(구응루석): 고리 달린 말 빼띠와 무늬 있는 말 당로 하며

鞹鞃淺幭(곽굉천멸): 가죽 댄 수레 앞턱나무와 후피 덮개에

鞗革金厄(조혁금액): 고리 달린 고삐와 쇠고리를 내리셨도다

韓侯出祖(한후출조): 한나라 제후 길 떠날 제사 드리고

出宿于屠(출숙우도): 도 땅에 나가 머무셨도다

顯父餞之(현부전지): 현보가 전송할 적에

淸酒百壺(청주백호): 준 맑은 술 백 병

其殽維何(기효유하): 무엇으로 안주를 하였었나

炰鼈鮮魚(포별선어): 구운 자라와 생선

其蔌維何(기책유하): 채소는 무엇이었나

維筍及蒲(유순급포): 죽순과 부들

其贈維何(기증유하): 선물은 무엇이었나

乘馬路車(승마노거): 네 필 말과 큰 수레

籩豆有且(변두유차): 음식 그릇 많이 차려 놓아

侯氏燕胥(후씨연서): 제후께서는 기뻐 즐기시었다

韓侯取妻(한후취처): 한나라 제후께서 장가드신 분

汾王之甥(분왕지생): 여왕의 생질 되시는

蹶父之子(궐부지자): 궤보의 따님

韓侯迎止(한후영지): 한나라 제후가 아내 맞으시려고

于蹶之里(우궐지리): 궤씨의 마을에 가셨도다

百兩彭彭(백량팽팽): 수많은 수레들 덜컹거리고

八鸞鏘鏘(팔난장장): 말방울 소리 딸랑거리며

不顯其光(부현기광): 그 빛 더없이 밝으시었다

諸娣從之(제제종지): 여러 누이동생들도 따라오는데

祁祁如雲(기기여운): 구름처럼 아름답고 많기도 해라

韓侯顧之(한후고지): 한나라 제후 그들을 돌아보니

爛其盈門(난기영문): 찬란하게 문안에 가득 차 있도다

蹶父孔武(궐부공무): 궤보는 아주 용감하셔서

靡國不到(미국부도): 가보지 않은 나라 없어

爲韓姞相攸(위한길상유): 한나라로 출가한 길씨의 혼처 알아보셨고

莫如韓樂(막여한낙): 한나라보다 좋은 곳 없다고 했다

孔樂韓土(공낙한토): 즐거운 한나라 땅이여

川澤訏訏(천택우우): 냇물과 못물이 넘쳐흐르고

魴鱮甫甫(방서보보): 방어와 연어가 큼직큼직하며

麀鹿噳噳(우녹우우): 암사슴 수사슴이 모여 우글거리고

有熊有羆(유웅유비): 곰도 말곰도 있으며

有貓有虎(유묘유호): 삵괭이도 범도 있다

慶旣令居(경기령거): 좋게 보시고 출가시켜

韓姞燕譽(한길연예): 한나라의 길씨 편안히 즐기신다

溥彼韓城(부피한성): 커다란 저 한나라의 성은

燕師所完(연사소완): 연나라 백성들이 완성시킨 것이다

以先祖受命(이선조수명): 선조들이 받으신 명을 받들어

因時百蠻(인시백만): 오랑캐 나라들까지 다스리신다

王錫韓侯(왕석한후): 천자께서는 한나라 제후에게

其追其貊(기추기맥): 추나라와 맥나라까지도 내려주셨도다

奄受北國(엄수배국): 북쪽 나라들을 모두 다 맡아

昊以其伯(호이기백): 그곳 어른이 되셨도다

實墉實壑(실용실학): 성을 쌓고 해자를 파며

實畝實籍(실무실적): 밭을 다스리시고 부세를 정하였다

獻其貔皮(헌기비피): 천자께 백호 가죽과

赤豹黃羆(적표황비): 붉은 표범 누런 말곰 가죽 바치신다

이: 강 박사님. 감사합니다.

제가 살펴보니, 강 박사님이 설명하신 이 시문 풀이는 남송의 주희가 풀이한 내용과 아주 가깝습니다. 그 이외에도 여러 사람들이 어떤 문구는 조금씩 다르게 풀이했습니다. 시문에는 "우 임금님이 다스렸도다" 하는 시구가 있습니다만, 중국 사람들의 시문 풀이에는 하나같이 우 임금에 관한 이야기는 없습니다. 하루 자면서 성대한 접대를 받았다는 도(屠)라는 땅을 두(杜,[16] dù/뚜우) 땅이라고도 한다는 설명이 있고, 그곳이 주 선왕(周宣

---

[16] 《竹書紀年》宣王: 王殺大夫杜伯. 其子隰叔出奔晉. 說苑 立節: 左儒友於杜伯, 皆臣周宣王, 宣王將殺杜伯而非其罪也.

王)이 정책을 토론하다, 충실하게 간언하던 대부를 죽였다는, 두백(杜伯)의 땅이란 곳입니다. 두백은 요 임금의 아들 단주(丹朱)의 후손이라 합니다. 《시경》에는 체두(杕杜) 체지두(杕之杜) 하는 두(杜)자가 몇 곳에 나옵니다. 모두 외로운 사람을 대상으로 읊은 시문입니다. 이 요 임금의 후손이 살던 지역에 살던 사람들이 부르던 노래를《시경》에는 은미(隱微)하게 표현한 시문이 많이 있습니다.

강: 일리가 있는 설명입니다. 그래서《시경》은 옛적부터 풀이가 어렵다 하고, 함부로 풀이하지 말아라 하는 이야기들을 했지요. 이를 설명하려면 몇 시간을 이야기 해도 끝이 나지 않습니다. 우선 글자 하나 풀이에서부터 논란이 되고 두 글자 이상을 한 구절로 묶어 풀이해야 하니 그 변화란 끝을 헤아릴 수가 없지요.

이: 양산(梁山)을《아어(雅語)》에서는 진의 망산(梁山, 晉望也)이라 하고, 《모시정의》에서는 한국(韓國)의 진산(鎭山)이라 풀이했으니, 진나라는 옛적에 한(韓; Han駻, 汗)이 살던 땅이란 이야기가 아닙니까? 또 선진시대 문헌을 자세히 살펴보면, 양산(梁山)이 최소한 두세 곳에 있었습니다. 옛적에는 어떤 부족이 살던 지역이라 하여 지명으로 썼으니, 이 양산(梁山)이란 이름도, 강물을 건너는 다리(梁)가 있던 마을에 살던 부족 이름을 빌려서 붙인 이름이 아닌가 합니다.

제가 찾아보니 양산이란 이름은《수호전(水滸傳)》에 나오는 양산박이 있고 또 하나는 코뿔소를 사냥하던 늪지에 있었습니다.

이 두 양산(梁山)은 함곡관 동쪽이 분명합니다. 시문에 나오는 양산을 설명하신 대로 풀이하면, 서주 무왕의 선조가 기산(岐山) 일대에 자리 잡기 전에 지나온 곳으로, 함곡관 서쪽이 됩니다. 옛적에 함곡관 서쪽에 살던 사람들이 동쪽으로 나왔다, 아니면 같은 말을 하는 부족이 두세 곳에 살았다 하는 뜻이 아닙니까?

강: 네.《맹자(孟子)》〈양혜왕편(梁惠王下)〉에 있습니다. "옛적에 성인이 빈(邠)에 살았는데, 그 지역에 살던 적인(狄人)이 계속 침입하여 여러 가지 귀한 물건을 주면서 타협하려고 모든 방법과 수단을 써 보았지만, 성공을 못하여 결국(마음에 드는 살기 좋은 곳) 빈(邠)을 떠나 양산을 지나서 기산(岐山) 부근에 자리 잡았다" 했습니다. 옛 성인은 서주의 시조 고공단보(古公亶父)를 뜻합니다. 그가 동쪽에서 서쪽으로 갔다 하니 살기 좋은 빈(邠, 豳) 마을은 양산(梁山) 동쪽이 분명합니다.

이: 빈인(邠人, 豳人)을 두 다른 글자로 썼고, 이 글자가 오늘 흔히 쓰이는 빈(彬, Bīn)이라 합니다. 그 이웃한 곳에 부풍(在右扶風)이 있었고, 그곳에서 제곡 고신씨(帝嚳高辛氏), 요, 순, 우 임금과 전설상의 농업의 신이라는 후직(后稷)의 이름이 나타나는 곳입니다. 이곳에서 중화 문명이 시작되었다는 풀이가 옳다고 봅니다. 그 중화 문명의 발생지에 려민(黎 lí/리民)이 살았다 하나, 양(梁)이라는 부족 이름은 나오지 않으니 "양(梁)자는 려민을 뜻하는 글자"가 아닌가 합니다.

강: 그렇게 말을 뒤바꾸면, 가차(假借)로 기록한 글자를 이리저리 뒤바꾸어 만든 전주(轉注)라고 볼 수도 있겠군요. 그렇지 않다고 반박할 근거가 없으니까요. 빈인이라 적은 세 글자(三字, 邠人, 豳, 彬)도 그렇게 풀이되는군요.

이: 빈이란 소리가 무슨 뜻인지는 알 수가 없으나, 빈(豳)이란 글자를 보면, 돼지(豕) 또는 해(亥, 解)와 관계가 깊은 곳입니다. 그 사람들은 "서융(西戎)에서 분파된 적인(狄人, 北狄, 蓋狄) 또는 간적(簡狄, 簡狄)이라 하던 부족입니다. 그들을 려민(黎民)"이라 불렀고 이를 양(梁)자로 기록했다고 봅니다. 려민을 빈인(邠人, 豳人)이라 했습니다. 이 양(梁)자를 보면 그 부족이 나무를 깎을 수 있는 쟁기(刅)를 쓰던 사람들이 분명하고, 그들의 출발처를 밝힐 수는 없습니다마는, 양이란 부족은 이 양산 일대에 살던 사람들의 후손이 분명합니다. 이를 다른 사음자로 풀이한 증거가 《삼국지》에 있습니다. 양은 "개, 해, 흐어, 계; kě hé jié kài "라고도 발음한다 "梁音渴"[17]고 했습니다. 인용한 문구의 뜻은 고구려 초기에 관구검이 만주에 있던 고구려를 침입하여 "요하를 건너 요양 일대에서 치열한 전쟁이 있었다"는 곳에 그 부족이 살았다는 뜻입니다. 이 양(梁)으로 기록된 말소리는 "盍, 絜, 契, 挈, 碣, 盇, 蓋, 貉, 薤"과 같은 글자로도 기록되었던 부족들이 살던 지역이란 뜻입니다.

이 여러 글자를 만든 과정을 살펴보면, 서쪽 천산(天山) 천지(天池) 일대에서 '실크로드'를 따라 돈황을 지나 감숙성 통로를 거쳐 관중 분지로 들어와 나라를 세웠습니다. 그곳 동쪽 한원에는 그들의 이름 해(奚, 解, 太陽, 日, sun)를 따서 붙인 해지(解池)를 "씨애 ㅊxiè chí"라 하는 염호(鹽湖)가 있습니다. 그 일대에서 "溪, 河陽, 夏陽, 洽湛, 棋, 隰" 하는 글자들이 나타났다고, 조자법에서 설명했습니다. 흔히 '글/거/설(契) 맥(貉) 예맥' 개적(蓋狄) 하는 사람들이 살았다는 증거입니다.

---

17)《三國志》毌丘儉: "督諸軍步騎萬人出玄菟, 從諸道討之. 句驪王宮將步騎二萬人, 進軍沸流水上, 大戰梁口, 梁音渴."

강: 그렇게 볼 수도 있겠지요. 아까 이 박사가 인용한 사마천의 가계(家系)를 보면, 사마씨의 활동 무대가 관중 분지였습니다. "요순시대부터 하상조에 이르기까지 천문과 지리를 주관하였다가, 주 선왕 때에 사마씨(司馬氏)로 전락되었고, 계속 주나라의 역사 기록을 맡아 보다가, 후에는 주나라를 떠나 동쪽 진(晉)으로 갔다 다시 서쪽으로 옮겨 소양(少梁)에서 살았는데, 그곳 이름이 전국시대 말기(武安君白起, ?-257 년)에는 하양(夏陽)으로 바뀌었다"고 했습니다.

강: 역시 현대 과학을 한 사람이 보는 시각이 다르군요. 그렇게 연관이됩니다.

그렇게 볼 수도 있겠지요.《모전》에는 "양산이 있는 들판(梁山之野)"이라 했지요. 그러나 글자 하나 하나에 얽매어 의심을 품게 되면 끝이 없습니다.

이: 그렇지요. 그래서 어느 미국에 사는 중국인 학자(도경태; 涂經詒)는 한자 풀이(Chinese Hermeneutics) [18]를, 러시안 인형(Russian Doll) 또는 미로(迷路, labyrinth)와 같다고 표현을 했습니다. 그의 설명을 자세히 읽어 보면, 한자 풀이, 즉 훈고학(Chinese Hermeneutics)은 당대의 석학이 모든 지혜를 총 동원하여 가차전주하여 만든 글자를 중국 황실 구미에 맞도록 풀이함으로써 천하를 다스려 왔다는 뜻이 숨어 있습니다.

죄송합니다. 제가 너무 흥분하여 화제가 다른 방향으로 흘렀습니다. 이

---

18) Ching-I Tu, Ed., "Distinctive Features of Chinese Hermeneutics," Taiwan Journal of East Asian Studies"(2004):233-247.
Ching-I Tu, Ed., Classics and Interpretations: The Hermeneutic Traditions in Chinese Culture.(New Brunswick: Transaction Publishers, 2000). 中國詮釋學的特質. 評. 涂經詒編.

해해 주시기 바랍니다. 이 한혁은 언제 누가 읊은 시라고 보십니까?

강: 아까 말씀드린 바와 같이 《시설(詩說)》에서는 한후가 서주 왕실을 방문하여 명을 받고, 제부들의 융숭한 접대를 받고 돌아간 장면을 그린 "육장 모두가 부, 六章皆賦"라 했습니다. 〈모시서(毛詩序)〉에서는 윤길보(尹吉甫)가 주 선왕(宣王)을 찬미한 시라 했습니다.[19] 그러나 남송의 주희(朱熹)는 시문에 그러한 근거가 없다 하여 일축해 버렸고, 지금도 많은 사람들이 주희의 풀이를 따르고 있습니다.

이: 많은 사람들이 주희의 풀이를 따른다지만, 그의 한혁 풀이에는 모순이 많습니다. 그의 서문에는 연(燕) 자를 향연이란 뜻으로 사용했고, 시문에 세 번이나 나오는 연(燕)자를 두 번은 같은 "향연, 또는 편안히 즐기다"라는 뜻으로 풀이하고 마지막 장에 나오는 "부피한성 연사소완(溥彼韓城, 燕師所完)" 하는 문구에 나오는 연(燕)자만은 "연나라 사람들이 성을 쌓았다"고 풀이했으니, 어느 시인이 같은 시문에 같은 글자를 세 번이나 쓰면서 한 곳에는 다른 뜻으로 사용했겠습니까?

그 글자도 다른 연(燕)자와 같이 즐거운 마음이란 뜻이 있다고 봅니다. 그 시구를 저는 "저 장엄한 한후의 성은, 평화로운 시절에 많은 자원 봉사단이 즐거운 마음으로 지은 곳"이라고 풀이했습니다. 주희가 후(侯)자를 사람인 변(亻)을 빼고 한후수명(韓矦受命)이라 적었습니다. 왜 주희가 이 글자를 택했는가는 알 수가 없으나, 그 글자(矦) 속에는 "그 작위를 받은 후(矦)자에는 옛적 하우씨의 후손"이란 뜻이 있습니다.[20] 그는 또 "간부정

---

19) 《詩說》: 韓侯來朝受命, 將歸, 顯父餞之, 贈以是詩, 六章皆賦也.
　〈毛詩序〉: 《韓奕》, 尹吉甫美宣王也. 能錫命諸侯. 六章, 章十二句.

방; 榦不庭方" 하는 '완전동사 줄기 간(榦)자를 불완전동사'로 바꾸어 풀이하여, 한후가 부정방 밖에 있는 사람으로 풀이했습니다. 시문의 원뜻은 "부정방의 기둥인 한후"란 뜻입니다. 이렇게 사실을 기록한 시문이고 작가와 그 당시 왕이 뚜렷하니 한후가 누구인가는 알 수 있겠군요.

강: 이 박사님의 풀이가 참으로 신랄합니다. 사리를 따라 설명하면 그렇게 되지요. 그러나《죽서기년》에는 "왕수 연사성한; 王帥 燕師城韓"이라, 즉 주무왕의 아들인 성왕이 직접 연나라 사람들을 이끌고 한을 위한 성을 쌓았다. 또는 한이 사는 성에 갔다"는 문구가 있고 한후를 임명했다고 했습니다.[21] 이 문구를 놓고 설명이 구구하여 어느 누구 말이 옳은지 알 수가 없습니다. 기록 자체를 의심하는 사람도 있습니다.

이: 저는 그 기록이 의심스러워 선왕당대를 기술한 문장을 종합해서 풀이하여 보았습니다. 중국 사람들은 이 한의 성이 한혁의 한후가 살던 곳이라 하고 소공 석이 연사를 데리고 성을 쌓았다 하니, 성왕(成王)이 연사를 데리고 성을 쌓았다는 기록과는 다릅니다. 그때의 사실을 약 200년 뒤인 주 선왕 때 나타난 사건으로 뚜드려 맞추려 해도 앞뒤가 틀리게 됩니다.

또 한후가 서주를 세운 무왕의 동생이라 합니다만,《모시정의》에는 무왕의 아들 응한(應韓)이라 했으니, 시문의 내용과는 다르지 않습니까? 한(韓), 연(燕), 성(城), 성왕(成王) 하는 글자들이 서주 초기 수도와 관계되니 그 장소는 함곡관 서쪽 한원 일대에서 발생한 일입니다. 앞에서 조자법을 설명할 때 나온 당숙우(唐叔虞)가 살던 안읍(安邑)을 성왕이 찾아갔습니다.

---

20) 會稽三賦: 在辰為醜自夏而医 史記越王句踐其先禹之苗.
21)《竹書紀年》成王: "王帥, 燕師城韓. 王錫韓侯命".

그곳을 성한(城韓)이라 했고, 그곳에 살던 주인을 한후라 했다고 봅니다. 그들이 계속하여 서주 왕실로부터 시달림을 받았다는 기록이《시경》여러 곳에 나옵니다. 성왕과 당숙우가 편안하게 살았다고들 풀이하는 "연거(燕居)라는 글귀는 유가에서 두 사람이 같은 지역, 해지 북쪽 연안에서 편안히(燕) 살았다"는 뜻입니다. 그 연결 고리가《여씨춘추》,《예기》와《묵자한고(墨子閒詁)》에 있습니다. 22)

우왕이 개발한 구주 중에 북쪽 유주(幽州)가 살기 좋은 땅(燕)이라 했습니다. 이를《설원(說苑)》에서는 사간(斯干)에 실린 "원거원처; 爰居爰處"라, 즉 무왕과 단공(壇公. 檀公, 叔旦)이 동고동락했다"는 시구(詩句)를 의역하여 무왕이 아니라 성왕이 당숙우와 사이좋게 살았다(燕居)로 기록했습니다.23) 이 사이좋게 살았다(燕居)는 문구의 연자를 후세 사람들은 편안 안(安)자로 또는 지명으로 바꾸었습니다. 여러 문헌에 나오는 "공자연거; 孔子燕居"란 문구도 공자님께서 "편안히 쉬실 때" 하는 뜻으로 풀이합니다마는, 그 시절에 다른 문헌에서 연자를 풀이한 점을 고려하면, 이 문구는 "연(燕)이라는 땅에 사실 때"란 풀이가 옳다고 봅니다. 함곡관 서쪽에 있던 제후국 연(燕)이 공자님이 살아 계실 시대에는 함곡관 동북쪽으로 밀려 왔습니다.

강: 아주 놀라운 풀이십니다. 그렇게 풀이하니 소공석을 연에 봉했다는 뜻이 주 선왕을 보필했다는 소목공(召穆公)과 연결 고리가 성립됩니다. 이

---

22)《呂氏春秋》有始: 西方為雍州, 秦也. 北方為, 燕也.《墨子閒詁》明鬼下: 韋昭曰周成 王滅唐, 而封弟唐叔虞, 遷唐于杜, 謂之杜伯.《說苑》君道: 成王與唐叔虞燕居. 於是 遂封唐叔虞於晉, 明愛弟之義.《禮記》; 古者天子練冠以燕居.

23)《詩經》斯干: 兄及弟矣, 式相好矣, 無相猶矣. 爰居爰處, 爰笑爰語.《說苑》君道: 成王 與唐叔虞燕居.
"仲尼燕居, 子張, 子貢, 言游侍, 縱言至於禮." "公曰: 古者天子練冠以燕居."

박사님같이 여러 방면을 종합해 보아야 됩니다만, 모두들 단편적으로 시문을 풀이하다 보니《시경》풀이가 가장 어렵다고 합니다. 여기 나오는 융(戎)자를 정현은 "융, 유여야, 戎, 猶女也"라 "융자는 손님으로 와 앞에 있는 한후 당신이요" 하는 뜻으로 풀이해 왔습니다만 그 이유를 밝히지 못했었는데, 이 박사님의 조자법 설명을 감안 하니 분명해졌습니다. 공자님께서 "연나라 땅에 있을 때"라고 풀이한 것 또한 놀랍습니다.

이: 네. 그렇습니다. 시문에는 "찬융조고(纘戎祖考, 당신의 조상을 계승하여"라 했으니, 치수사업을 한 우(禹)가 융(戎)족이고, 한후가 우(禹)왕의 후손이라는 뜻이 분명합니다. 선왕은 한후에게 말하기를, "한후의 선조인 '우(禹)가 요 임금의 명에 따라 주어진 임무에 충실했던 전통을 이어 받아 자기와의 약속을 지켜 나가면 선왕도 약속을 변하지 않으리라"면서 끝없이 넓은 북쪽 땅을 다 관장하라고 했습니다.

강: 이 교수의 시문 풀이가 합당합니다.《죽서기년》성왕 12년조에 나오는 의문을 풀어 주셨습니다. 한후는 참으로 "멋진 사나이"였습니다.

3. 선왕 중흥(宣王中興)

이: 감사합니다. 편집하여 간략하게 만든 선왕 중흥(宣王中興) Video/YouTube를 보셨습니까? 그 당시를 한번 회상해 보시기 바랍니다.

강: 이 박사님 그런 재주도 갖고 계신 줄은 몰랐습니다. 아주 잘 만드셨

습니다.

이 사극을 보니, 중흥이란 말이 합당합니다. 이 시대는 영토 확장에 따른 사회적 혼란과 문화적 전승시대였다고 봅니다. 《시경》에 여러 편의 시문이 이때에 작성되었고, 태사주가 대전자를 만들었다 하니 서주 문화의 전성기라고도 볼 수 있겠습니다. 편집하신 이 박사님은 어떻게 생각하시는지요. 의견을 듣고 싶습니다.

이: 이 모임을 위해 만들었습니다. 이때부터 중국 역사 기록이 확실하다고 하여 하상주단대공정(夏商周斷代工程)의 주춧돌로 삼은 시대입니다. 중국 사람들은 《죽서기년》에 실린 기록을 제일 신빙성이 있는 사료로 판단했다고 봅니다. 앞에서 본 바와 같이 사마천도 여왕(厲王)전까지의 기록은 잘못된 곳이 많다고 했습니다. 선왕의 아버지와 아들이 모두 호경(鎬京) 부근에 살던 원주민에 의해 극심한 피해를 당했습니다. 그의 아버지 여왕(厲王)이 쫓겨 "분수(汾水)가의 돼지"란 뜻의 체(彘)에서 죽어 아들 성왕이 아직 어려 소공과 주공이 정무를 돌보아 이 시기를 "공화십사년, 共和十四年"24)이라 합니다. 여왕의 탈출구를 생각해 보면, 그가 살던 서주의 수도는 해지(解池) 북쪽 연안 일대에 있었습니다.

이 사회적 혼란을 읊은 시문이 《시경》〈대아〉판(板)이라 봅니다. 판(板)이 곧 성왕이 빼앗은 옛 숙단(叔旦, 唐叔虞), 즉 단공(檀公, 壇公, 携子)의 수도, 휴(携)입니다. 연, 연경(燕京), 호경 또는 호, 호읍(鄗, 隔邑)이라고 기록

---

24) 공화(共和)는 주나라의 여왕이 도망하고 나서 선왕이 즉위할 때까지 기원전 841년부터 기원전 828년까지 소공과 주공이 같이 정무를 돌본 14년간을 의미한다. 이 공화 원년부터 사기의 12제후 연표가 시작되어 중국 역사 기록 중에서는 가장 오래된 연대의 기술이다.

에 나오는 곳입니다. 주 왕실이 이러한 어려움을 당할 때에 《시경》〈소아(小雅)〉에 실린 하인사(何人斯)를 서주의 궁중 악사들이 '푸닥거리로 연주' 했다고 봅니다. 소목공(召穆公)이 쫓겨난 여왕의 아들을 자기 집에 숨겨 놓고 자기 아들을 왕자라고 속여 소공 아들로 살아났다 합니다. 도망간 여왕의 아들은 그렇게 소목공 덕에 살아났고, 그의 그늘에서 14년을 지내는 동안 소목공이 왕권을 쥐려는 게 아니냐 하는 여론이 퍼지자 공화를 끝내고 여왕(厲王)의 아들이 왕이 되니 그가 주선왕(周宣王; 기원전 846-782 년)[25] 입니다.

소목공을 서주 개국공신인 소공석(召公奭)의 후손이라 하고, 주공 단(周公旦, 周文公)의 후손이 주정공(周定公)이라 합니다.[26] 이 두 개국공신의 후손이 어린 선왕을 도와 첫 해부터 국방에 주력하여 서쪽 사람들이 쓰던 융거(戎車, Charriot)를 만들어 시험했습니다. 상 문정(商 文丁) 때인 기원전 1110년경에 주 무왕의 선조인 계력(季歷)이 명에 따라 연경(燕京)에 있는 융(戎)을 쳤으나 패했다고 합니다. 이곳 함곡관 서쪽에 주 무왕이 개국공신인 소공석(召公奭)을 봉했다는 지역인 듯합니다.

그의 아들인 주성왕이 가까이 있던 연의 군사(燕師)를 이끌고 한후(韓侯)의 성을 찾아갔다는 기록과 선왕 때에는 소공이 함곡관 동쪽에 있었다

---

25) 《竹書紀年》宣王: 王即位, 周定公, 召穆公輔政. 復田賦. 作《戎車》. 주공단이라는 칭호가 없다.

26) 성왕 초기에 주공단(周公旦)이 문공(周文公)이다. 그가 재상의 총책인 총재(冢宰)를 맡아 보다 삼감의 난으로 동쪽에가 결국 노나라에 봉해졌고, 강왕 때부터는 소강공(召康公)이 총책을 맡았다. 주선왕을 돌보아 주던 소목공(召穆公)이 소강공(召康公)의 후손이다. 《竹書紀年》成王; 王即位, 命冢宰周文公總百官. 庚午, 周公誥諸侯于皇門.
武庚以殷叛. 周文公出居于東. 《竹書紀年》康王; 王即位, 命冢宰召康公總百官. 諸侯朝于豐宮.

는 기록이《죽서기년》에 있습니다. 서주가 함곡관을 나와 동주가 되고 마지막 동주 은왕(隱王) 때까지 제후국 연(燕)은 주왕실을 보호하고 있었습니다.27) 이를 종합해 보면,《시경》에 여러 번 나오는 연(燕)자는 함곡관 서쪽에서 동쪽으로 옮겼습니다. 선왕을 살려 주고, 그를 도와 중흥을 이루었다는 소목공(召穆公)이 소공석의 후손이라 하니, 소공석을 연(燕)에 봉했다는 중국 정사의 학설은 옳습니다만, 그가 받은 봉지가 오늘의 북경(北京) 유역이란 풀이는 틀렸습니다.

선왕 3년(宣王 三年)에는 대부진중(大夫秦仲)에게 명하여 서융(西戎)을 쳤으나 이기지 못하고 사령관인 진중(秦仲)이 적에게 살해당했습니다. 이렇게 심상치 않은 일들이 주위 제후국에서 계속 발생하므로 다음 해가 되는 선왕 4년(기원전 824년)에는 궐부(蹶父)에게 명하여 한후를 설득시켜 데려왔습니다.

한후를 영접한 다음 해에는 윤길보가 수도 호경을 비롯해 전국에 창궐했던 험윤을 태원(太原, 大原)까지 물리쳤다는 그의 전공을 읊은 시문이 유월(六月)입니다.28) 두 달 후인 8월에는 남쪽으로 형만(荊蠻)을 쳐부수었다 하니, 북쪽으로 오늘의 태원까지 올라가지는 못했습니다. 선왕 16년에 진(晉)이 수도를 강(絳)으로 옮겼다는 곳이 평양에서 멀지 않은 곳입니다. 그

---

27)《竹書紀年》: 周公季歷伐燕京之戎. 成王: 燕師城韓. 宣王: 燕惠侯薨. 燕僖侯卒. 平王: 燕頃侯卒. 鄭人滅虢. 燕哀侯卒.
　　鄭遷於溱. 顯王: 魏殺臣, 趙公孫裒伐燕, 還取夏屋, 城曲逆. 鄭宣王來朝. 隱王; 燕子之殺公子平, 不克. 齊師殺子之.

28)《竹書紀年》宣王; 五年夏六月, 尹吉甫帥師伐獫狁, 至于太原. 秋八月, 方叔帥師伐荊蠻. 六年, 召穆公帥師伐淮夷.
　　王帥師伐徐戎. "八年, 初考室."《詩說》:《六月》: 尹吉甫帥師征獫狁, 史籀美之, 賦也. "侵鎬及方, 至于涇陽."
　　《采芑》: 宣王命方叔征荊, 荊人來歸, 史籀美之, 前三章皆興也, 末章賦也. 地理志云: "禹貢: 絳水在信都東入于海也."

곳에 당숙우가 성왕의 시달림에 못 이겨 분수를 따라 올라와 자리 잡은 곳, 즉 강수(絳水)가에 있었다는 신도(信都)라 봅니다.29)

《사기》에서는 선왕이 즉위하고 두 재상이 보필하여 "서주 초기의 위업을 되찾았다"라는 간단한 문구를 남겼습니다. 호경의 동북쪽에는 제후국 진(晉)이 있었을 터인데,《시경》에는 강(絳)이란 글자는 많이 보이나, 진(晉)이란 글자가 없습니다. 진(晉)자는《죽서기년》서주 3대 강왕(周康王; 기원전 1020-996년),《춘추》에는 노은공 4년(隱公四年)인 기원전 719년에 처음 나옵니다.《좌전》에 실린 내용은 동주시대부터이지만 "위인입진; 衛人立晉"이라 "위인이 진을 세웠다" 하는 문구가 있고《상서》에 진(晉)자는 동주 평왕 때 처음 나옵니다. 이를 종합해 보면 진(晉)이라 하는 제후국은 후에 만든 진(辰, 晨, 晉旦, 神檀)의 사음 대자라 봅니다.30) 진(晉)자는; "해가 떠서 만물이 자라기 시작한다"는 뜻이라 했습니다.31) 조선(朝鮮)이라는 뜻이 그 글자 안에 있다고 봅니다.

여왕이 분수가 흐르는 도에 살았다 하여 그를 분왕(汾王)이라 했고, 한후의 새 부인을 "분왕의 생질"이라 했습니다. 한후가 선왕의 궁궐을 떠나 하룻밤을 자면서 제후들의 영접을 받고 하루 묵은 곳을 잡을 도(屠)라 하였으니, 그곳은 서주의 수도에서 하루 거리가 안 되는 분수 가에 있었다고

---

29)《竹書紀年》康王; 九年唐遷于晉. 宣王 十六年, 晉遷于絳.《註》絳, 晉所都也, 今平陽 絳邑縣. "絳水可以灌平陽"

30)《春秋左傳》隱公四年: 衛人立晉. 宣公即位, 書曰, 衛人立晉, 眾也.《尚書》《文侯之 命》平王錫晉文侯秬鬯.

31) 晉:《說文》作晉, 進也, 日出萬物進也.《說文》晉, 籒文晉. 號晉晉子, 山西聞喜縣人 也. 籒作晉, 或作晉.
《類篇》隸省作晉.《易·晉卦》晉, 進也.《易》曰: 明出地上, 晉.《疏》以今釋古, 古之晉 字, 即以進長爲義.
《又》明出地上晉.《詩·唐風譜》成王封母弟叔虞於堯之故墟, 曰唐侯.

봅니다. 분수 연안은 선왕의 아버지가 그곳에서 14년을 살았다 하니, 궐부(蹶父)의 영향력이 막강했던 곳이고, 옛 요 임금의 후예가 살던 곳이고, 당숙우(唐叔虞)가 옮겨간 신도(信都), 즉 강(降)이라 봅니다.

《죽서기년》에서 찾아보면, 제곡고신(帝嚳高辛) 때에 당후(唐侯)라는 글자가 처음 나타납니다. 그가 도당씨(陶唐氏)라고 기록에 나오는 "도자기 굽는 마을의 지도자"입니다. 그곳을 요 임금이 차지하여 요 임금을 도당씨(陶唐氏)라고 사가들은 풀이해 왔습니다만, 요 임금과 도당씨(陶唐氏)는 다른 사람입니다. 주 성왕(周成王)이 삼감의 난(三監之亂) 이후에 도자기 굽는 마을을 정벌하여 그 마을 지도자는 항복하고 그곳에 살던 사람들을 팔배 나무 골(사 杜)로 이주시켰습니다. 항복한 도당씨를 《죽서기년》에서는 "왕석한후명; 王錫韓侯命"이라 했고, 그를 아저씨라 받아들여 다른 사서에서는 그를 당숙우(唐叔虞)라고 합니다. 주 단공(周旦公, 周文公)을 봉하여 동쪽 옛 상나라 땅에 봉하여 노나라의 시조가 되었고, 옛 도당씨가 그전부터 살아오던 지역에서 나는 질이 좋은 곡식(獻嘉禾)을 바쳤고, 이를 동쪽 풍(豐)에 가 있는 주공 단에게 전해 주었습니다.

《사기》〈노공세가〉에 실린 이모동영(異母同穎)이란 문구를 보면, '당숙우'는 곤륜산 일대에서 온 뿌리가 다른 사람이란 뜻입니다.[32] 《시경》에는 진(晉)자는 물론이고 그 글자의 옛 글자들(晉, 晉, 晉, 冊)마저 없습니다. 진(晉)의 혈통은 서주 무왕의 후손이 아닙니다. 북적(北狄)이 세운 나라로 많은 사람들이 서주의 노예로 일했기에 예성(隷省)이라 했습니다. 이곳이 옛

---

32) 《史記》魯周公世家: 天降祉福, 唐叔得禾, 異母同穎, 獻之成王, 成王命唐叔以餽周公於東土, 作餽禾.
《尙書》微子之命: 唐叔得禾, 異畝同穎, 獻諸天子.《山海經》: 玉山, 王母所居. 昆侖之墟, 其上有木禾.
《康熙字典》禾部:《尙書序》唐叔得禾, 異畝同穎, 王命歸周公於東, 作歸禾.

고조선 땅입니다.《설문해자(說文解字)》와《강희자전》에 나오는 문구들 "今變隸作, 隸省作, 省作"이 산서성을 뜻합니다.

강: 당숙우가 주무왕과는 혈연 관계가 없다는 재미 있는 풀이가 아니요? 또 다시 놀라운 설명을 하셨습니다. 그 관계가 늘 의문시되어 오고 있습니다. 일리가 있는 듯해 보입니다. 앞으로 많은 사람들이 깊이 연구하리라 봅니다.

시문으로 돌아갑시다. 주희를 비롯한 여러 사람들은 '그곳에서 도제를 지냈다' 했는데, 이 교수는 그 큰 잔치가 열린 곳이 궐부(蹶父)가 살던 곳이라니, 처가에서 큰 잔치를 베풀었다는 뜻이군요.

이: 네, 그렇습니다. 이를 유가에서는 '먼 길을 떠나기 전에 조도지제(祖道之祭) 또는 조제(朝祭)를 지냈다'라고 풀이합니다만, 그 당시에는 아직 유학의 가치관은 성립하지 못했습니다. 분수(汾水) 유역은 제후국 진(晉)의 영역이었고, 그곳에 살던 사람들을 돼지 같은 사람들이라 하여, 도(豴, 屠)와 궐(蹶)자로 기록했습니다. 그곳은 치우(蚩尤) 천왕이 수장이었던 구려족(九黎族), 즉 '고구려 사람들의 먼 선조, 려민(黎民)이 살던 곳'이 됩니다. 궐부는 전국 방방곡곡을 찾아다니며 딸이 시집가서 편히 살 수 있는 곳을 찾아보았으나 한후가 살던 곳이 제일 좋다고 시문에 적혀 있지 않아요? 이를 서주 왕실의 입장에서 보세요. 왕이 궐부에게 명했습니다. 우리는 그의 도움이 필요하니 수단과 방법을 가리지 말고 그를 설득시켜 데려오라는 뜻입니다.[33]

---

33)《竹書紀年》宣王: 四年, 王命蹶父如韓, 韓侯來朝.

선왕 4년에 궐부가 한후를 찾아갔고, 한후가 입조했으니, 주 선왕이 서
주 중흥을 이룩할 수 있었던 디딤돌이 《한혁》에 나오는 "왕이 한후와 합의
를 보았다(王錫韓侯)"는 글귀입니다. 사료를 종합해 보면, 주 선왕의 수도
는 해지 북쪽 연안 휴(携)에 살았었고 그 당시에도 제후국 연(燕)은 아직
함곡관 서쪽 입구에 있었습니다.

강: 아니, 이 박사님, "한후가 찾아갔던 선왕이 살던 곳이 해지 연안이다.
소공 석을 봉한 제후국 연(燕)은 함곡관 서쪽에 있었다"는 참으로 놀라운
새로운 학설입니다. 그러니 어떤 면에서는 휴(携)와 호(鎬, 鎬京)가 같은 곳
이 아닌가 봅니다. 사서에는 무왕이 수도를 풍에서 호로 옮겼다 했는데, 이
박사님은 그 다음 왕인 주 선왕이 숙단(叔旦, 唐叔虞)으로부터 뺏었다고 하
니 약간의 시대 차이가 있으나 일리가 있다고 봅니다. 선왕 30년에는 호경
(鎬京)에서 가면극 토무(兔舞)가 있었고, 43년에는 그곳에서 "대부두백 大
夫杜伯"을 살해하니 그의 아들은 진(晉)으로 도망을 갔고, 결국 재위46년
에 그는 사냥 터에서 암살당했습니다. "도망갔다. 사냥을 했다" "특별 행사
를 했다" 하는 문구를 보면 주 선왕의 수도는 틀림없이 진(晉) 가까이 황하
동쪽(河東)에 있었습니다.

이: 《모시서》에서는 그때 재상으로 있던 윤길보가 선왕을 찬미한 시문
이라 했다는 말이 이해가 됩니다. 그의 입장으로 볼 때는 막강한 힘을 가
진 사람을 설득시켜 후(侯)라는 작위를 주고 왕실의 조카 딸을 이용하여
정략 결혼을 시킨 선왕의 외교 정책이 성공했다 하여 길보가 이 시문을 지
었습니다. 한후가 다녀간 다음 해에 길보가 협융(玁狁)을 쳐서 한원 동북
쪽에 있는 대원(大原, 太原)까지 갔다니 한후의 영역을 지나갔어야 할 터인

데, 한후에 관한 이야기가 없으니, 한후의 성은 함곡관 서쪽에 있었다고 볼 수 없습니다.

모든 사서에는 "선왕의 아들인 유왕이 포사(褒姒, 襃姒)라는 절세의 미인을 두어 나라가 망했다"고 합니다. 그 사건이 기원전 771년에 발생했습니다. 그때 혼란기를 수습하는 과정에 의견이 둘로 나뉘어, 서주에 충성을 다했던 괵공(虢公)은 살해당한 유왕의 동생을 왕으로 세우고, 서쪽에 남아 이를 휴(携), 중국 말로는 "xié, 시에"에 도읍을 정했고, 그 후 약 20년 가까이 그를 휴 혜왕(携惠王, 기원전 771-750 년)이라 했다. 그러나 몇 년 후에 동쪽에 있던 괵공(虢公)의 숙적인 진문후(晋文侯)가 쳐들어와 휴 혜왕을 살해하여 서주는 완전히 끝났다" 하는 기록이 있고, 그와 같은 시기에 함곡관 동쪽으로 쫓겨가 나라를 세운 유왕(周幽王)의 아들 평왕(周平王)이 동주(東周)의 시조라 합니다. 여불귀는 괵공(虢公)의 노력을 주왕실의 패망 원인으로 기술했습니다.[34]

이때 제후국 연(燕) 또한 함곡관 서쪽에서 동쪽으로 나왔습니다. 신후(申侯)의 딸 포사(褒姒)는 서주 수도 일대에 살던 하우씨의 후손이고, 그곳에 살던 사람들의 이름을 따서 붙인 려산(驪山)은 서주의 수도 일대에 있었습니다. 그들도 하우씨의 후손입니다. 두 글자(攜, 謝)가 같은 "xié xī xí" 발음으로 선왕의 장인(申伯)을 위해 소목공에게 명하여 그의 봉지인 연(燕)의 땅에 사성(謝城)을 짓는 장면을 태사 주(史籀)가 읊은 시문이 《시경》〈서묘(黍苗)〉[35]입니다. 이 사성(謝城)을 사음자로 풀이하여 함곡관 동쪽에

---

34) 《呂氏春秋》當染: 殷紂染於崇侯, 惡來, 周厲王染於虢公長父, 榮夷終, 幽王染於虢公鼓, 祭公敦, 此四王者所染不當.

35) 《黍苗》; 宣王命召穆公往城謝以遷申伯, 史籀美之, 此章興也, 下四章皆賦也. 이때부터 南燕이라 했다.
崧高; 宣王之舅申伯出封于謝, 尹吉甫詩以送之, 賦也. 城謝이 함곡관 동쪽 하남성

있던 해성(解城)이라 보는 견해도 있습니다. 그러나 선왕이 장인 신백을 위해 지어 주었고, 사성에 관한 시문이 《시경》에 나오는 "黍苗, 崧高/嵩高, 烝民" 등이 확인되었습니다.

그 일을 맡아본 소공이 함곡관 서쪽에 있었고, 신백과 중산보의 출신이 숭산(崧/嵩山) 일대였고, 선왕이 미(郿)읍까지 전송을 나갔다 하는 시구(詩句)를 보면 사성(謝城)은 함곡관 서쪽에 있었다고 봅니다. 그 고을에 서주의 마지막 왕이 있어 그를 휴혜왕(携惠王)이라 불렀다고 봅니다. 그 사건이 생긴 지 150년 뒤에는 진 헌공(晋献公)이 괵국은 정벌하고 려희(驪姬)를 얻었습니다. 려희가 아들 해제(奚齊)를 태자로 하여 결국 나라가 망하게 되는 여희의 난(驪姬之亂)이 일어나지 않았습니까? 여기 나오는 글자들 "虒, 黎, 奚, 姒氏"은 모두 《죽서기년》과 《통전》에 나타난 한후의 한성(韓城)이 있었다는, 옛 양산 일대에 있던 이름들입니다. 이곳에 살던 사람들이 읊은 시가 주로 위풍(魏風) 빈풍(豳風) 또는 당풍(唐風)에 실려 있다고 봅니다. 이곳이 소금이 나는 해지 연안이라 《시경》에는 소금을 뜻하는 왕사마고(王事靡盬)라는 문자가 소아와 당풍에 여러 번 나옵니다. 《시경》 당풍 보우(鴇羽)를 《시설》에는 위풍에 실었습니다. 사마천은 《사기》〈흉노열전〉 2절에 이때 상황을 자세하게 기술했습니다.

서주는 수도를 함곡관 서쪽에 풍(酆)과 호(鄗), 두 곳에 두고 있다 여희의 난으로 평왕 때 함곡관 동쪽으로 나와 낙읍(雒邑)에 자리를 잡았습니다. 호경(鎬京)을 그도 다른 사람들같이 호(鄗)라 했습니다. "높은/웃 사람이 살던 마을"이란 뜻이 아닙니까? 또 다른 이름이 서주의 마지막 수도 휴

서쪽에 있었다는 설도 있다.
《禮記》孔子閒居: 其在《詩》曰: 嵩高惟岳, 峻極于天을 "崧高維嶽, 駿極于天" "禹貢 有外方山, 卽嵩也."

(攜, 携)라 봅니다.

자기들을 괴롭히던 주 왕실을 함곡관 동쪽으로 몰아 버린 흉노는 계속
하여 동주 수도 낙읍을 둘러싸고, 결국 동주 왕실과 혼인을 하는 일종의
화친 조약을 맺었습니다. 동주가 무참히 수모를 당하니 그 후부터는 여러
제후국이 강하게 되었지요. 함곡관을 나온 산융은 옆에 있던 연(燕)을 지
나 동쪽에 있던 제(齊)나라를 침략했고, 또 다시 산융(山戎)이 연(燕)을 친
입하는 일이 생겨, 제 환공이 패자(覇者)가 되었습니다.[36] 그도 연(燕)을
지나 산융을 쳤습니다. 제 환공(桓公, 기원전 685- 643년) 아버지가 집권할
당시에는 연(燕)은 함곡관 동쪽에 있던 작은 나라였습니다.

강: 이 박사님 설명이 참으로 놀랍습니다. 《시경》에 나오는 여러 편의
시문이 그 당시 선왕의 대부들이 읊었던 것이라 합니다. 문화적인 면에서
는 시문이 많이 발표되어 황금시대라는 명칭이 합당하다고 봅니다. 더더
욱 진(晉)의 첫 수도 강(絳)이란 곳이 당숙우가 자리 잡은 곳이고, 그곳이
"옛 지리지에서는 우공편에 실려 있다"는 신도(信都)라는 곳,[37] 한신이 한
고조를 배반하고 자리 잡았다는 퇴당성(頹當城)입니다. 그 후로는 한신의
후손들이 흉노 땅에서 살았습니다. 《춘추좌전》에는 연(燕)이 함곡관 동쪽
으로 나왔다고 보는 시절인 노 은공 환공 때에 다른 여러 제후국(鄭, 宋, 衛
圍人) 이름 이외에 산융(山戎)을 뜻하는 비백(費伯) 또는 비공(非公)이란 이

---

36) 《史記》〈匈奴列傳〉: 秦襄公救周, 於是周平王去 酆鄗而東徙雒邑. 秦襄公伐戎至岐,
始列為諸侯.
是後六十有五年, 而山戎越燕而伐齊, 齊釐公與戰于齊郊. 其後四十四年, 而山戎伐
燕. 燕告急于齊, 齊桓公北伐山戎.

37) 《水經注》濁漳水: 濁漳水出上黨長子縣西發鳩山. 故《地理志》曰:《禹貢》, 絳水在信
都東入于海也.

름도 나옵니다. 사마천은 서주를 괴롭혔던 여러 이민족을 함께 묶어 〈흉노열전〉에 실었습니다. 산서성에 있던 하우씨의 후손인 산융, 개적(蓋狄)이 함곡관 동쪽으로 밀려 나온 주 왕실을 계속 괴롭혔습니다.

4. 문화적 측면: 태사주(太史籒) 대전(大篆)체

이: 네. 감사합니다. 그때 상황이 아주 복잡합니다.

《설문해자(說文解字)》를 비롯한 다른 문헌에서는 주 선왕 때 태사주(太史籒)가 대전(大篆)자를 만들었다고 하지만, 주 선왕에 관해서 제일 자세하게 기록한 《죽서기년》에는 글자를 만들었다는 이야기도 없고 태사주(太史籒)란 글자도 보이지 않습니다. 글자를 만든 사람은 마땅히 선왕 중흥의 중진 반열에 있었다고 봅니다.

《시설》에 따르면 그 당시 사주(史籒)[38]가 어느 시인보다도 더 많은 시를 읊었습니다.

이 시인이 대전자를 만든 태사주라고 봅니다. 태재(太宰)로 임명되었다는 중산보(仲山甫)가 태사주(太史籒)로, 그가 보씨(保氏)가 아닌가 합니다. 그의 직책을 태사(太史) 또는 태재(太宰)[39]라 하는 등 여러 가지 이름으로 부를 수 있었다고 봅니다. 그러나 그는 잡혀 온 사람이었습니다. 〈한혁〉에 나오는 쫓기던 사람들이었고, 이들이 곧 "기추기맥; 其追其貊" 하는 맥족

---

[38] 《說文解字》: 宣王太史籒, 著大篆十五篇. 大史令胡毋敬作《博學篇》, 皆取《史籒》大篆, 或頗省改, 所謂小篆也.
《詩說》: 宣王勤政, 史籒美之. 宣王考牧, 史籒美之. 宣王憂旱, 史籒美之.

[39] 강왕(康王) 때부터 지켜 오던 재상의 총재(冢宰)가 선왕 때에는 번후에게로 넘어갔다. 그를 태재(太宰)라 했다.

입니다. 그래서 그들이 남겨 놓은 글체가 예서(隸書)체의 기원이라 봅니다. 그보다 앞선 대전(大篆)체란 글자 속에는 돼지(豕)의 뜻이 남아 있어 맥(貊)족이 만든 글자란 뜻이 분명합니다.

강: 참으로 놀라운 설명이요.

이: 《안씨가훈(顏氏家訓)》〈서증편(書證編)〉에, "보/포甫자"는 남자란 뜻을 듣기 좋게 부른 뜻의 표현이었는데, 이를 사음대자로 잘못 알고 "아버지와 아들"이라 풀이한 옛 문헌이 많다고 했습니다. 그래서 중산보를 중산국이 있던 곳의 사람이 잡혀 왔다는 뜻으로 "仲山甫, 또는 仲山父"라 사서에 남아 있습니다. 그가 잡혀 와 울타리 안에 있는 지도자란 뜻에서 번후(樊侯)라 합니다. 하우씨의 후손입니다. 그들이 중산국을 이루었습니다. 시문에 선왕이 한후가 북쪽 방대한 지역의 통치자라고 인정했지요? 이는 한후가 이미 북국의 지도자였다는 뜻입니다.

그러면서 부족 이름이 나옵니다. 추(追)족과 맥(貊)족까지 다 포함하여 북쪽 땅을 다 관장하라 했습니다. 맥(貊)족은 모두들 이해합니다. 그러나 문헌에 추(追)족이란 이름은 없습니다. 이는 시인이 만들어 붙인 이름으로 "당시에 주 왕실에서 절실히 필요시 되던 부족이라 쫓아가 잡으려 하니까 도망가던 부족"이라는 뜻이 아닙니까? 그들이 살던 땅이 진(晉)이고 이 땅을 예성(隸省)이라 했습니다. 《시경》을 근거로 풀이해 보면 한후는 호경(鎬京)의 동북쪽, 즉 오늘의 산서성에서 발해만 연안에 이르는 북쪽 땅을 모두 통치할 수 있는 권한을 당시의 천자라고 하는 중국의 지도자와 합의하여 소유권을 받았습니다. 그가 곧 동호(東胡)의 총수였습니다. 고조선(古朝鮮)의 어느 한 지도자로 북쪽으로는 끝을 헤아릴 수 없는 넓은 영토를 다스릴 수 있는 권한을 받았습니다. 그 서남쪽이 옛적 요순 임금이 살던 평양이 있던 곳이라 했습니다.

"예성작 예(隸省作羿)"라 하여 하(夏)조 때 궁술(弓術)[40]의 명인이란 뜻이 있습니다. 활(弓矢)을 누가 개발했느냐 하는 문제는 여러 가지 학설이 있습니다. 관중 분지 한원에 살던 "휘(揮huī/휘이)란 사람이 활을 만들었고, 소우는 소리로 기록되는 부족이 화살을 만들었다"는 말은 "숙신씨(肅愼)가 순임금 시절에, 무왕에게 선물로 바쳤다"하는 문구와 일치됩니다. 동이 예맥족이 활을 개발했습니다. 이곳에서 '각주(foot note) 5번'에 설명했던 예맥이 살았었고, 우리가 지금도 쓰는 샛별이란 말이 나왔다고 봅니다.[41]

만세궁 유역에 활을 만들기에 제일 좋은 감탕나무(축, 杻) 또는 참죽나무(억, 檍)가 자랐습니다. 이를 만세목(萬歲木)이라 했고, 궁정에 서 있던 그 나무 위에 낮에도 보이는 샛별을 목성(木星)이라 이름 붙였다고 봅니다. 이 나무가 자라던 곳이 단군이 다스리던 산서성 지역이었습니다.《시경》당풍(唐風)〉이 실린 내용을 고려하면, 그곳에서 나는 나무로 활과 마차 바퀴를 만들었습니다. 단(旦, 壇君)의 영역에서 나온다 하여 음이 같은 다른 글자를 써서 단거(檀車) 또는 단궁(檀弓)이라 불렀다고 봅니다.[42] 박달나

---

40) 弓矢; 古者揮作弓.《史記·孔子世家》肅愼貢楛矢石砮, 長尺有咫.《說文》弓弩矢也. 古者夷牟初作矢.
揮huī/휘이, 穢huì/홰이. 濊, 맥궁(貊弓). 樂浪檀弓出其地. 木星之精, 生於亥, 自亥至戌而周天. 戌與歲亦諧聲.

41) 샛별(歲星辰); 穢: 前漢·楊惲傳 蕪穢不治. 汙也. 註 蕪穢同.《爾雅》唐虞曰載, 夏曰歲, 商曰祀, 周曰年.
《郭註》歲, 取歲星行一次也.《三輔黃圖》汾陽有萬歲宮. 又木名.《爾雅·釋木疏》杻 一名檍, 今宮園種之, 名萬歲木,

42)《詩·唐風》: 山有栲, 隰有杻. 北山有杻. 杻, 㭔音丑. 梗也. 本作㭔.《陸璣疏》檍. 名萬歲枝.
或謂之牛筋, 材可爲弓幹. 栲; 今所謂栲, 葉如櫟, 皮厚數寸, 可爲車輻. 或謂之栲櫟.

무 단(檀)자와는 아무런 관련이 없습니다.

강:《강희자전》에는 예성(隷省)이란 말의 뜻을 명나라 때에는 옛적에 직접 그들이 관장하던 지역이라 하여 직예성(直隷省)이라 불렀습니다. 요 임금이 살던 땅에 살던 맥(貊)족이 태사주(太史籀)의 지시에 따라 대전(大篆)체를 개발하였다는 새 학설이 합당합니다.

이: 네, 자세한 설명은 앞에서 말씀드린 바와 같이 고조선문자(古朝鮮文字)가 만주 지역에 오래도록 명맥을 이루어 왔기에 그를 글안문자라고 합니다.《시설》에 보면, 시인의 이름이 밝혀진 시문은 선왕시대에 제일 많았습니다. 윤길보, 번후 중산보, 태사주(太史籀) 세 사람이 그 시대를 대표하는 시인이었습니다. 이 세 사람이 선왕 중흥에 중요한 역할을 했습니다. 《죽서기년》에 나오지 않는 태사주(太史籀)와 비슷한 글자가 새겨진 서주태사(cuó/춰)괘(西周太師虘簋)라는 청동주물이 함곡관 서쪽에서 발굴되었는데, 그 괘안에 새겨진 금문을 중국 사람들이 현대 한자로 풀이한 뜻은 대략 다음과 같습니다.

"정월 ××일, 왕이 주사 량궁과 같이 있었다. 이른 아침에 격식을 갖추어 대청에 앉아, 왕이 주사 진에게 명하여 태사 춰(虘 cuó)에게 들어와 마당 한가운데에 서라고 했다. 왕이 재상 홀/후에게 명하여 태사 춰(虘 cuó)에게 호피로 만든 갖옷(虎裘호구)을 하사했다. 虘(cuó/춰)는 큰절을 하고 이를 받았다. 주왕 12년에 있던 일이다."

태사춰(太師虘)란 글자가 사서에는 보이지 않습니다. 글자의 뜻이나 음을 고려해 보면 그가 바로 주선왕 때 사관으로 있던 태사주(太史籀)인 듯합니다. 선왕은 괵(虢, guó/꾸워)에게 문공(文公)[43]이라 명했다는 기록이

《죽서기년》 선왕 15년에 있습니다. 그는 선왕에게 간언을 했습니다. 서주를 끝까지 지켜온 괵공(虢公)이 그가 아니면 그의 후손이라 봅니다.

강: 글쎄요. 그때 사관으로 있으면서 그렇게 많은 시문을 남겼고, 대전자를 지었다(作大篆)고 했으나, 태사주(太史籒)에 관해서는 자세한 설명이 약합니다. 태사주(太史籒)가 글자를 만들었고 시문도 많이 남겼으니 그를 문공(文公)이라 명했다니 일리가 있습니다. 《여씨춘추》에는 괵공(虢公)이 주왕실을 망쳤다고 합니다.

5. 시문에서 본 한후의 혈통

이: 시문에 나오는 양산을 이야기하다 보니 한후의 선조가 우 임금이 틀림없다는 결론이 나왔습니다. 《시경》에는 〈한혁(韓奕)〉에 실린 '찬융조고(纘戎祖考)'라 하는 문구가 증민(烝民)에도 있습니다. 이 두 편의 시가 모두 부(賦)라 했고, 윤길보의 작품이라 했으니, 이 두 편에는 주 선왕 당시의 사실을 기록했습니다. 이를 보면, 선왕 중흥에 중요한 역할을 했던 번후(樊侯) 중산보(仲山甫)도 하우씨(夏禹氏)의 후손인 융족이 분명합니다. 이 두 편 이외에도 선왕 시기에 읊었다는 시문이 여러 편 있습니다. 이를 근거로 하우씨의 후손이 어떻게 《시경》에 나타나 있는가 하는 문제를 다루어 보았습니다.

---

43) 《竹書紀年》宣王: 十五年, 衛釐侯薨. 王錫虢文公命. 《史記》周本紀: 宣王不修籍於
千畝, 虢文公諫曰不可.

강: 네, 참으로 놀라운 착상입니다. 〈모시서〉에서는 〈한혁〉을 윤길보가 선왕을 찬미한 시문이라 했고, 증민(烝民)의 마지막 구절을 보면, 길보가 중산보를 지극히 존경스러운 주 왕실의 인적 보배로 그려 놓았지요.《시설(詩說)》에도 그렇게 설명했습니다.

이: 노역장으로 떠나는 장면을 그린 시문이라 했지만, 마지막 장구를 보면 길보가 노예로 잡혀 온 번후(樊侯)를 얼마나 존경했나를 알 수 있습니다.

仲山甫徂齊(중산보제조): 제 땅으로 떠나시는 중산보님
式遄其歸(식천기귀): 가시난닷 돌아오서소.
吉甫作誦(길보작송): 길보가 읊은 이 시 한후.
穆如淸風(목여청풍): 산들 바람같이 곱게 퍼지기를.
仲山甫永懷(중산보영회): 중산보를 오래오래 기억 하리오.
以慰其心(이위기심): 그를 위한 내 마음을 읊어 봅니다.

강: 아니, 이 박사님이 그렇게 감정이 풍부한 시인인 줄은 미처 몰랐습니다.
참 멋진 풀이요.
이: 부끄럽습니다. 그저 이리저리 둘러쳐 번역해 보았지요.

강: 그래요. 시문을 읽어 보고 당시 상황을 고려해 보면 중산보(仲山甫)가 선왕 중흥(宣王中興)을 일으킨 가장 공로가 큰, 여러 사람들의 존경을 받던 사람이 틀림없습니다. 그가 맡은 직책이 또한 다양했어요.

이: 네. 시문에 있지 않습니까? 번후(樊侯)는 잡혀 온 사람들의 지도자란 뜻인데, 이 글자는《죽서기년》선왕 7년에 처음이자 마지막으로 적혀 있습니다. 한후가 다녀간 후 길보가 험윤을 정벌한 후가 됩니다. 그때는 번후(樊侯)의 윗자리에 있던 한후(韓侯)가 이미 주 왕실과 화해했기에, 윤길보(尹吉甫)와 결탁하여 주 왕실에 들어온 험윤의 지도자였다고 봅니다. 그런 사람을 여러 가지 중요한 자리에 앉혔다는 점을 보면, 중산보는 역사에 길이 남을 사람이지요.

강: 그러나 사서에는 또 지금도 중국 사람들은 그의 업적을 크게 부각시키지 않고 있습니다. 다만 소목공(召穆公), 주정공(周定公) 그리고 윤길보(尹吉甫)만을 거론하고 있습니다. 그가 다른 이민족이었다는 증거는 뚜렷하지요.

이: 우선 그에 주어진 작위가 뜻하지 않아요.《강희자전》에서 이 울타리 번(樊)자를 잘 설명했습니다. 도망갈 수 없도록 꼭 가두어 둔, 견융(犬戎)의 추장(猶), 또는 독수리 같은 맹금(猛禽)이라 표현했지 않아요?

강: 그래요. 그 당시에 잡혀온 사람들이 서주의 왕실 안에서 여러 가지 일을 했지요. 그들을 관노(官奴) 또는 예노(隸奴), 맥예(貉隸)라 했다고 봅니다. 그들이 잡혀 온 땅이 진(晉)의 영토였습니다. 그래서 진을 예성(隸省)이라 부르기도 합니다. 관노의 수장을 번후(樊侯)라 함은 합당한 글자 선택이라 봅니다.

이: 그 뒤에 따라 붙은 중산보(仲山甫)를 이름이라 풀이하는데, 보(甫)자

가 남자의 경칭을 뜻하는 사음자로 영어에서 쓴 "미스터, Mr."와 같은 뜻이라 때로는 중산부(仲山父)라 기록했습니다. 그러니 중산보란 뜻은 "중산 땅이 고향인 뛰어난 인재"란 말이 아닙니까?

강: 그렇게 볼 수도 있겠지요.

이:《시경》〈증민(烝民)〉에 보면, 중산보(仲山甫)의 역할은 다재다능(多才多能)한 인물이고, 절대군주였던 선왕의 정책에 반대하기도 하리 만치 신임이 두터웠고 용기가 있던 사람이라 그를 태재(太宰) 또는 태사(太史)로 임명하였다고 볼 수 있겠습니다. 그가 바로 육서(六書)를 만들었다고 하는 보씨(保氏)로 기록되었다고 봅니다.

강: 아니, 이게 또 무슨 청천벽력 같은 풀이십니까? 육서를 만들었다는 보씨는 존칭이고, 만든 사람은 중산보 번후라. 좀 더 살펴보아야겠습니다.

이: 사서에는 그를 남양 땅에 봉했다 했으나, 그가 중산 땅에서 태어났거나 그곳에 봉해졌다는 기록이《태평어람》에 있습니다.[44]

강:《태평어람》은 아주 먼 훗날 북송(北宋, 960 – 1127) 때에 편찬된 책이 아닙니까? 진한 시대 기록에도 목중(穆仲)이란 이름이 나오고…, 이는 어떻게 설명하겠습니까?

---

44)《太平御覽》: 樊仲山父諫樊宣王卿士山父之所封也, 仲山父樊穆仲也.

이: 네, 저도 생각해 보았습니다. 그 글자는 〈증민〉에서 따온 글자라 봅니다.

제가 풀이했던 시구(詩句)에서 첫 글자 목(穆)자와 중(仲)자를 따서 후에 만든 이름이 목중(穆仲)이란 이름입니다. 또 하나는 그가 동쪽 제나라와의 국경지역에 성을 쌓으려고 관노의 수장 번후(樊侯)를 시켜 전장에서 잡아온 노예를 토목공사장으로 보냈다고 봅니다.

강: 네, 그런 풀이가 가능합니다.

이: 종합해 보면, 한후(韓侯)와 번후 중산보(樊侯 仲山甫/父/保)는 상나라 이전에 있었던 하조(夏朝)의 후손이고 서융이란 뜻이 《시경》에 숨어 있습니다. 옛적부터 중화 문명보다는 앞섰던 융족(戎族)을 잡아다 그들의 지식과 기술, 인력으로 "선왕 중흥(宣王中興)"을 이루었습니다.

강: 그렇게 문화적으로 앞섰던 사람들이 모두 잡혀갔다고는 볼 수 없지 않겠습니까?

이: 옳은 말씀입니다. 시문에 "기추기맥(其追其貊)" 하는 문구를 보면, 남쪽에서 잡으러 오니까 반대로 동북쪽으로 도망갔겠지요. 이 사람들이 중국 최초로 하왕조(夏王朝)를 이룩한 우왕의 후손으로 대흥안령 일대에서 번창했다고 봅니다. 즉, 서쪽에 있었다는 융족(戎族)을 서이(西夷) 또는 호(胡)라 하고 동북쪽으로 와 이들을 동호(東胡) 또는 동이(東夷), 북이(北夷, 北狄) 또는개적(蓋狄)이라 부르기도 했습니다. 이(夷)자 이(耳)자는 사람이(人)란 뜻이 있습니다.[45]

강: 아까 번후(樊侯)는 잡혀 온 사람들의 지도자란 뜻이 분명한데, 번(樊)자는, 울타리(새장) 안에 갖혔다는 뜻으로 그는 오히려 유(猶)라 하는 글자에는 큰 개를 끌고 다니던 견융(犬戎)의 추장(左: 犭, 右: 酋)이란 뜻이 있다고 한 이 박사 설명이 일리가 있습니다.

이: 결국 서주는 옛적에 하우씨(夏禹氏)가 자리 잡았던 관중분지에 들어가 그의 후손 여자 태사/서(太姒)를 배우자로 택해 그들의 도움으로 자라다 하우씨의 후손 여자 포사(褒姒) 때문에 망하고 동쪽으로 도망 온 꼴이 되었습니다. 관중분지에서는 하우씨(夏禹氏)의 후손들이 서주 왕실의 억압에도 불구하고 춘추 전국시대에도 번창했다는 증거입니다.

태사주(太史籀), 중산보(仲山甫), 번후(樊侯), 괵문공(虢文公), 목중(穆仲)이 모두 같은 사람입니다. 이를 잘못 풀이하여 육서(六書)를 만든 사람이 보씨(保氏)라고 기록되었습니다. 주 선왕이 그에게 만들어 준 주물이 함곡관 서쪽에서 발굴된 서주태사 취(cuó)괘(西周太師虘簋)라고 봅니다. 이를 잘못 풀이하여 목중(穆仲) 이라는 이름이 나타났습니다. 윤길보가 〈한혁〉과 〈증민〉을 읊으면서 "纘戎祖考"란 문구를 되풀이했습니다. 번후(樊侯)와 〈한혁〉의 주인공 한후가 같은 혈통이라는 증거입니다.

---

45) 《兼明書》: 仲尼之尼, 當音夷, 古夷 字耳. 按《尚書》古文隅尸, 島尸, 萊尸並作尸, 今文皆作夷, 然則夷, 尸 音義同也. 州不若國, 貶之若荆州之夷然也.《穀梁》曰: 荆, 楚也. 何爲謂之荆狄之也.

6. 《시경》에 나타난 하상주의 발생지

이: 지형을 보면, 황하가 관중분지에서 함곡관을 지나 하북평원으로 나오는 길목이 상당히 길고 험합니다. 그 지역에 소금의 출처가 없다면, 다음 공급처는 바다가 됩니다. 생활 필수품인 소금이 서쪽에서는 암염(巖鹽) 또는 해지(解池)에서 나는 해염(解鹽[46], xièyán/씨애옌)이었지만 동쪽에서는 바다에서 구해야만 했습니다. 바다 해(海)자를 《시경》에서 찾아보았습니다. 〈상송((商頌)〉 현조(玄鳥)에 사해(四海)란 문구가 나옵니다. 그러나 이 시문은 송나라 양공(宋襄公, 기원전 650-637년) 때에 작성되었다고 합니다. 저도 이 시문은 중화사상이 확립된 후에 작성되었다고 봅니다. 《시경(詩經)》〈문왕유성(文王有聲)〉에 나오는 "동서남북" 또 《상서》에 나오는 "사악(四岳)"이란 문구가 사해(四海)란 개념의 문구로 바뀌어 씌었다고 봅니다.

동쪽에 있었던 노나라 송 비궁(詩經 頌 魯頌 閟宮)에는, 노의 영역이 맥(貊)족이 사는 바닷가에까지 이르렀다는 구절이 있습니다. 시문의 성격을 보면 〈상송〉 장발(詩經 商 頌 長發)[47]이 사실에 가깝고 상나라 때에 바다에 이르렀다는 기록이 있습니다. 이 대제(大禘)에서 천신께 조상의 공덕을 비는 시문에는, 하우씨(禹) 다음에 자(子) 의균(義鈞)이 상의 시조로 나오고, 그 뒤에 현왕 환(玄王桓), 상토(相土), 그 다음이 탕(湯)으로 연결됩니다. 탕(湯)을 천자라 했습니다. 같은 성격의 시문 현조(商頌玄鳥)에도 '탕이 천명

---

46) 해(解, jiě/지애)자를 옛적에는 "xiè/씨애옌"이라고 발음 했다는 증거다. 咸자는 鹹를 간략한 글자. 소금이란 뜻이다.

47) 《詩經》頌 〈魯頌〉閟宮: 保有鳧繹, 遂荒徐宅, 至于海邦, 淮夷蠻貊. 〈商頌〉長發: 有娀方將, 帝立子生商. 玄王桓撥. 相土烈烈, 海外有截, 帝命不違, 至于湯齊. 湯降不遲, 聖敬日躋. 〈商頌〉玄鳥; 降而生商, 宅殷土芒芒. 古帝命武湯, 正域彼四方. 《詩說》商頌: 《長發》: 大禘之詩, 賦也. 《玄鳥》: 此亦禘祀之詩, 賦也.

에 따라 중원에 내려와 자리 잡은 후에 상이 번창했다'는 뜻으로 읊었습니다. 〈모시서〉에서는 현왕 환(玄王桓)을 계(契)라고 풀이합니다. 계(契)자와 환(桓)자는 밝다는 뜻으로 해(sun, sunray)를 뜻합니다. 가첩(家牒)을 이야기할 때 나온 "작득 기환가첩; 昨得 祇洹家牒" 즉 "어저께 기환씨 가문의 가첩을 얻었다"는 문구가 현왕 환(玄王桓)의 혈통과 관계가 있다고 봅니다.

강: 《시경》에는 탕(湯)과 상토(相土)가 상은(商殷)나라와 관계가 있다 하였지 계(契)가 상의 시조란 뜻은 없습니다. 상나라에서 서주로 넘어가는 시대를 배경으로 한 명나라 때 소설 《봉신연의(封神演義)》에도 역대 군주의 이름에 계(契)자는 없고, 성탕(成湯)이 상의 시조라 했습니다. 계(契)가 상의 시조라는 설은 춘추에 나오는 문구와 서진시대 황보밀(西晋, 皇甫謐, 215-282년)이 편찬한 《제왕세기(帝王世紀)》의 내용을 잘못 풀이하여 나타난 현상입니다. 마치 만주에 있던 낙랑과 부여가 한반도에 있었다는 기록과 같은 현상이라고 봅니다.[48] 《시경》에 나오는 현왕 환(玄王桓)은 환웅천왕의 후손, 즉 어느 단군이었다고 풀이함이 옳다고 봅니다. 이를 다른 글자들(契, 携, 楅)로 썼습니다.[49] 이들의 후손이 함곡관 서쪽에 있던 고죽국이고 그 나라의 종말이 백이숙제(伯夷, 叔齊) 전설이 남아 있는 수양산입니다. 수양산은 함곡관 서쪽에 있었습니다. 서주의 황조후직(皇祖后稷)을 기린 시문이 〈노송(魯頌)〉 비궁(閟宮), 〈대아(大雅)〉 생민(生民) 등이고 그의 후손인 공류(公劉)가 하조 말기에 농산물을 관리하던 관직(稷官)을 잃고

---

48) 世本契本居番相徙商邱本顓頊之墟故陶唐氏之火正閼伯之所居也. 商土於周爲衛是也而 學者以商邱爲契封謬矣湯始居亳學者咸以宅本帝嚳之墟. 항산(恒山)일대에서 내려온 사실을 잘못 풀이했다.

49) "玄携天王, 姓鶱, 諱首苟" "携契十天真, 嘯命東海童. 北登玄冥闕, 携手經高羅."

빈(豳)에 자리 잡고 살았다는 전설을 읊은 시문이 《시경》《대아》의 〈공류 (公劉)〉라 합니다.50)

서주(西周)는 중화 문명의 발생지인 한원 일대에서 나타나 황하의 동쪽 에 호(鄗) 서쪽에는 풍(酆)이라는 두 곳에 수도를 두고, 《시경》에 "×戎, 獫 狁, 畎夷, 混夷"이라고 기록된 하우씨의 후손인 흉노(匈奴)족과 혈연 관계 를 맺어가며 그들의 도움으로 성장하여 함곡관 동쪽에 있던 상 왕조를 정 벌하였습니다. 성왕은 무왕이 형제같이 지내던 단공(壇公, 檀公, 叔旦 旦公) 을 몰아내고, 그곳을 그의 수도로 삼아 토착민 흉노는 계속 반항했습니다. 이에 못 이긴 주 왕실은 함곡관 동쪽으로 나와 낙읍(雒邑)에 수도를 정하 고 동주(東周)가 되었습니다.51)

한후의 선조와 우(禹)왕은 같이 흉노족입니다. 우왕의 후손이 주 무왕을 도왔지만, 곧 배신당하여 약 850년간이라는 긴 세월을 주 선왕(周宣王)과 는 떨어져 살아 온 흉노족의 다른 부족입니다.

---

50) 《史記》〈匈奴列傳〉: 匈奴, 其先祖夏后氏之苗裔也. 夏道衰, 而公劉失其稷官, 變于西 戎, 邑于豳.
其後三百有餘歲, 戎狄攻大王亶父, 亶父亡走岐下, 而豳人悉從亶父而邑焉, 作周. 周 西伯昌伐畎夷氏.

51) 《史記》〈匈奴列傳〉: 武王伐紂而營雒邑, 復居于酆鄗. 放逐戎夷涇, 洛之北. 秦襄公救 周, 於是周平王去酆鄗而東徙雒邑.

3장

중원과의 전쟁 기록에서

3장 중원과의 전쟁 기록에서

1. 환국(桓國) 신시(神市) 단군조선(壇君朝鮮)

　이: 전쟁 기록에는 지명과 인명이 많이 나옵니다. 북쪽에 살던 사람들은 남긴 기록이 없어 중국 사람들이 쓴 북쪽 사람들과의 전쟁 기록을 통해, 한국 상고사를 살펴보기로 합시다. 관중(關中: 중국 섬서성의 옛 지명)분지가 중화 문명의 발생지라 합니다. 태고적에는 전쟁의 원인이 생활 필수품의 수요 공급과 직결되었다고 봅니다. 그곳에 있는 해지 연안에서 특히 많은 전쟁이 있었습니다. 또 "한원에서 나는 소금으로 돈을 벌었다. 숙신이 살던 만주지역에서는 소금이 나지 않는다"라는 기록을 보면 생활 필수품인 소금이 나는 지역에서 전쟁이 많았다고 봅니다. 지리 지형을 보면, 돈황에서 황하 북쪽 구비(오르도스루프, Ordos Loop)를 따라 동쪽으로 펼쳐진 방대한 초원에는 소금의 공급처인 염호(Salt Lake)가 여기저기 몇 곳에 있습니다.

　이러한 염호가 대흥안령 서쪽 시린골 초원(Xilin Gol Grassland, 錫林郭勒草原)을 바탕으로 관중 분지와는 다른 독특한 문화를 이룰 수 있는 요소였다고 봅니다. 이 일대에서 홍산문화가 발생하였고, 여기서 대흥안령을 넘어 만주 평원에 이르러 찾은 소금의 공급처는 발해만이 됩니다. 이 두 문화권은 같은 유목 생활을 하던 부족이 이룩하였으나, 중원의 영향권 밖이라 선진시대 문헌에는 나타나지 않았다고 봅니다. 내몽고와 만주에서 나타나는 유적은 돈황 일대에서 번창했던 문화와 같이 관중 분지에서 나타난 황하문명 못지않게 오래되었다고 봅니다.

강: 그렇겠지요. 중국 역사를 쓰면서, 아무런 관계가 없는 지역을 거론할 필요가 없지요. 한반도에 사는 사람들의 먼 조상이 지나온 경로라고 보는 지역에는 우리가 지금도 쓰는 어휘가 보입니다. 시린골이 한 예라 봅니다.

이: 네, 옳습니다. 우리 언어가 어떻게 바뀌어 왔는가 하는 의문도 옛 기록에서 찾을 수 있다고 봅니다.

《상서(尙書)》와《춘추》에는 나오지 않으나,《사기》를 비롯한 다른 사서에는 삼황오제(三皇五帝)가 중국 역사의 시작이라 합니다. 황제(黃帝)와 염제(炎帝)가 판천 전쟁(阪泉之野)에서 싸웠고, 그 전쟁에 이긴 황제가 치우천왕을 맞아 싸운 곳이 탁록(涿鹿)[1]이라 하지요?《요사(遼史)》에서는 그들이 고조선 땅에서 나타난 염제(炎帝)의 후손이라 했습니다. 저는 영문본에서 치우천왕을 단군조선의 어느 단군이었다고 밝혔습니다. 치우와 염제(炎帝)는 같은 혈통이라 봅니다. 이 두 전쟁터가 아주 멀리 떨어져 있었다고 볼 수는 없습니다. 탁록전(涿鹿之戰)은 기원전 2500년경에 오늘의 북경 서북쪽, 탁록현(涿鹿縣) 일대에서 싸웠다고 하니, 판천(阪泉)[2]전쟁은 내륙

---

1)《逸周書》嘗麥解: 命蚩尤宇于少昊, 以臨四方, 蚩尤乃逐帝, 爭于涿鹿之河, 中論: 昔少皞氏之衰也, 九黎亂德. 民神雜揉, 唐(群書治要, 藝文類聚) 北宋《太平御覽》: 其後三苗復九黎之德. 械: 音邂, 解: 械謂弓矢戈殳矛戟也.《太平御覽》: 故黃帝戰於涿鹿之野, 黃帝與尤戰于淫鹿.

2) 판천(阪泉)이《시경》에는 마을이란 뜻으로 바꾸어 나온다; "大雅 生民之什 板". 解池 연안에 있던 마을이다. 板:《說文》判也. 籍也.《玉篇》片木也.《急就篇》木瓦也.《詩·

지방에서 생활 필수품이 되는 소금의 출처를 놓고 싸웠다고 봅니다. 이는 서쪽 신강성이나 청해성(靑海省)에 있는 커다란 염호가 아니라 작은 염호, 즉 해지(解池, Xiechi) 연안에서 이 전쟁이 있었다고 봅니다.《시경 대아 판(詩經 大雅 板)》에는 "호천왈단; 昊天曰旦"이라, 즉 "호천(제일 귀하고 위대한 존재)은 단이라"고 했습니다. 이곳이 판천(阪泉)전쟁터였다고 봅니다.

강: 네. 글안을 세운 사람들이 우리와 같이 고조선의 후예입니다. 황제와 싸운 염제와 치우천왕은 핏줄이 같은 부족이었다고 봅니다. 앞에서 조자법을 다룰 때 그 해(解)자가 "해, 합, 계, 하" 하는 글자와 같은 발음이었다는 증거를 찾았습니다. 많은 사람들이 치우천왕이 우리의 선조였다는 전설은 이해하고 있지만, 염제(炎帝) 신농(神農)이 우리와 핏줄이 같다는 점은 모르고 있습니다. 우리 역사에는 신라시대부터 신농씨와 후직씨(后稷氏)에 제사를 지냈다는 기록이 있습니다.

이: 네. 옳습니다. 외관상으로는 중국, 몽골, 한국 사람이 모두 비슷하지만, 문헌을 살펴보면 우리는 황제를 조상으로 삼는 부족과는 다른 핏줄입니다.

옛 기록을 살펴보니 탁록전은 지도권 다툼이었습니다.

사마천은 〈오제 본기〉에서 "치우가 새로운 병기를 만들어 황제를 벌했다"라고 했습니다. 벌했다는 뜻을 "치우천왕이 새로운 무기를 만들어서 이겼다"는 표현이라고 풀이했는데,《여씨 춘추》에서는 작병(作兵)이란 말을 '주위에 살던 모든 사람들을 다 동원해서 황제를 이겼다'고 풀이했습니다.

秦風》在其板屋.《正義》西戎之俗, 民以板爲屋. 詔板.《詩·小雅·鴻雁篇》毛傳: 一丈爲板, 五板爲堵. 又箕屬也.《詩·大雅》上帝板板. 又負板, 悲哀貌. 堵: 垣也.

이 전쟁을 "구려지난; 九黎之亂"이라 부르기도 하고 치우천왕을 "구려지군; 九黎之君" 또는 "구려치우; 九黎蚩尤"라고도 합니다. 구려(九黎)는 여민(黎民)의 여러 부족이란 뜻입니다. 그들을 기계(其械)라 했습니다. 형틀 계(械: xiè jiè/시애)라는 글자는 "契, 解"의 동음이자입니다. 탕병(蕩兵)이란 편명을 용병이라 하니 그 뜻이 뚜렷합니다. "온 천하 사람들이 하나로 뭉쳤다", "옛부터 현명한 왕은 의로운 병사가 있어 그들은 나태하지 않았다" 하는 기록이 있습니다.

강: 네, 전설과 미신을 그리 믿지 않았던 공자님도 치우(尤)는 실존 인물이라 믿었다고 봅니다. 그래서 치우의 반항은 "부자지간 또는 군신지간에 자연적으로 나타나는 합당한 청원이었다"고 《공자가어(孔子家語)》에 실려 있습니다.[3]

이: 이 자연스러운 합당한 청원이 거절당하자 단군조선 사람들(械, 契, 解)이 하나같이 뭉쳐 수단과 방법을 다하여 열심히 싸웠었다는 뜻입니다. 탕(蕩)자는 탕(湯, 暘)자와 같다 하니, 탕곡(湯/暘谷)에 있는 모든 병사들이란 뜻입니다. 치우를 쫓겨 가는(돼지의) 제왕(逐帝)이라 했고, 전쟁터 이름에도 돼지란 뜻이 있습니다. 앞장에서 이야기했던 요동 돼지 일화의 발생지에 살던 사람들과 같은 종족이 황제와 싸웠다는 뜻입니다.

탁록전에는 환웅천왕(桓雄天王)이 나라를 세울 때 같이 일했다는 "풍백

---

3) 《孔子家語》: "仲弓曰: 古之聽訟, 尤罰麗於事, 不以其心, 可得聞乎? 孔子曰: 凡聽五刑之訟,
必原父子之情, 立君臣之義以權之 ; 意論輕重之序, 慎深淺之量以別之 ; 悉其聰明,
正其忠愛以盡."

(風伯), 우사(雨師), 운사(雲師)" 하는 이름이 나옵니다. 《사기》〈오제 본기〉에 실린 이 일화를 분석해 보면, 치우가 인품이 좋아 지도자가 되었는데, 황제가 잔수를 써가며 이간시켜 치우가 다스리던 부족이 분산되어 탁록전에서 실패했습니다.

강: 동한(東漢) 서간(徐幹)이 편찬한 《중론(中論)》에서는 구려의 란을 한국 김씨(金氏)의 시조로 알려진 소호(少皞, 少昊) 김천씨와 연결시켜 설명했습니다. 당나라때 나온 《군서치요(群書治要)》와 《예문유취(藝文類聚)》, 또 북송(北宋)시대에 편찬된 《태평어람(太平御覽)》에서는 이 전쟁터를 탁록과 음록(涇鹿)이란 두 곳에서 아니면 넓은 지역에서 싸웠다는 뜻으로 해석하고, 소호 김천씨의 뒤를 이은 전욱(顓頊) 고양씨(高陽氏)가 구려의 난을 평정했다고 합니다.

치우가 죽은 이후 약 3대 동안 여민(黎民)의 저항이 있었다는 뜻입니다. 《시경(詩經)》〈운한(雲漢)〉에는 서주(西周)의 백성을 여민(黎民)이라 했습니다. 그때는 구려(九黎)와 삼묘(三苗)가 같은 지역에 있었습니다. 구려(九黎)를 구이(九夷)로, 려(黎)를 려융(驪戎)이라 했고, 려융이 구려(句驪)⁴⁾로 바뀌었다가 고구려(高句麗)로 되었다고 합니다. 구려(駒麗)와 부여(扶餘)라는 부족이 상나라 말기에는 산동 반도에 있었다는 기록이 있습니다. 탁록에서 중원으로 또 만주로 퍼져 나갔다는 증거입니다.

이: 《삼국유사》에 나오는 "단군이 기원전 단군조선 건국 이전에 단군이

---

4) "駻": 《日知錄集釋》卷二十九: 考之書序成王既伐東夷傳, 海東諸夷駒麗, 扶餘, 駻, 貊之屬.
海東諸夷: 《尚書: 孔傳》: 海東諸夷, 駒麗, 扶餘, 肝貊之屬, 武王克商皆通道焉, 成王即政而叛.

다스리던 나라가 있었다는 기록이 청나라 건륭(乾隆)황제 시절에 편찬된 《흠정사고전서(欽定四庫全書)》〈조선사략(朝鮮史畧)〉에 실려 있습니다.[5]

《삼국유사》 단군조선의 일화를 실으면서, 인용된 고기 내용의 기록이 미약하고 난으로 분실되었으나, 시조 단군(檀君)이 요(堯) 임금과 나란히 나라를 세웠다. 상무정(商武丁, 기원전 1250-1192년) 8년에 신이 되었는데 그때 나이 4,018세였다. 일연스님이 인용했다는 《위서(魏書)》란 말은 없고, 단군을 예군(禮君)[6]이라 했습니다. 고기, 태백 하는 글자도 다르고, 고기(古紀云)에 그렇게 실렸다는 내용입니다. 중국 사람들이 1779년에 본 고기는 계연수가 1911년에 《환단고기(桓檀古記)》를 편찬할 때 인용했다는 "《삼성기(三聖紀)》, 《단군세기(檀君世紀)》, 《북부여기(北夫餘紀)》, 《태백일사(太白逸史)》"와는 다른 사료였다고 봅니다. 무정과 부열(Buyuel, 傳說)이란 이름이 조선의 기원과 연관이 있다는 뜻입니다. 저는 첫 영문본에서 부여(扶餘)의 어원이 부열(傳說)이란 이름에서 나왔다고 추론했습니다. 좀 더 알아보니 사마천은 '산서성 해지 연안에 살던 활을 잘 만들던 부유(浮游, fúyóu)라는 부족 이름을 가차전주하여 부열(傳說, fùyuè)이라는 한 사람으로 기록했습니다.[7] 《고사전(高士傳)》에서는 '부유(浮游), 허유(許由), 요 임

---

5) 〈朝鮮史畧〉卷 一. 乾隆六月恭校上: 臣/等謹案朝鮮史略十二卷一名東國史略 不著撰人名氏乃明時朝鮮人所紀其國治亂

興廢之事始於檀君終於高麗恭讓王" 檀君: 東方 初 無君長. 九種夷. 有神人 降于 太白山 檀木下 國人立爲君. 檀君 名 王儉.

唐堯 25年 戊辰. 國號 朝鮮. 古紀 云禮君與堯並立至商式丁八年為神 壽四千十八然權近應制詩曰傳世不知幾歷年.

6) 예군(禮君)이란 칭호는 《예기(禮記 坊記)》, 《한서》와 《글안국지(契丹國志)》에 나온다. 제사장을 뜻하여 단군을 다르게 부른 칭호다: 禮君不稱天. 왕분은 여자를 예군으로 했다. 《漢書》王莽傳中: 及漢氏女孫中山承禮君, 遵德君, 修義君更以為任

7) 《荀子》"倕作弓, 浮游作矢, 而羿精於射 ; 奚仲作車, 乘杜仲乘馬." 《高士傳》許由: 子故浮游, 欲聞求其名譽, 汚吾犢口. 牽犢上流飲之. 許由沒, 葬箕山之巓, 亦名許由山,

금, 기산(箕山)을 모두 해지(解池) 유역'과 연류시켰습니다.

강: 그런 기록이 있어요? 처음 듣는 이야기입니다. 그렇다면, 예군(禮君)이 기원전 5360년에 나라를 세웠다는 뜻입니다. 단군조선 건립 이전이라, 환국신시(桓國神市) 시대의 지도자들도 단군과 같은 기능을 했다는 뜻이 분명합니다.

이: 네. 그렇다고 봅니다. 제사장을 우리는 단군이라 불렀고, 중국 기록에서는 최고 제사장(High Priest)을 예군 또는 신군(神君)이라 했습니다. 앞에서 공자님의 말씀을 인용한 《예기(禮記)》〈방기(坊記)〉에 실렸고, 《한서》에는 왕망(王莽)이 전한의 황손녀를 예군(禮君)에 봉했다고 했습니다.

《삼국사기》는 중국 문헌에서 단군을 선인(仙人)이라 한 낱말을 그대로 인용하였듯이 유교 경전에 실린 예(禮)자를 인용하여 단군을 예(禮)자로 기록했습니다.[8] 백제의 첫 도읍지였던 위례성(慰禮城)은 옛적에 어느 "예군(禮君, 壇君)이 살던 곳"이란 뜻으로 심양에서 대련에 이르는 요동반도 서남쪽에 있었어야 합니다. 태백산(太白山)이라는 글자가 눈으로 덮인 제일 높은 산이란 뜻으로, 알타이산맥에 있는 천산(天山, Tengri Mountan, Khan

在陽城之南十餘里. 堯因就其墓, 號曰箕山公神.

《大戴禮記》夏小正: 浮游有殷. 殷, 眾也. 浮游, 殷之時也. 浮游者, 渠略也, 朝生而莫死.

《초사》: 和調度以自娛兮, 聊浮游而求女. 《사기》: 蟬蛻於濁穢, 以浮游塵埃之外,

8) 《三國史記》: 妃, 金氏愛禮夫人. 支所禮王之女. 溫祚都河南慰禮城. 瑠璃明王立. 母禮氏. 初, 朱蒙在扶餘, 娶禮氏女有娠. 史記: 以禮神君. 神君所言, 神君者, 長陵女子. 設祭具. 以祀神君所.

"漢城郡. 一云漢忽, 一云息城, 一云乃忽." 《三國志》韓傳: 魏略曰: 其大夫禮諫之, 使禮西說燕, 燕止之, 不攻.

Tengri)을 의미합니다. 그곳에서부터 천산북로를 따라 돈황을 지나 관중분지 하동에 있는 해지 북쪽 연안에 자리를 잡고 단군조선을 선포했습니다. 이를 증명할 수 있는 증거가 여러 곳에 있습니다.9)

곤륜산 북쪽 계곡을 해곡(解谷)이라 했고, 그곳에서 당숙이 우수한 농작물 벼(禾)를 가지고 동쪽으로 와 돈황(敦煌) 분지에서 번창했던 근거가 막고굴(莫高窟, 마고 할미가 살던 굴)입니다. 이 뜻은 소 우는 소리로 기록된 부족(车, 馬, 牧, 狛) 즉 맥족의 높은 사람이 살던 굴이란 뜻입니다. 돈황의 문화는 관중분지의 것보다 더 오래되었다고 봅니다. 《잠부론(潛夫論)》〈지씨성(志氏姓)편〉에 해지(解池, 咸池, 鹽池) 연안의 부족이 돈황(燉煌)에서 함곡관을 지나 동쪽으로 갔다는 사연이 잘 설명되어 있습니다. 이 통로를 신주(神州) 또는 옹주(雍州)라 했고, 그곳에 살던 사람들을 "해단(hé dàn, 盍旦) 또는 모해(Mòhé, 靺鞨) 즉 말갈"이라 했습니다. 이곳을 감숙성(甘肅省)이라 부르니, 숙(肅)자는 숙신(肅愼)씨란 글자에서 나왔다고 봅니다. 감(甘)은 한/간(韓, 汗,干)의 동음이자 입니다. 10)

강: 백제의 수도가 요동반도에 있었다고요? 한국 상고사에 나오는 해(解)씨가 곤륜산 해곡(解谷)이라는 곳에서 출발하여 돈황, 관중분지에 있는 해지 연안에 자리 잡고 살다가 발해만 서쪽 연안을 따라 만주로 올라

---

9) 解: 谷名.《前漢·律歷志》取竹之解谷. 一說昆侖之北谷名也. 山海經 玉山, 王母所居. 昆侖之墟, 其上有木禾.
《潛夫論》〈志氏姓〉: 苦城, 城名也, 在鹽池東北. 後人書之或為枯 齊人聞其音, 則書之曰車 燉煌見其字.,

10)《竹書紀年》: 命世子武丁居于河, 學于甘盤. 王即位, 居殷, 命卿士甘盤. 啟與有扈戰于甘之野, 作《甘誓》
甘; gān/ gam. 汗; hàn hán gān. Battle at(韓原)the Valley of Han. 汗을 甘이라 했다. 甘澤이甘之野다. 澤은 "臭: 大白, 澤也."

그림 4. 우랄 알타이 산맥 서남쪽 우르무치(urmuchi) 가까이에 있는 해곡 천지(解谷 天池)에서 신시(神市) 창설. 천산북로를 따라오다. 감숙성 서북쪽 주천시(酒泉市) 돈황에서 번창. 여기서 감숙성 통로를 따라 서안 분지 해지 연안에서 단군조선 탄생. 또한 줄기는 북쪽 내몽고 사막을 지나 동쪽 시린골 일대에 정착. 해지 연안에 정착한 사람들이 분수(汾水)를 따라 동북으로 올라 와 시린골에 자리 잡은 사람들과 북경 서북쪽에서 만났다. 이들이 발해만 연안으로 나왔다. 시린골에서 다른 한 지류는 대흥안령을 넘어 만주로 왔다.

갔다는 이야기십니까?

이: 그렇습니다. 그러나 중국 문헌을 찾아 보면 조선(朝鮮)이란 글자는 있으나 "홍익 인간, 弘益人間,[11] Prosperity and benefit for the mankind"이라는 글자는 보이지 않습니다. 어디엔가 숨어 있다고 봅니다.

《산해경》에 나오는 천독(天毒)[12]이란 글자가 단군조선의 단군이라 봅니

---

11) 《山海經》海內經: 東海之內, 北海之隅, 有國名曰朝鮮, 天毒, 其人水居, 偎人愛人.

12) 毒 xié: 《玉篇》《廣韻》《集韻》夶戸圭切, 音攜. 姓也. 與蜀同. 一曰蜀闖, 梁四公子名. 或作崲毒. 《集韻》東海之邑一曰阪險名通作雟蜀崲毒姓也. "阪险原隰."

다. 문맥을 보면, 그 글자는 물가에 살던 사람을 뜻합니다. 모양이 비슷한 글자 "쉬애 毒 xié"를 독(毒)자로 바꾸어 적었다고 봅니다. 그 글자는 "홀 규(圭) 밑에 어미모(母)로 된 글자"입니다. 이를 홀의 핵심이 되는 구슬옥 (玉)의 점을 위에 붙여 주(主)자와 비슷한 글자로 만들어 "가까이 하면 위함하다"는 뜻으로 풀이하고, 읽기는 해(sun, 解, 奚)와 같은 발음으로 "xié/쉬애/시애(蜀) 또는 휴(携, xié xī xí)라 읽는 글자와 같다"13)고 했습니다.

그 글자의 뜻은 "옥으로 만든 규(圭)를 든 mǔ mú wǔ wú, 맥(母, 貊, 貉, 狛)족 사람"이란 뜻으로 "소 우는 소리로 기록된 부족의 최고 지도자(君)" 란 의미입니다. 당태종을 서쪽 돌궐 사람들이 천가한(天可汗)이라 했습니다. 천독(天毒/毒)이란 글자는 '하늘에 뜬 해와 같이 제일 높은, 누구에게나 절대로 필요한 위치에 있는 사람'이란 뜻입니다. 우리의 '태양과 같은 분'이란 뜻입니다. 그래서 사서에는 "이적(夷狄)은 그들의 최고 지도자를 하늘의 아들(天子)이라 한다"고 했습니다.14) 이를 《시경》에서는 "호천왈단; 昊天曰旦"이라, 즉 하늘에 뜬 해와 같은 사람을 단이라 한다"고 했습니다. 이 글자를 판험명(阪險名)이라 했으니, 황제가 염제와 싸웠다는 판천(阪泉)에 있던 요새란 뜻입니다. 시애(xié xī xí/해, 雟, 蜀, 嶲, 毒)라 부르는 성씨가 이곳에서 나왔습니다.

시애(xié)로 발음하는 글자; "玄, 해, 奚, 契, 解"들의 상호 관계는 한원 일

---

13) 攜: 《唐韻》戶圭切 《集韻》懸圭切, 並音畦. 《說文》提也. 《六書故》縣持也. 《書·立政》左右攜僕. 《註》攜持僕御之人. 《詩》如取如攜. 《疏》物在地上, 手舉攜之. 或省作携. 俗作携携携. 《左傳·僖七年》秋,盟于甯毌. 招攜以禮. 《集韻》: 蔡中郎集 《獨斷》: 天子, 夷狄之所稱. 《說文》: 東海之邑一曰阪險名通作雟蜀嶲毒姓也. "善相丘陵阪險原隰."

14) 《太平廣記》; 南詔: 自我居震旦. 謂天子為震旦. 翊衛頹夔契. 《獨斷》: "天子, 夷狄之所稱." "皇帝, 至尊之稱."

대에서 있었던 요동 돼지 우화에서 설명했습니다. 《산해경》에 북해지우(北海之隅)라 한 곳은 산서성 해지(解池) 북쪽 연안이란 뜻으로 풀이가 됩니다. 이를 《집운(集韻)》에서는 "동해지읍; 東海之邑"이라, 즉 황하 동쪽, 해지(解/海池) 옆에 있는 마을이라고 했습니다. 이곳 휴(携)에서 서주의 마지막 왕이 살해당했습니다. 《초사》와 《회남자》에 보면, 함지와 승운은 서로 가까이 있었습니다. 조선(朝鮮)이라는 이름 이전에 또는 이를 전주하여 승운(承雲) 또는 조운국(朝雲國)이라 기록했다고 봅니다.[15] 그렇게 바뀐 글자라고 보면, 산해경에 실린 문구는 뜻이 분명하게 풀이가 됩니다.

천시애(天毒)가 살던 지역에 있던 호수라 하여 염지(鹽池)라는 보통명사를 쓰지 않고 고유명사인 시애지(xié chi, 解池,해지)라 했습니다.[16] 천독(天毒)이란 글자는 신권과 정치적 지도권을 다 갖고 있는 누구나가 우러러 보던 지도자로 《삼국유사》에 나오는 "단군왕검"을 그렇게 적었다고 봅니다. 뒤에는 제정일치 사회에서 신권은 약화되고 떨어져 나와 단군을 천군(天君)이라 불렀습니다. 제사장을 뜻한다는 설명은 《삼국지》,《후한서》와 《통전》 등에 천군(天君)으로 적혀 있습니다. 외인애인(偎人愛人)이라는 문구가 '홍익인간'이란 뜻이라 봅니다. 그래서 그 후손은 지금도 '태양의 후예'란 자부심을 갖고 있습니다.

강: 그렇게 숨어 있었군요. 참으로 놀라운 풀이시라 유구무언(有口無言)입니다.

---

15) 《竹書紀年》帝顓頊高陽氏: 作《承雲》之樂.《屈原·遠遊》張樂咸池奏承雲兮. 流沙之東, 黑水之西, 有朝雲之國.《淮南子 齊俗訓》: 有虞氏之祀, 其社用土, 祀中溜, 葬成畝, 其樂咸池, 承雲, 九韶, 其服尚黃.

16) "自唐叔虞食邑于解, 後因氏." 姓苑: "北魏有解枇氏, 後改爲解氏."

이: 《시경》 풀이에서 산서성 해지(解池) 북쪽 연안에 고조선의 수도가 있었다는 추리를 했습니다. 글자 풀이를 해 보아도 천독(天毒)이 살던 곳이 바로 해지, 즉 함지(咸池) 가까이에 있던 요새를 판험(阪險)이라 한 곳이고, 이곳이 전쟁 기록 속에 나오는 판천(阪泉)이고, 단군조선의 첫 수도 평양(平壤, 平陽)입니다. 이를 《삼국유사》에서는 평양 아사달이라고 기록했습니다. 그 중요한 지역을 놓고 여러 부족들과 오랫동안 싸웠습니다. 서주의 선조는 상나라 때 함곡관 동쪽에서 서쪽으로 피하여 들어와 해지 연안에 수도를 잡았던 부족으로부터 그 읍을 빼앗아, 마치 황제와 요제가 이 염호(咸池)를 빼앗아 즐거워(作樂咸池)했다는 문구와 비슷한 "주연야(周燕也)라, 즉 주의 즐거움이다"라 했습니다. 그리하여 그곳을 서주의 마지막까지 수도로 썼습니다.

사마천은 《사기》〈연소공세가〉에서 황하(黃河) 서쪽에 있던 무왕이 소공석을 북연(北燕)에 봉했다고 썼습니다.[17] 주선왕의 아버지 여왕(厲王, 汾王) 아니면 그의 아들 유왕(幽王)의 실정으로 나타난 주민 폭동을 읊은 시문이 《시경》〈대아〉에 실려 있는 판(板)입니다. 이 휴(携)자는 판(板), 억(抑), 북풍(北風)을 비롯한 서주 때 읊었던 시문 여러 곳에 나옵니다. 그 좋은 곳을 빼앗기고 은둔생활을 해야 했던 옛적 지도자의 심정을 비유하여 읊은 시문이 《시경》〈소아〉 "학이 우네(詩經小雅 鶴鳴)"라 봅니다. 판(板)이란 시문은 "아 유서 깊은 옛 서울이여" 하는 뜻이라 봅니다. 그곳에서 황제

---

17) 《史記》燕召公世家: 周武王之滅紂, 封召公於北燕.《後漢書》郡國三: 古昆吾國, 有鹹城, 或曰古鹹國. 燕本南燕國.
有雍鄕.《漢書》地理志上: 博平, 黎, 東阿, 離狐, 臨邑, 壽良, 樂昌, 陽平, 白馬, 南燕, 廩丘.《呂氏春秋》有始: 西方為雍州, 秦也. 北方為幽州, 燕也.

의 손자 전욱(顓頊) 고양씨(高陽氏)가 태어나《책력》을 만들었습니다.

단군(壇君)왕검이 평양(平壤)에 수도를 정하고 조선(朝鮮)이란 나라를 선포한 곳이 해지(解池) 북쪽 연안 오늘의 운성시 일대로 밝혀졌습니다.[18] 이곳을 요 임금이 당후(唐侯), 즉 단군(唐, 壇, 旦)으로부터 빼앗았다는 기록이《춘추번로》에 있습니다.[19]

이곳에서 밀려 점차로 분수를 따라 동북쪽으로 수도를 네 번 옮겼다고《삼국유사》에 나옵니다. 옮긴 곳을 궁 또는 방홀산(方忽山)이라 했습니다. 방은 나라(國)란 뜻으로 궁(弓)은 국(國)의 가차입니다.[20] 그중 어느 한 곳이 옛《상서》〈우공(禹貢)편〉에 실려 있었다는 신도(信都)이고, 한고조의 휘하에 있던 한신(韓信)이 주둔하고, 그의 아들이 태어났다는 퇴당성(頹當城), 즉 옛 당성(當城, 唐城)입니다.

이를 다른 사서에는 양릉(襄陵), 퇴원(頹垣) 또는 양원(襄垣)으로 기록했습니다. 이곳이 단군이 일시 "피했다는 뜻이 숨어 있는" 장당경(藏唐京)입니다. 이 지역이《시경》에 북쪽에 있는 "우양(于襄) 대원(大原) 하는 몇몇 글자"로 나와 있습니다.[21] 그곳이 오늘 지도로는 산서성 서북 쪽 삭주시

---

18) 평양이란 말은 여러 가지 한자(坪壤, 平陽, 平穰)로 표기되었고, 만주 금국지에 나오는 "Bila必刺, 피라"가 같은 뜻이다.
《史記》三代世表: 武王封弟叔處於霍, 後世晉獻公滅霍公, 後世為庶民, 往來居平陽. 平陽在河東, 河東晉地, 分為衛國

19)《春秋繁露》三代改制質文; 咸作國號, 遷宮邑, 易官名, 制禮作樂. 故湯受命而王, 應天變夏作殷號, 時正白統.
親夏故虞, 絀唐謂之帝堯, 以神農為赤帝. 作宮邑於下洛之陽, 名相官曰尹.《竹書紀年》帝嚳高辛氏; 帝錫唐侯命.

20)《三國遺事》: 都平壤城〈今西京〉始稱朝鮮. 又移都於白岳山阿斯達. 又名弓〈一作方〉忽山. 又今彌達. 御國一千五百年. 周虎王即位己卯封箕子於朝鮮. 壇君乃移於藏唐京. "國", 一作"方", 一作"或". 唐 裴矩傳云: "高麗 本 孤竹國. 故《地理志》曰:《禹貢》, 絳水在信都東入于海也.《前漢·地理志》信都國有歷縣. "滹沱, 水名, 在信都, 北入海."

(朔州市) 일대로 상간하(桑干河, 桑乾河) 상류가 됩니다. 다른 두 곳은 임분 (臨汾)과 태원(太原) 동쪽이 됩니다. 한원에 살던 사람들(混夷, 串夷, 玁狁, 昆 夷, 昆吾氏)이 또는 그와 같은 부족들이 동북쪽으로 밀려났습니다. 사마천 은 〈흉노열전〉 첫 두 장에 서주의 창립에서 동으로 쫓겨 올 때까지를 실었 습니다. 중국 위주의 기록이라 한원 일대를 떠나 발해만 연안으로 옮겨 온 동이(東夷)에 관한 기록이 아닙니다. 그곳에 남아 있던 서이(西夷)의 추장 인, 하우씨(夏禹氏) 후손, 숙단(叔旦)이 주 성왕에게 서울을 빼앗기고 서러 움을 당하며 살아온 경로를 〈흉노열전〉 둘째 편에 실었습니다.

여러 사서에는 사이(四夷)로 나누어 동북이(東北夷)가 동북쪽으로 밀려 간 흉노족의 분파라 합니다. 민족의 특성이 그들이 즐겨 부르는 가무에 나 타나지요? 이들의 특성이 《백호통(白虎通)》〈덕론(德論)〉에 실려 있습니다. 즉, 북이(北夷)의 가무는 매(昧)라; 어둡고 쇠퇴하는 느낌을 주고, 서이의 악은 금(禁, 持戟舞)이라; 삼가 조심하는 느낌을 주고, 동이(東夷)의 것은 이 (離)라 떠났지만, 언젠가는 복수하겠다는 뜻이 창을 들고 춤추는(持矛舞) 장면이라 하였습니다.[22] 《한서》〈지리지〉〈하동군 편〉에 나온 지명들이 옛 고조선의 수도 이전과 관계가 깊은 곳입니다.[23]

강: 아직 아무도 단군조선이 산서성(山西省)에서 나타났다는 학설을 내

---

21) 《詩經》: 往城于方. 城彼朔方. 玁狁于夷. 薄伐玁狁, 至于大原. 混夷駾矣, 維其喙矣. 赫赫南仲, 玁狁于襄.《箋》串夷卽混夷. 西戎國名. 帝遷明德, 串夷載路.《尙書》〈堯典〉 : "申命和叔, 宅朔方, 曰幽都." 襄; 除也, 上也, 駕也.

22) 《白虎通德論》禮樂; 西夷之樂曰《禁》, 北夷之樂曰《昧》, 東夷之樂曰《離》. 昧者, 萬 物老衰, 禁者萬物禁藏, 侏離者萬物微離地而生.東夷之樂持矛舞, ; 西夷之樂持戟 舞, 助時殺也. 北夷之樂持干舞助時藏也.

23) 《漢書》地理志上: 堯遭洪水, 襄山襄陵, 天下分絕, 為十二州, 使禹治之. 河東郡: 安邑, 大陽, 猗氏, 解, 蒲反, 臨汾, 垣, 皮氏, 平陽, 襄陵, 龐, 楊.

세운 분이 없습니다. 더더욱 《삼국유사》에 나오는 옛 수도 이름과 《시경》에 나오는 이름을 근거로 오늘의 지도를 놓고 단군조선의 수도 이전을 설명하시니 이 박사의 주장은 상당히 신빙성이 있어 보입니다. 많은 사가들이 이 문제를 깊이 다루리라 봅니다.

이: 그렇게 되기를 바랍니다. 동이는 탁록을 떠나 발해만 서쪽 연안이 되는 진시황 때의 요동군에 있는 "양평(襄平)이라 한 곳에 수도를 두고 있다"가 상유민을 받아들여 같이 연맹체를 만들어 북으로 옮겨 아사달(阿斯達)에 정착했습니다.[24] 산서성 해지 연안의 옛 서울을 빼앗긴 서이(西夷)의 후손 백이숙제는 그곳 수양산(首陽山)에서 죽고, 그 후손들이 같은 혈통을 지닌 동이가 정착했던 당산 일대로 와서 상나라 유민들과 함께 살았습니다. 이들이 함께 좀 더 북으로 옮겨 자리 잡은 곳이 조양(朝陽) 부근에 있는 의무려산(醫巫閭山)이라 봅니다.

소 우는 소리로 기록했던 부족이라 사음하여 "아사달 무엽산" 또는 "목엽산"이라 했습니다.[25] 해(解, 奚)족의 본거지라 하여 흑산(黑山; hēi shān/회이산)이라고도 하고, 해족이 다스리던 옛 조선 땅에서 글안(거란, 契丹)이 나타났습니다. 그들은 큰 마을에 천웅사(天雄寺)를 지어 놓고 "환웅 천왕"을 섬겨 왔었습니다. 그 후에는 당송(唐宋)의 (유교 영향을 받아 《글안국지》를 편찬할 시기에는) 태조상을 모셨다고 합니다.[26]

---

24) 襄平이란 사마천이 다른 사서에는 양릉(襄陵) 퇴원(頹垣) 양원(襄垣) 또는 "裹(懷)山襄陵"으로 기록했던 곳을 전주하여 새로 만든 이름이다. 燕亦筑長城, 自造陽至襄平. 置上谷, 漁陽, 右北平, 遼西, 遼東郡以拒胡.

25) 立都阿斯達經云無葉山, 亦云白嶽; 'mu, 無'는 사음자로 《契丹國志》에 나오는 木葉山이다. 大凌河, 白狼水가 가까이 있다.

26) 《契丹國志》: "渤海既平, 乃制契丹文字三千餘言. 因於所居大部落置寺, 名曰天雄寺.

강: 글안에는 옛적에 환웅 천왕을 모시던 사당이 있었다는 기록이 남아 있다니 참으로 놀랍습니다. 그들을 우리는 호(胡)라고 불렀는데, 그들이 고조선 땅에서 나타났다니 고조선 사람들이 '뙤놈'이었다는 뜻입니까? 좀 더 생각해 보니 그럴 듯한 설명입니다. 중국 남쪽 사람들이 북쪽 사람들을 미워했듯이 한국에서도 북쪽 만주에 살던 사람들을 두려워하고 미워서 그런 비하하는 이름을 붙였다고 봅니다. 분명 옛 사람들은 천웅사(天雄寺)라는 뜻을 달리 풀이했다고 봅니다.

이: 《춘추좌전》에 "초휴이예; 招攜以禮"라는 문구가 있습니다. 이 문구는 "휴(하느님같이 다들 모시는 사람)는 예를 갖추어 불러 모셔 오고"란 뜻인데, 이를 잘못 풀이하고 있습니다. 같은 문구가 여러 문헌에 나오는데, 《한서》와 《포박자(抱朴子)》에 실린 내용을 종합해 보면, 글자 휴(携)는 해지 연안에 있던 고조선의 한 분파였던 서이(西夷) 지도자 그가 살던 곳을 뜻합니다.

강: 아무도 그렇게 풀이하신 분이 없습니다.

이: 더 놀라운 사실은 해지 연안에 살던 부족이 신라로 왔다는 근거를 《시경》에서 찾았습니다. 《시경(詩經)》〈나(那)〉에 나오는 글자가 우륵(于勒)과 가야금(伽倻琴) 일화에도 나오고, 김유신이 휴보검(携寶劍)을 썼다고 했습니다.[27]

今寺內有契丹太祖遺像."

27) 《詩經 那》: "猗與那與, 置我鞉鼓" 《三國史記》: 後, 于勒以其國將亂, 携樂器, 投新羅 眞興王. 金庾信 列傳: 獨携寶劍.

강: 네? 무어라 말씀드릴 수가 없군요. 놀랍기만 합니다. 아무도 김유신이 쓰던 보검이 단군조선 시대와 연관이 있는 "신비한 보검"이라고 풀이한 사람은 없습니다. 그러나 《강희자전》에는 그와 비슷한 글자들 "擕擕攜을 비(非)다"라고 했습니다. 비(非)가 "빛, 햇살, 또는 햇빛"의 사음자라는 이 박사님의 주장이 일리가 있다고 봅니다.[28] 《시경》에는 이 글자가 "기(猗, 奇,箕)자와 같이 해지 연안을 읊은 시문" 여러 곳에 보입니다.

이: 아시는 바와 같이 순 임금에 관한 기록을 여러 사람들이 모두 다르게 풀이합니다. 기록에 따르면 순 임금은 여러 사람에게 선양하려 했다가 끝에는 "대휴자이 입어해; 戴攜子以入於海하여, 종신불반야; 終身不反也"라 하는 문구가 도가 경전인 《장자(莊子)》와 《고사전(高士傳)》에 실려 있습니다.[29] 저는 이 문구는 순 임금이 스스로 지도자로서의 덕이 모자란다고 생각하여 부인을 데리고 해지 북쪽 연안에 있던 옛 단군왕검의 수도 평양(平壤), 즉 오늘의 운성시에 가서 그 곳의 지도자(攜子)를 모시고(戴) 살다 죽었지 돌아오지는 않았다는 뜻으로 풀이합니다. 이를 중국 사서에서는 순 임금이 대우(大禹)에게 선양했다고 합니다.

강: 네? 순 임금이 단군에게 항복했다는 이야기십니까?

---

28) 攜: 提也, 離也, 又姓出何氏姓苑.《說文》提也.《六書故》縣持也.《書·立政》左右攜僕.《註》攜持僕御之人.
　　《詩·大雅》如取如攜. 或省作擕. 俗作携擕攜, 非.《康熙字典·手部·十》携: 俗攜字.휴, 시성은 하씨에서 나왔다

29) "舜讓天下於子州支伯." "舜以天下讓善卷, 善卷曰." "舜以天下讓其友北人無擇." "舜以天下讓其友石戶之農."
　　《莊子》讓王: 以舜之德為未至也, 於是夫負妻,戴攜子以入於海, 終身不反也. "於是去而入深山, 莫知其處."

이: 네. 좋게 말하면 선양했습니다.30) 그곳에 자리 잡고 살던 지도자 휴자(攜子)가 치수 사업에 성공한 대우(大禹), 즉 왕검(王儉)입니다. 순 임금의 무덤이 여기저기 여러 곳에 있다고 합니다. 혹은 물에 빠져 죽었다고도 하고 종적을 모른다고 합니다. 바다 해(海)를 해지(解池)라고 풀이하시니 순임금이 그곳에서 살다 죽었다는 기록과 일치합니다.

강: 음. 이 박사님이 인용한 같은 사료를 잘못 풀이하여 그런 낭설이 나왔군요.

우 임금이 우리 단군조선의 단군왕검이니《상서(尚書)》〈대우모(大禹謨)〉란 뜻은 '소 우는 소리로 기록되던 부족의 태대각간'이란 뜻이 아닙니까? 참으로 놀라운 해석이십니다.

2. 삼황오제와 단군조선

이:《산해경》에 실린 조선의 유래에 관한 글자를 풀어 보니, 해지(解池) 연안에서 단군왕검이 조선이라는 나라를 선포했습니다.《시경》을 근거로 풀이한 내용, 또 전쟁에 관한 기록과도 일치합니다. 이를 다시 한 번 중국 역사의 시작인 삼황오제에 관한 기록과 비교 검토해 봅시다.

사마천의 〈오제본기〉는 《잠부론(潛夫論)》〈오덕지(五德志)〉에 실린 삼황오제의 혈연관계와도 다르고, 독립된 사료라고 볼 수 있는《죽서기년》의 기록과도 다릅니다. 특히, 중화 문명의 시조라하는 황제의 선조가 소전(少

---

30)《竹書紀年》帝舜有虞氏: 卿雲見, 命禹代虞事. 帝命夏后有事于太室. 四十九年. 帝居于鳴條. 五十年, 帝陟.

典)이고 성이 공손(公孫)이라 했습니다. 소전(少典)은《공자가어(孔子家語)》에 나오는 소호 김천씨(少昊金天氏)를 다른 글자로 적었습니다. 공손(公孫)이라는 성은《시경》〈빈풍(豳風)〉 낭발(狼跋)에 실린 공손석부(公孫碩膚)에서 따온 글자입니다. 이를 종합해 보면, 삼황오제가 자리 잡았던 곳이 해지연안이고, 그 일대에 서주의 수도가 있었고, 그곳에는 있던 지도자, 단군(壇君)을 조롱한 시문입니다.

헌원(軒轅)의 뜻은 마차를 타고 다니는 지도자 한(干, 汗, 可汗, 韓, 甘)를 뜻한다고 봅니다.[31] 수레(車)는 아직 개발되지 않았었습니다. 소호(少昊)란 뜻은 태호(太昊)의 후손을 의미합니다. 하늘에 떠 있는 햇님의 자손이란 뜻이 있는 천해(天xié xī xí/; 해, 雟, 蜀, 嶲, 毒)를 뜻합니다. 그의 선조를 삼황(三皇) 가운데 처음으로 꼽히는 태호(太昊) 복희(虙犧, 伏羲, 伏犧)라 하고, 서쪽에서 왔다는 뜻을 암시하고, 동시에 "소 우는 소리로 기록되는 부족이라는 뜻"이 있으나, 사마천은 중국 문화의 뿌리는 서쪽에서 왔다고 적혀 있는 웃대를 잘라 버리고 황제를 중국 사람들의 시조라고 했습니다. 이렇게 바꾸어 놓은 삼황오제를 "홍익인간이라는 뜻을 인용하여 현명한 성군(聖君)으로 묘사"했습니다.

강: 모든 중국 기록을 보면 황제와 요 임금에 관한 설명은 우리가 말하는 홍익인간이라는 개념 이외에 전지전능한 사람으로 기술되어 있습니다.

---

31)《史記》五帝本紀: 黃帝者, 少典之子, 姓公孫, 名曰軒轅. 帝堯者, 放勛. 其仁如天, 其知如神. 就之如日, 望之如雲.《孔子家語》: 黃帝者, 少昊之子, 曰軒轅. 高辛氏之子, 曰陶唐. 其仁如天, 其智如神.
就之如日, 望之如云.《詩經 豳風 狼跋》: 公孫碩膚, 德音不瑕. 蔡中郎集《獨斷》: 虙犧爲太昊氏, 炎帝爲神農氏, 黃帝爲軒轅氏, 少昊爲金天氏, 顓頊爲高陽氏, 帝嚳爲高辛氏, 帝堯爲陶唐氏, 帝舜爲有虞氏, 夏禹爲夏后氏.

이 박사께서 해지(解池)를 함지(咸池)라 했다고 풀이한 내용과 일맥상통합
니다.

　　이: 사마천의 〈오제본기〉에는 뜻밖에도 "사해지내; 四海之內[32]"라는 문
구가 나옵니다. 이 문구는 중국은 사면이 바다로 싸였다는 뜻이니 한 무제
당시에 중국이 '천하의 중심'이라는 개념을《사기》에 심어 놓았습니다. 사
마천은 자신이 여러 사료를 종합하여 "서쪽으로는 혈거생활의 유적지라고
판단되는 공동(空桐), 북으로는 탁록(涿鹿), 남쪽으로는 장강과 회수에 이
르는 넓은 지역을 돌아보며 현지의 옛 노인들이 전한 이야기를 종합하여,
'《상서》에는 역사의 시작을 요 임금부터 기록'했지만, 자기는 "삼황오제 전
설"이 근거가 있다고 판단하여《춘추》에도 없는 〈오제본기〉를 썼다고 했습
니다.

　　《사기》에 의하면, 황제가 치우천왕을 물리치고 그 전쟁터에 도읍을 정
했다고 하나 항상 옮겨 다니면서 군영을 치고 방어하다 헌원구(軒轅之
丘)[33]에 자리를 잡고, 서쪽 언덕에 살던 부족의 딸을 정실로 맞아들여 아
들 둘을 낳아 그들이 모두 뒤를 이었다 합니다. 그보다 서쪽에서 온 부족,

---

32)《史記》五帝本紀: 氐, 羌, 北山戎, 發, 息愼, 東長, 鳥夷, 四海之內咸戴帝舜之功.《詩
　　經》文王有聲; 鎬京辟廱.
　　自西自東, 自南自北, 無思不服. 〈商頌〉玄鳥: 邦畿千里, 維民所止, 肇域彼四海. 四
　　海來假,《詩經》小雅 沔水;면수; 沔彼流誰, 朝宗于海.《尚書》에도 "四海"란 말이 많
　　이 나온다.《상서》도 뒤에 어느 누가 손을 댔다는 증거다.
　　약수(若水)는 약수(弱水), 건황(乾荒)이 한류(韓流)라 한 근거가《산해경》에 있고 흑
　　수(黑水)라는 이름이 나온다.
33)《竹書紀年》黃帝軒轅氏: 景雲見. 以雲紀官. 降居若水, 產帝乾荒.
　　《山海經》: 流沙之東, 黑水之西, 有朝雲之國, 司彘之國. 黃帝妻雷祖, 生昌意, 昌意降
　　處若水, 生韓流.
　　韓流擢首, 謹耳, 人面, 豕喙, 麟身, 渠股, 豚止, 取淖子曰阿女, 生帝顓頊.

즉 서융(西戎)을 부인으로 받아들였다는 뜻입니다. 이 두 곳을 확인할 수는 없으나,《죽서기년》과《산해경》에 나오는 낙수(洛水)와 창의(昌意)가 약수(若水)가에 살면서 건황을 낳았다는 문구를 종합해 보면, 황제가 살았다는 헌원구는 수레(車)를 만들어 쓰던 사람들이 살던 구릉(丘)으로 감숙성에서 관중 분지(關中盆地)로 갈라지는 분수령 지역에 있었습니다.

즐거움 또는 만들었다(樂, 作) 하는 동사를 써서 함지(咸池)[34]가 황제와 요순 임금과도 관계가 있다고 합니다. 이는 함지(鹹池)를 가차한 글자로 '소금(Salt)이 나는 호수' 즉 염지(鹽池)를 뜻합니다. 이 일대에 허유(許由, 巢父)의 사연이 얽힌 기산(箕山)이 있습니다.[35] 이 지역이 흔히 말하는 삼족오(三足烏)라는 말이 나온 곳입니다. 그 새를 산여(酸與, Suanu/Sanyeo, 玄/xuán)라 하며, 사람의 영혼을 지상에서 영원의 세계로 전하는 새라 하여 시신을 옮기는 상여(喪輿) 머리에 붙여 놓았던 장닭으로 바뀌고, 시신을 나르는 운구를 그 새에서 이름을 따와 상여라 합니다.《시경》에 나오는 현조(玄鳥)는 까마득히 먼 해안에 있는 새를 까마귀 오(烏)로 바꾸었습니다. 이 지역에서 오씨(烏氏)가 살았고, 그 새가 낳은 알이라 하여 오환(烏丸)이라는 부족이름을 만들었습니다. 그들의 본거지라 하여 오환산이라는

---

34) 《史記》書 樂書; 咸池, 備也. 棄明書 卷一. 放勛重華文命非名. 孔安國曰: 勛, 功也. 欽, 敬也言堯放上世之功化,
司馬遷《史記》以放勛 為堯名, 重華 為舜名, 文命 為禹名. 明曰: 皆非也. 皆謂聖明功業.
《說文解字》鹽部: 鹽: 河東鹽池. 袤五十一里, 廣七里, 周百十六里. 从鹽省, 古聲.
《山海經》: 少陽之山, 酸水出焉. 景山有鳥焉, 其狀如蛇而四首, 六目, 三足, 名曰酸與.
《註》玄覽云: 三足之鳥, 有酸鵐焉. 咸은鹹 의 略字.

35) 《史記》伯夷列傳: 太史公曰: 余登箕山, 其上蓋有許由冢云. 孔子序列古之仁聖賢人, 如吳太伯, 伯夷之倫詳矣.
余以所聞由, 光義至高, 其文辭不少概見, 何哉. 사마천이 살 때에 이미 허유에 관한 내용이 경전에는 바뀌었다는 뜻이다.

이름을 만들었고, 이 산 이름을 피휘(避諱: 왕이나 조상의 이름에 쓰인 글자를 사용하지않는 관습)하여 항산을 다시 상산으로 바꾸었습니다. 글안(契丹)이란 이름의 발생지가 됩니다.[36]

이리하여 유가에서 전하기를 "해(日) 안에는 삼족오가 있고, 달(月) 안에는 토끼와 거북이 있다"고 하는 동화가 나왔습니다.[37] 황제의 선조가 서쪽에서 왔다는 기록이 《산해경》에, "소호는 서방에 있었다. 그의 아버지는 태백 금성이고, 그의 어머니는 천산에 사는 선녀 황아"라 했습니다. 서왕모는 서쪽 천산 일대에 살던 무당이란 뜻입니다.[38] 그러나 "http://ctext. org/zh"에 실린 《산해경》에는 그러한 문구가 보이지 않습니다.

사마천은 《사기》에서 "함지 비야; 咸池, 備也"라 했습니다. 그 뜻은 무엇을 다 준비했다, 갖추었다는 뜻이라고 설명했습니다. 청말의 장태염(章太炎)은 《겸명서(兼明書)》에서 "방훈, 중화, 문명은(삼황의) 이름이 아니다. 그들이 성취한 업적을 밝혔다. 그 근거는 공안국이 이야기했다"고 했습니다. 이 해지(解池) 연안이 황하문명의 발생지입니다. 이곳에는 옛적에 서쪽에서 옮겨 온 "한(甘, 汗; Han 馯, 韓)이 지도자였던 예맥 숙신(濊貊肅慎)씨가 살던 곳이었다 하여 한원(韓原, literally Valley of many Hahn)이라고 불렀고, 그곳에 있는 소금 공급처의 소유권이 해(解, 亥, Sun) 족에게 있었다는

---

36) Web site: http://www.ancienthistoryofkorea.com/삼한-三韓의-후예-後裔들/
《史記·貨殖傳》烏氏倮. 謹照原文烏改烏.《呂氏春秋》流沙之西, 丹山之南, 有鳳之凡.《正字通》凡者, 鳥卵別名. 象其圓形. 讀若完."又塞外有烏桓山. 一作烏凡.《魏志·烏丸傳》太祖引烏凡之衆,

37) 《論衡》說日: 儒者曰: 日中有三足烏, 月中有兔, 蟾蜍.

38) 《山海经》: 少昊属金, 在西方. 他的父亲是太白金星, 他的母亲是天山的仙女皇娥. 亲; 親《字彙》古从亲.
羕(辛, 下: 木.) 今省作亲. 程註》親, 當作新.《詩·小雅》勿躬勿親. 謹照原文改爲弗躬弗親.

뜻에서 해지(解池)라 불렀다고 봅니다. 가까운 곳에 조운국(朝雲國)이 있었고, 그곳에서 황제의 손자 전욱고양씨(帝顓頊高陽氏)가 태어나, 책력과 구전(口傳) 음악 승운(承雲)을 만들었다 하니, 앞에 인용한 순 임금 "경운견경雲見, 卿雲見" 하는 문구가 조운국을 뜻한다고 봅니다. 옛《시경》에는 한원 부근에 있던 나라 국풍에 단군조선의 후예들이 시달리던 내용이 실려 있다고 밝혀졌습니다.

강: 그리도 많은 우리 역사와 관계되는 글자들이《시경》에 실려 있다 하시니, 참으로 놀랍습니다. 다른 시각에서 다시 한 번 살펴보겠습니다.

3. 판천(阪泉), 탁록전(涿鹿之戰), 단수지포(丹水之浦), 명조전(鳴條戰)

전쟁은 인류 문화사의 시작입니다. 중국 사람들이 "가장 평화스러웠던 시절의 대명사로 쓰는 요순시대"에도 전쟁은 있었습니다. 황제가 치우와 싸웠다는 탁록전 이전에, 그는 염제신농(炎帝神農)과 판천(阪泉)[39]에서 싸웠다 합니다. 염제의 후손이 축융(祝融)이라 하고, 그를 중려(重黎)라 부르기도 했다니, 판천은 황제와 탁록전에서 싸우던 구려(九黎)가 살던 해지(解池) 연안입니다.

요(堯) 임금과 순 임금이 전쟁을 했다는 기록이 "《전국책》,《논형》,《갈관자》,《순자》,《맹자》,《태평어람》" 등에 실려 있습니다.[40] 요 임금이 싸웠다

---

39) 阪, 坂: 坡坂也. 一曰澤障. 一曰山脅 蒲坂, 在蒲城東.《帝王世紀》舜都蒲坂.

40)《論衡》率性: 黃帝與炎帝爭爲天子, 敎熊羆貙虎以戰于阪泉之野, 三戰得志, 炎帝敗

는 곳 또는 상대가 "환도(驩兜; huāndōu/ 환도), 당(唐), 호(扈hù/후어), 단수지포(丹水之浦)"라 합니다.41) 단(旦, 壇)이 살던 강가란 뜻입니다. 여기서 단수(丹水)는 조자법에서 한원에 있었던 담수(湛zhàn chén dān jiān tán jīn 水)를 다른 글자로 바꾸어 적은 것입니다.

이를《시경》에 나오는 빙/풍하(馮河)가 증명해 줍니다. 순 임금 시절에는 아직 배가 없어서 그가 나고 죽은 곳은 말을 타고 물을 건너 다니던 곳(諸馮)으로 함곡관 서쪽입니다.42)《시경》과《죽서기년》에 나오는 호(扈)라는 부족이 그곳에 살았습니다. 앞에서 설명한 서주태사 취괘(西周太师虘簋)를 만들어 준 곳입니다. 호(扈, hù/후어)를 다시 전주하여 곽/확/사(霍, huò hè suǒ)라는 글자를 써서 주 무왕의 동생으로 해지 연안에 봉했는데, 후에 진 헌공이 멸했다 합니다.43) 그 마을이 서주의 마지막 수도였던 휴

績
《荀子》: 是以堯伐驩兜, 舜伐有苗, 禹伐共工, 湯伐有夏, 行於天下也. 환도(驩兜huān dōu/ 환도)
《論衡》; 案堯伐丹水, 舜征有苗, 四子服罪, 刑兵設用.《鶡冠子》: 黃帝百戰, 堯伐有唐, 禹服有苗,
《戰國策》: 黃帝伐涿鹿而禽蚩尤, 堯伐驩兜, 舜伐三苗, 禹伐共工, 湯伐有夏.《孟子》萬章曰: 舜流共工于幽州, 放驩兜于崇山, 殺三苗于三危, 殛鯀于羽山, 四罪而天下咸服, 誅不仁也. 舜生於諸馮, 遷於負夏, 卒於鳴條.

41)《太平御覽》:《六韜》曰: 堯伐有 호(扈hù/후), 戰于丹水之浦. "左傳·晉人與之苗.《註》苗, 晉地."
《太平御覽 敘兵下》: 黃帝嘗與炎帝戰矣, 與黃帝戰于阪泉, 帝滅之顓頊嘗與共工爭矣. 共工與顓頊爭為帝. 故黃帝戰於涿鹿之野. 涿鹿在上谷. 堯戰於丹水之浦, 堯以楚伯受命, 滅不義于丹浦. 舜伐有苗, 三苗. 啟攻有扈, 禹之子伐有扈于甘.

42)《詩經》小旻: 不敢暴虎, 不敢馮河. 詩經 卷阿: 有馮有翼, 有孝有德, 以引以翼. 馮夷: 冰夷, 馮修, 無夷.
《山海經》曰冰夷, 即河伯.《易·泰卦》包荒用馮河.《疏》用馮河者, 無舟渡水, 馮陵於河.

43) 霍者, 國名也. 武王封弟叔處於霍, 後世晉獻公滅霍公, 後世為庶民, 往來居平陽. 平陽在河東, 河東晉地, 分為衛國.

(携)입니다. 글자(霍, 郭, 扈, 携, 虘)가 모두 같은 곳을 뜻했습니다.

순 임금은 묘(苗, 有苗)[44]를 세 번 벌하고, 환도(驩兜)를 숭산(嵩山)에 추방했다 합니다. 묘, 공공(共工), 환도, 그리고 우의 아버지 곤(鯀, 鮌)을 사흉(四凶)이라 했습니다. 환도(驩兜huān dōu)는 현도씨(玄都氏)의 사음자, 구려(九黎)의 한 부족장입니다. 한편, 묘(苗)를 진(晉)이라고도 하니 그들이 살던 곳이 산서성이고 숭산(嵩山)은 그곳에 있어야 합니다. 그곳이 강족(羌族, 氐羌) 강태공(姜太公)의 선조가 살던 곳이고, 선왕의 장인 신백(申伯)의 고향입니다. 그곳에 요순 시대에 말썽을 부리던 자들을 쫓아 보냈다는 뜻입니다.

《태평어람(太平御覽)》에서는 같은 내용을 인용하면서 장소를 설명했습니다. 그 일대에서 제일 멀리 높은 산꼭대기로 밀어 버렸다는 뜻입니다. 삼황오제의 영역이 관중분지였고, 그 당시 제일 변방으로 분쟁이 잦았던 곳이 관할 영역의 동북지역, 즉 분수(汾水)를 따라 올라가는 산서성 태원 일대였습니다. 그곳에 숭산(嵩山)이 있었습니다. 항산(恒山)을 숭산(嵩山, 常山, 崧山)이라 했습니다.[45] 삼족오(三足烏)를 믿던 동호의 한 분파가 된 오환(烏桓, 烏丸; 烏亘)이 숨어 살던 산이란 뜻입니다. 그 부족 이름(烏桓, 烏丸 烏亘)과 도읍지를 여러 글자(烏桓都, 桓都, 當桓都, 當城)로 기록했습니다. 이러한 이름에서 나온 글자가 '고구려의 수도 국내성이 환도산(丸都山)에 있다' 하여 환도성(丸都城)이라 이름하였습니다. 《삼국유사》에 나오는 환인(桓因)을 가차하여 붙인 환인만주족 자치현(桓仁滿族自治 縣)이 그곳에 있습니다. 산서성 일대에 있는 항산(恒山) 서북쪽 계곡을 흐르는 여울 이름

---

44) 싸움의 상대를 "有苗, 有扈, 有唐"라 한 有자는 '그들이 있던 곳'이라 풀이함이 옳다고 본다.

45) "商, 嵩, 宋"은 발음이 같았다. 탕(湯tāng tàng shāng yáng)을 상, 양으로도 발음했다.

을 "훈하, 渾河, Hunhe"라 합니다. 그 지역에 살던 사람들이 만주로 옮겨
와 살았기에 같은 이름이 요양 일대를 지나는 강 이름이고, 전주한 글자로
"渾江, 混江"이라 하는 여울이 옛 환도성이 있던 지역을 흐르고 있습니다.

천독(天毒)으로 기록된 지도자의 후손이 뒤에는 현도씨(玄都氏)로 기록
되어 북쪽으로 옮겨(居冀)[46] 자리 잡았습니다. 그곳에 왕공(王公)이 설치
한 요새(險)와 역수(易水)가 있다"고 합니다. 이 단군(唐, 當)이 쓰던 성(城)
이 낡아서 《사기》에는 퇴당성(頹當城)이라 한 곳이고, 《삼국유사》에는 궁
(弓) 혹은 방자(方字)라 한 곳 입니다.[47] 가까운 곳에 역수(易水)가 흘렀습
니다. 역(易)자를 보면, 탕곡(湯/暘谷)을 흐르는 여울이 탕수(湯水)였다고
하는 탕(湯)자를 뜻과 모양이 비슷한 "아침 단(旦)자를 날 일(日)자로 바꾸
어 만들어 붙인 이름이 역수(易水)라고 봅니다. 그 강물이 옛적 탁군 고안
현을 흐르는 유수(濡水)와 합쳐서 북경 천진 일대를 지나는 옛 상건하(桑
干河), 오늘의 영정하(永定河)가 됩니다.

현도씨(玄都氏)가 만주로 옮겨와 의무려산 일대에서 살았다 하여 그곳
을 한 무제는 현토군(玄菟郡)이라 이름했다고 봅니다. 탕곡(湯谷)을 《사기》
에서는 상곡(上谷)이라 했습니다. 숭산(嵩山, 常山) 이라고 부르던 항산(恒
山) 동쪽 일대에 상곡(上谷, 常山 谿谷, 常谷)있고 이곳을 전주하여 상구(商

---

46) 冀:《說文》北方. 从北, 異聲.《徐曰》北方之州也.《玉篇》北方州, 故从北.《爾雅·釋
地》兩河閒曰冀州. 晉書·地理志》冀州, 其地有險有易, 帝王所都. 舜以南北闊大.
《易·屯卦》動乎險中.《坎卦》習坎, 重險也.《又》天險不可升也, 地險山川丘陵也, 王
公設險. 鶡冠子世兵; 堯伐有唐, 禹服有苗. 鶡: 狀音曷.《說文》鳥似雉, 出上黨. 有冠,
性愛儕黨, 有被侵者, 直往赴鬭, 雖死不置 性耿介也. 又鶡冠, 趙武靈王製, 以表武士.
47) 험(險, xiǎn)은 "검(僉)이 살던 마을"이란 뜻으로 왕험은 요새다.《삼국유사》에 나오는
첫 도읍 평양에서 백악산 아사달로 옮겼다. 이곳이 수도 가까운 곳에 있던 왕검성이
다.《史記》《韓王信傳》: 及至 頹當城. 漢封頹當爲 弓 高侯. 都平壤城〈今西京〉始稱
朝鮮. 又移都於白岳山阿斯達. 又名弓〈一作方〉忽山. 又今彌達. 御國一千五百年.
周虎王即位己卯封箕子於朝鮮. 壇君乃移於藏唐京. 後還隱於阿斯達為山神.

丘)라 했었습니다.

상구(商丘)는 요구(陶丘)란 글자가 그 숨은 내력을 알려 줍니다. 질그릇
(Pottery, Ceramics)을 만드는 마을이었습니다. 불길을 뜨겁게 하는 기술을
지닌 사람을 화정(火正)이라 불렀고, 그는 불길이 그렇게 되기를 기도했던
무당(鬪伯)이었습니다. 화정(火正)이란 직책을 맡았던 사람은 오랜 기간을
두고 여럿이 있었습니다. 한국과 일본에는 아직도 그러한 풍속이 남아 있
지 않나요? 그곳(陶)에 고요(皐陶, 咎繇)가 살았었고, 그들의 후손이 동으로
옮겨 살면서 질그릇 만드는 기술과 이름을 살려 상구(商丘, 商邱)라는 이름
이 중원에 나타났다고 봅니다.[48] 상나라를 건설한 사람들은 산서성 항산
(恆山/恒山/桓山/常山) 일대에서 동쪽으로 나와 발해만 서쪽 연안에서 중원
으로 나와 나라를 세웠습니다.

요(堯)가 당(唐)을 벌했다고 하니, 요가 도당(陶唐) 자신을 벌할 수는 없
지 않습니까? 당(唐)자는 '갈/해(鷐旦, 盍旦)의 지도자, 단(旦) 또는 단군의
약자 단(壇)'을 물리치고 그곳에 수도를 옮겼다는 뜻을 그렇게 기록했습니
다. 도당(陶唐)은 "질그릇 만들던 마을의 지도자, 당"을 뜻합니다. 그가 살
던 곳이 당경(唐京) 또는 당성(當城, 唐城)[49]하는 곳으로 순 임금이 다스리
던 산서성 서쪽, 즉 단군이 피해 갔다는 장당경(藏唐京)입니다. 우의 후손
들이 갈석산 옆을 지나 내려와서 중원과 통상 교류를 했다 하고, 중국에서

---

48) 陶唐氏之火正鬪伯, 도구(陶丘)에 살던 居商丘. 堯時有鬪伯, 民賴其德.《夏書》曰:
東至于陶丘. 陶丘有堯城, 堯嘗所居, 故堯號陶唐氏. "夏桀臣昆吾作陶.《汲冢周書》
神農作瓦器." 祝融為火正. 火正黎.《說文》瓦器也. 古者昆吾作匋. 从缶, 包省聲.《玉
篇》今作陶《戰國策》秦客卿造謂穰侯曰: 秦封君以陶.

49)《水經注》濃水: 應劭曰: 當桓都山作城, 故曰當城也.
《管子》法法: 舜之有天下也, 禹為司空, 契為司徒, 皋陶為李, 后稷為田, 此四士者,
天下之賢人也.

는 치우천왕과 소호 김천씨(少皥氏)의 무덤이 산동성, 고요(皐陶)의 무덤은 안휘성에 있다고 하니, 의문이 많은 산서성 일대에 살던 구려(九黎, 苗, 駒麗)들이 함곡관을 통하지 않고 북쪽으로 쫓겨갔다가 그곳에서 동쪽으로 나와 발해만과 중원으로 퍼져 내려왔다고 봅니다.

그 다음은 요 임금의 아들 단주(丹朱)가 불성실하여 능력이 있는 순 임금에게 정권을 이양했습니다.[50] 순 임금(舜帝, 기원전 약 2128-2086년)이 "고요(皐陶)에게 명하여 형법을 만들라 했다. 서왕모(西王母)[51]가 찾아왔다. 숙신씨가 활을 바쳤다. 현도씨(玄都氏)는 보옥(寶玉)을 바쳤다.(말년에는) 명조(鳴條)에서 살았다"합니다. 이 명조라는 곳이 앞에서 인용한 《장자》와 《고사전》에 나오는 해지 북쪽 연안입니다. 이곳에서 걸(夏桀)이 이끌던 하나라 군사가 패한 명조전(鳴條戰)이 있었습니다. 순 임금의 도읍지는 관중 분지에 있었고, 숙신씨, 현도씨, 묘(苗), 서왕모는 모두 오늘의 서안(西安)에서 멀지 않은 곳에 있었어야 합니다.

순 임금이 50년을 다스렸지만, "재위 14년부터 우(禹)에게 명하여 행정을 맡아 보게 하고, 어진 아들 의균(子 義鈞)[52]을 상(商)에 봉했다. 우는 치

---

50) 《孟子》萬章上: 周公之不有天下, 猶益之於夏, 伊尹之於殷也. 孔子曰: 唐虞禪, 夏后, 殷, 周繼, 其義一也.
   堯命當禪舜, 丹朱為無道; 虞統當傳夏, 商均行不軌. 非舜, 禹當得天下, 能使二子惡也, 美惡是非適相逢也.

51) 《竹書紀年》帝舜有虞氏: 三年, 命咎陶作刑. 西王母來朝. 息慎氏來朝貢弓矢. 玄都氏來朝, 貢寶玉. 葬后育于渭. 帝居于鳴條.

52) 《竹書紀年》: 帝命子義鈞封于商. 錫昆吾命作伯. 世子相出居商丘, 依邳侯. 常: 恆也. 又神名.《荀子·九家易》.
   兌爲常, 西方之神也.《詩·魯頌》居常與許.《傳》常許, 魯南鄙西鄙也. 常山郡.《註》恆山在西, 避漢文帝諱, 故改日常山. 日月爲常.《又》王建大常.《釋名》日月爲常. 謂畫日月於其端, 天子所建, 言常明也.
   《墨子閒詁》公孟: 子墨子曰: 仁義鈞. 吳鈔本作均. 行說人者, 其功善亦多, 何故不行說人也！. 恆이 日月 이다.

수 사업을 성공하였고, 경작할 수 있는 영토가 넓어지면서 그를 통치할 수 있는 대외적 활동을 많이 했습니다. 새로 개발된 지역 "여러 곳에 인재를 봉했다"고 했습니다.

사마천의 글에는 농서 서쪽 공동(空桐)[53]에까지 갔다온 기록이 있고, 그 공동이 후에는 함곡관 동쪽에 있던 은나라 사람들의 성씨로도 썼다 했습니다.

《후한서(後漢書)》〈동이열전(東夷列傳[54])〉에는 《상서》〈요전〉의 문구를 풀이하여 동이(東夷, 嵎夷)들이 처음에 살던 양곡(暘谷), 즉 상구(商丘) 상곡(上谷)에서 동쪽으로 퍼져 나갔다 했습니다. 아사달이 함곡관 서쪽에 있는 해지 유역에서 산서성 서쪽에 이르는 분수 유역에 있었습니다. 그곳에 의균이 정착했습니다. 같은 책 〈우공편〉에는 "우(禹)가 발해만 서안에 있는 갈석산 옆 좁은 길로 나왔다" 하는 기록이 있으니, 해지 연안에 살던 부족이 갈석산 일대로 옮겨 왔다는 뜻입니다.

중국 기록을 종합해 보면, 고조선의 어느 한 부족이 해지 연안에서 밀려 점차로 분수가 흐르는 계곡을 따라 동북쪽으로 올라 오면서 수도를 여러 번 바꾸어 살다 결국 북경 서남쪽을 통하여 발해만 연안으로 옮겨 와 살았습니다. 그곳에서 상 유민을 만났습니다. 이들을 동이(東夷, 嵎夷), 해지 연안에 남았던 부족을 서이(西夷)라 불렀다고 봅니다. 발해만 연안에 자리

---

53) 《史記》本紀: 東至于海, 登丸山, 及岱宗. 西至于空桐, 登雞頭. 上遂郊雍, 至隴西, 西
登空桐, 幸甘泉.
契爲子姓, 其後分封, 以國爲姓, 有殷氏, 來氏, 宋氏, 空桐氏, 稚氏, 北殷氏, 目夷氏.
孔子曰, 殷路車爲善, 而色尚白.

54) 《後漢書》東夷列傳: 昔堯命羲仲宅嵎夷, 曰暘谷, 蓋日之所出也. 夏后氏太康失德, 夷
人始畔.
自少康已後, 世服王化, 遂賓於王門, 獻其樂舞. 桀爲暴虐, 諸夷內侵, 殷湯革命.

잡은 사람들은 남쪽으로는 산동반도와, 서북쪽은 초원지대에 살던 사람들과 교류가 있었다고 봅니다.

이러한 사료와 《시경》에 나온 근거를 종합해 보면, 삼황오제에서 하우씨까지는 중화 문명의 정치 집권 세력이 함곡관 동쪽으로 나왔다는 근거가 없습니다. 그 뚜렷한 기록이 《상서(尚書)》 〈우공(禹貢)편〉 마지막 문구입니다.[55] 《상서》 〈대우모〉에 나오는 강수(降水) 연안으로 당숙우가 쫓겨 났습니다. 당시 집권 세력이 다스리던 강력은 하동 해지에서 서쪽으로는 감숙성 통로에 이릅니다. 해지 서남 연안에 살던 기(箕, 猗)자를 《사기》 〈진본기〉에는 기(暨)라 적었습니다. 그 기록에 실린 탁록전에 참가했던 구려(九黎, 苗, 羌, 駒麗)들이 함곡관을 거치지 않고 북에서 동남으로 내려와 발해만 연안을 따라 더 남쪽으로 내려가 상나라를 건설하고 함곡관을 통해 동으로 나오려는 세력과 자주 충돌했습니다.

강: 이 박사께서 풀이한 여러 곳에 의문이 많이 있습니다.
특히 "제명자의균봉우상; 帝命子義鈞封于商[56]"이라는 문구를 그렇게 풀이하십니까?

---

55) 《尚書》 禹貢: 東漸于海, 西被于流沙, 朔南暨聲教訖于四海. 禹錫玄圭, 告厥成功.
　　《尚書》 대우모: 帝曰: 來, 禹! 降水儆予, 成允成功, 惟汝賢. 克勤于邦, 克儉于家,

56) 《山海經》: 伯夷父生西岳, 西岳生先龍, 先龍是始生氐羌, 氐羌乞姓. "伯夷 子姓, 墨胎氏." "舜封契於商, 賜姓曰子."
　　《史記》 夏本紀: 禹辭辟舜之子商均於陽城. 天下諸侯皆去商均而朝禹. 封于商, 賜姓子氏. 契興於唐, 虞, 大禹之際, 功業著於百姓. 商; shāng/soeng1/*shiɑng: 湯;tāng tàng shāng yáng: 《說文》 熱水也. 灖水; lěishuǐ. 桑乾河의 古名. 永定河.
　　《山海經》 上申之山, 湯水出焉. 《詩·商頌譜》 商者, 契所封之地. 《疏》 鄭以湯取契之所封以爲代號也, 服虔王肅則不然. 襄九年左傳曰: 關伯居商, 丘相土因之. 服虔云: 相土契之孫居商丘, 湯以爲號. " 商: 金音度也, 張也, 降也, 常也."

이: 네. 상나라 왕조와 백이(伯夷) 숙제(叔齊)는 앞에서 이야기한 우순(虞舜) 우(禹) 임금의 이름에서 나타난 "윗사람, 높은 사람"의 후손이라 같은 혈통이라고 봅니다. 발해만 서안에 살던 사람들을 서주 이전이라 묘사한 문구(暨遼海, 商暨周) 에 그 증거가 있습니다.[57] 《논어주소》에서 백이는 "소우는 소리로 기록되는 부족" 사람이라 했습니다.[58] 《죽서기년》 순임금(帝舜)편을 숙독해 보면, 자 의균이 하우씨의 수도에서 분수를 따라 동북 쪽으로 멀리 올라가 《시경》 〈숭고(崧高)〉에 나오는 상산(崧山, 常山, 嵩山) 계곡에 자리 잡았습니다. 이곳이 선왕의 장인과 보씨의 본향으로 "우공이 치수 사업으로 옥토가 된 지역 밖이라 했습니다. 상구(商丘)란 글자는 이곳을 가차전주하여 만든 이름입니다. 자(子) 의균(義鈞)은 예(隷)[59] 즉, 산서성 상산 일대에 자리 잡았습니다. 그곳은 옛적에 요 임금이 어느 단군으로부터 빼앗은 단군조선의 수도가 있었습니다. 그곳에 계(契)가 와서 자리 잡

---

57) 《遼史》卷 地理志一: 營州東暨遼海. 其地負山帶海. 水經注 河水: 始皇三十三年,起自臨洮,東暨遼海,西並陰山
　　《三國志》: "自虞暨周." 文心雕龍 明詩第六: "自商暨周" 虞舜(有虞氏)를 商이라 했다.

58) 《論語注疏》公冶長: 孔曰: 伯夷, 叔齊, 孤竹君之二子. 孤竹, 國名. 伯夷姓墨, 名允, 字公信. 伯, 長也. 夷, 謚. 叔齊名智, 字公達, 伯夷之弟. 《孟子》丹朱之不肖, 舜之子亦不肖. 禹避舜之子於陽城(夏邑)
　　《竹書紀年》帝舜有虞氏: 十四年 命禹代虞事. 十五年, 帝命夏后有事于太室. 二十九年, 帝命子義鈞封于商.

59) 《道家》《鶡冠子博選》: 故北面而事之, 則伯己者至, 先趨而後息, 先問而後默, 則什己者至, 人趨己趨, 則若己者至, 憑几據杖, 指麾而使, 則吏役者至, 樂嗟苦咄, 則徒隷之人至矣. 故帝者與師處, 王者與友處, 亡主與徒處.
　　《春秋左傳》: 穆叔不欲, 曰, 大子死, 有母弟則立之, 無則長立, 年鈞擇賢, 義鈞則卜, 古之道也, 非適嗣, 何必娣之子.
　　《孟子》萬章上: 舜崩. 禹避舜之子於陽城. 天下之民從之, 若堯崩之後, 不從堯之子而從舜也.
　　禹薦益於天, 禹崩. 三年之喪畢, 益避禹之子於箕山之陰. 丹朱之不肖, 舜之子亦不肖. 舜之相堯, 禹之相舜也."

고 번성했다 하였고, 여러 사서에는 순임금이 계를 상(商)에 봉했다 하지만, 상(商) 탕(湯) 계(契)의 연결 고리가 분명치 않습니다. 옛적에도 이러한 의문을 던졌다는 기록이 있습니다. 옛적에 장부자(張夫子)란 사람이《시경》에는 계(契) 와 후직(后稷)이 모두 아버지가 없이 자랐다고 했는데 왜 이들이 황제의 후손이라 하느냐"고 저선생(褚先生)에게 물었더니, 사마천의《사기》에 처음으로 손을 댔다고 알려진 저선생(褚先生)이 답하기를《시경》에 있다는 문구를 인용하여, "설/계/글 이 알에서 나왔다, 후직이…" 하는 문구가 있다고 했습니다.

그러나 오늘날 전해 오는《시경》에는 후직(后稷)이란 이름은 나오지만, 계/결생(契生)이란 문구도 알(卵)이라는 글자도 보이지 않습니다. 가장 가까운 뜻과 글자가 시문 당풍갈생(唐風 葛生)입니다. 계/갈생몽초(葛生蒙楚) 하는 문구를 보면 계의 어머니가 홀로 애를 키우느라 고생하며 애기 아빠를 사모하는 시문입니다. 이를 보면 옛적에는 계(契)와 갈(葛)자를 혼용했다고 봅니다.[60] 상과 탕이 같은 발음이었다고 설명합니다만, 이를 받아들이기가 어렵습니다. 상(商)이라는 곳을 지나던 여울을 설명한 내용을 보면, 차라리 "상(商)이 상야(常也) 하는 풀이"가 합당합니다. 그곳을 상(商, 商丘, 常)이라 불렸고, 그곳에 자리 잡은 부족의 세력이 자라면서 여러 번 수도를 옮기다가 중원으로 내려와 자리 잡고 살면서도 그들이 옛적부터 써 오던 이름을 살려 상(商, 常)이라 불렀다고 봅니다.

《시경》〈노송(魯頌)〉 비궁(閟宮)[61]에 나오는 "상읍과 허읍도" 노 나라의

---

60) 張夫子問褚先生曰: 詩言契, 後稷皆無父而生. 今案諸傳記咸言有父, 父皆黃帝子也, 得無與詩謬秋？ 褚先生曰: 不然. 詩言契生於卵, 後稷人跡者, 欲見其有天命精誠之意耳.《詩經》: 葛生蒙楚, 蘞蔓于野.

61)《詩經》魯頌 閟宮: 至于海邦, 淮夷蠻貊. 居常與許, 復周公之宇.

영토란 시구가 이를 증명합니다. 이 상(常)자는 항산(恒山, 常山)에서 나왔습니다. 그 일대에 현왕 환(玄王桓)의 수도가 있었습니다.《맹자》에는 순(舜) 우(禹) 익(益)이 모두 그 전 집권자의 후손이 사는 곳을 피해 자리를 잡았다 했습니다. 시문 갈생(葛生)이 증명하지 않습니까? 상의 시조는 우왕의 영역에서 거리가 먼 동북쪽 산속으로 피하여 항산(恒山, 常山) 일대에 있던 양곡(暘谷), 상구(商丘), 탁록(涿鹿)에서 살다가 함곡관을 통하지 않고 중원에 내려온 부족이 세운 나라입니다.

백이(伯夷) 숙제(叔齊)의 비화가 담긴 수양산(首陽山)과 고죽국(孤竹國)이 발해만 서안에 있었다는 이야기도 같은 경로를 밟아 서쪽 해지 연안에 살던 부족이 동쪽으로 와 자리 잡고 살면서 옛적 이름을 그대로 사용했다고 봅니다. 기자 묘가 평양에 있다는 이야기와 같은 정서가 적용되었다고 봅니다. 이 고죽국(孤竹國)에 관한 이야기는 뒤에 다시 말씀 드리겠습니다.

《죽서기년》〈하우씨편〉에 나오는 회계(會稽)와 방풍(防風)이란 글자를 근거로 대우의 치수사업이 황하 하류와 양자강 하류에까지 이르렀다 하나, 회계(會稽)62)라는 글자는 앞에서 요동 돼지 우화와 관계되는 곳에서 설명했던 글자, 또 방풍(防風)은 태원 일대에서 나오는 병풍(屛風)을 모두 가차 전주한 사음대자(PSMCs)입니다. 두 이름이 모두 함곡관 서쪽에 있었다는 근거가《시경》여러 곳에 나옵니다.63) 치수사업을 마치고 그 땅을 구주로

---

62) 會稽: 唐玄宗始以隷楷易《尚書》古文, 今儒者不識古文自唐開元始. 予見蘇頲撰《朝覲壇頌》, 有乱虞氏字. 不知乱即稽字. 郐(會, 右:阝): 音檜.《國名. 詩·檜風註》檜, 國名. 高辛氏火正祝融之墟. 稽, 懈也.
在禹貢豫州外方之北, 即其地也. 會(huì kuài guì): 合(hé gě/ gap3 hap6/ *hop)也, 古作會亦州秦屬隴西郡漢分爲金城郡.
《水經注》淮水: 先人自會稽遷于譙之銍縣, 改爲稽氏, 取稽字之上以爲姓, 蓋志本也

63) 屛:《爾雅·釋宮》屛謂之樹.《註》小牆當門中.《禮緯》天子外屛諸侯內屛, 在路門之內外.《詩·大雅》大邦維屛.《註》屛, 所以爲蔽也.《書·康王之誥》乃命建侯樹屛.

만들었다는 지역이 적현신주내(赤縣神州內)라, 즉 해지를 중심으로 한 관
중분지에 국한했다는 기록이《사기열전》에도 있습니다.[64]

하(夏)왕조의 전쟁 역사를 보면 삼황오제의 영역이 관중분지였다는 인
식이 다시 한 번 뚜렷하게 나타납니다. "우왕의 아들 제계(帝啟)가 뒤를 이
어 2대 왕이 되었다. 하읍(夏邑)에서 즉위하자 영토의 동서 끝에서 제후들
과 향연을 배풀었습니다. 그 다음 해에 강적을 만나 한원에서 싸웠으나 이
기지 못했습니다.[65] 동북쪽 끝, 균대(鈞臺)는 순임금의 아들 균이 봉해졌
던 곳이고 순 임금에게 조공를 바쳤던 현도씨(玄都氏) 땅에 이르렀다" 합
니다. 하읍은 앞에서 말한 한원의 하양(河陽, 夏陽)을 뜻합니다. 우왕 이후
3대 태강(太康)[66]은 안일과 유희로 신임을 잃어 결국 한원 일대에서 밀려
낙수(洛水)[67] 연안을 개발하고 궁수들이 사는 "짐/침심; 斟鄩"에서 그들과
살았다. 다음 4대 중강(帝仲康)[68]이 다른 부족에서 나온 곤오(昆吾)[69]에게

《註》樹以爲屛藩也. 又屛風, 水葵別名.《博物志》太原以北有屛風草, 依岸而生. 一
說即防風. 又屛翳, 雨師.《詩·小雅》君子樂胥, 萬邦之屛. 叶上領.

[64]《史記》孟子荀卿列傳: 以爲儒者所謂中國者, 於天下乃八十一分居其一分耳. 中國名
曰赤縣神州.
赤縣神州內自有九州, 禹之序九州是也, 不得爲州數. 中國外如赤縣神州者九, 乃所
謂九州也.

[65]《竹書紀年》: "元年癸亥, 帝即位于夏邑. 大饗諸侯于鈞臺. 諸侯從帝歸于冀都. 大饗諸
侯于璿(玄)臺."
〈費侯伯益出就國. 王帥師伐有扈, 大戰于甘〉

[66]《竹書紀年》: 居斟鄩. 畋于洛表. 羿入居斟鄩.
《書經》五子之歌: 太康失邦, 昆弟五人須于洛汭, 作 五子之歌. 太康尸位, 以逸豫, 滅
厥德. 予懷之悲. 萬姓仇予.

[67] 洛水: 함곡관 동과 서 두 곳에 있었다. 여기서는 하동 해지 연안에서 쫓겨 황하를 건
너 양산 서쪽에 흐르는 여울을 뜻한 듯하나 확인할 수가 없다.

[68]《竹書紀年》: 帝太康; 元年癸未, 帝即位, 居斟鄩. 畋于洛表. 羿入居斟鄩帝仲康: 六
年, 錫昆吾命作伯. 七年, 陟. 世子相出居商丘, 依邳侯.

[69]《山海經》: 曰昆吾之山, 其上多赤銅. 其狀如羔而有角, 其音如號. "有國曰顓頊, 生伯

자리를 넘기려 하니, 세자는 상구(商丘)로 도망가서 궁수가 지휘하는 부족에 의지했고, 내분으로 왕권이 여러 번 바뀌었습니다.

다음 5대 제상(帝相)이 침관(斟灌)[70]에 자리 잡고, 그 주위 사람들과 분쟁이 생겼었습니다. 《춘추》〈애공편〉에서는 그 분쟁을 인용하여 설명했습니다; "하후상(夏后相)이 죽으니 임신중이던 부인이 친정으로 도망가서 아들 소강을 낳았다. 소강은 구사 일생으로 탈출하여 옛 순 임금의 후손이 사는 유우(有虞)로 도망가서 유우의 딸을 맞아 하(夏)나라를 복구시켰다."

임신부가 도망갔다니 먼 거리는 아니었습니다. 《죽서기년》에는, "윤귀우하읍; 綸歸于夏邑"이라, 즉 6대 소강이 유서 깊은 하읍으로 다시 돌아왔다고 했습니다. 그 내력을 보면, 침관(斟灌)이란 곳은 그 전 요순 임금의 후손들이 살던 지역에서 멀리 떨어지지 않은 함곡관 가까운 거리에 있었습니다. 그러나 함곡관 동쪽에도 이미 북경 지역을 통해 내려온 "소 우는 소리란 글자(牟, 貊)로 기록된 부족이 자리 잡고 살았습니다. 《시경》에 적혀 있는 맥(貊) 목(牧)자가 증명해 주고 있습니다.

태강 태중이 자리 잡았던 곳은 제상(帝相)이 살해당했던 같은 곳이고, 침심(斟鄩)[71]에서 하왕조의 마지막 왕 걸(桀)이 등극했다가 서쪽 세력에 시달리다 못해 재위 13년에는 하남으로 가서 간단한 움막을 차리고 천도했습니다. 이를 《춘추좌전》에서는 "그가 스스로 잘못하여 궁석(窮石)으로

服, 食黍. 有鮚姓之國.
　郭璞. 《注》: 此山出名銅, 色赤如火, 以之作刃, 切玉如割泥也 ; 周穆王時西戎獻之, 尸子所謂昆吾之劍也.

70) 《春秋左傳》哀公元年: 昔有過澆, 殺斟灌以伐斟鄩, 滅夏后相, 后緡方娠, 逃出自竇, 歸于有仍, 生少康焉, 為仍牧正, 惎澆能戒之, 澆使椒求之, 逃奔有虞. 《죽서기년》: "少康自綸歸于夏邑."

71) "桀, 帝癸; 帝即位, 居斟鄩". "十三年, 遷于河南. 初作輦."

천도하니 하나라 사람들이 나라를 다스리고 그는 사냥만 했다"고 했습니다.72) 그러나 그곳에 가까운 중원에서 자리를 잡고 세력을 키우던 상후(商侯)는 서쪽에서 새로 들어온 하(夏)의 세력을 피하여 이리저리 자리를 옮겨 다니다 결국 걸(桀)을 공격하니 하나라 군사들은 그들의 본거지였던 함곡관 안으로 도망을 가 산서성 해지(解池) 연안에 있던 명조(鳴條)73)에서 결판을 보았습니다. 침심(斟鄩)과 침관(斟灌)이 모두 오늘의 한원에서 멀지 않는 삼문협 일대에 이르는 곳에 있었어야 합니다.

《죽서기년》에는 하 왕조의 최후를 다음과 같이 기록했습니다.

"제계(帝癸, 桀) 31년에 상이 하읍(夏邑)을 점령하고, 그 일대에 있던 곤오(昆吾)74)를 물리치고 명조에서 싸움이 있었다. 하 군영이 무너지니, 걸(桀)이 도망하여 삼종(三朡)75)으로 갔다. 거기서 다시 쫓겨 성(郕)에서 싸웠다. 결국 문을 불태우고 (속에 숨어 있던) 걸(桀)을 잡았다."

이 사건이 《시경》〈상송〉 장발에 나옵니다. 함곡관 서쪽에 있던 부족들이 상의 서쪽 영역으로 나오는 길을 막았다는 뜻입니다. 삼종이란 뜻은 쫓

---

72)《春秋左傳》襄公四年: 昔有夏之方衰也, 后羿自鉏遷于窮石, 因夏民以代夏政. 而虞
　　羿于田. 예(羿)를 이로 계라 발음.

73)《尙書》: 伊尹相湯伐桀, 升自陑, 遂與桀戰于鳴條之野, 作《湯誓》商自陑征夏邑. 克
　　昆吾. 大雷雨, 戰于鳴條. 夏師敗績, 桀出奔三朡, 商師征三朡. 戰于郕, 獲桀于焦門,
　　放之于南巢.

74)《詩經》 "長發: 韋顧既伐 昆吾夏桀"과 "王風 葛藟: 갈류. 謂他人昆, 亦莫我聞"를 보면,
　　곤은 큰형이고 곤오(昆吾)가 우왕과 같은 부족임이 뚜렷하다.
　　《呂氏春秋》審分覽 君守: 奚仲作車, 蒼頡作書, 后稷作稼, 皋陶作刑, 昆吾作陶, 夏鯀
　　作城.
　　《白虎通德論》號: 昔昆吾氏, 霸於夏者也 ; 大彭氏, 豕韋氏, 霸於殷者也 ; 齊桓, 晉
　　文, 霸於周者也.

75) 三朡:《晉書·輿服志》金嬰而方銍. 又國名. 三朡.《史記》作嬰.
　　朡:《集韻》祖叢切, 音嬰. 朡, 隷作朡. 船著不行. 又至也. 又三朡.

기다 붙잡혔지만 다시 도망하기를 세 번 하였다가 '더 갈 곳이 없이 막다른 골목'에 이르렀다는 뜻입니다. 최후 수단으로 걸(桀)은 문을 굳게 닫아 잠그고 반항했다가 적군이 문을 불태우고 들어와 잡혔다는 뜻입니다. 걸왕이 잡혔다는 글자 성(郕)을 놓고 산동성이라 하지만, 전쟁 경로를 보면 걸은 함곡관 서쪽으로 들어갔습니다. 그곳에서 다시 함곡관을 뚫고 동쪽으로 도망 나갈 수는 없었고, 한원의 동북쪽, 함곡관 서쪽에서 잡혔습니다. 앞에 인용한 사료 이외에도 걸(桀)의 최후를 그린 많은 일화를 종합해 보면, 제계(帝癸), 후예(后羿), 우예(虞羿)는 같은 사람이고, 그가 처음 도읍하고 망한 곳이 함곡관 서쪽에 있던 침심(斟鄩)입니다.

황제부터 우 임금까지 삼황오제 시대의 전쟁을 종합해 보면, 서쪽에서 온 환웅(桓雄)의 후손이 살기 좋은 곳이었던 해지 연안에 자리를 잡고 편안히 살았습니다. 그 사람들을 서백창(西伯昌)의 후손이 무력과 권모술수로 쫓아 버렸습니다. 쫓긴 부족의 지도자 넷은 나쁜 죄인이라고 한 "치우천왕, 우왕의 선조(鯀封崇伯, 극곤殛鯀), 공공(共工), 후토 後土(hòutǔ 玄都, 驩兜)입니다. 이들이 분수가 흐르는 계곡을 따라 북북동으로 피해 올라가서 항산(恒山, 常山, 嵩山) 일대에서 살아났습니다. 이러한 기록이 《예기》, 《일주서》, 《맹자》, 그리고 서진시대 황보밀(西晋 皇甫謐; 215-282년)이 쓴 《제왕세기(帝王世紀)》에 있습니다.[76] 고조선의 혈통은 전설로 전해오는 염

---

76) 《禮記》祭法: 共工氏之霸九州也, 其子曰後土(hòutǔ 玄都), 能平九州, 故祀以為社. 《逸周书》史记解: 久空重位者危, 昔有共工自贤, 自以无臣, 久空大官, 下官交乱, 民無所附, 唐氏伐之, 共工以亡. 昔者玄都贤鬼道, 废人事天, 谋臣不用, 龟策是从, 神巫用国, 哲士在外, 玄都以亡. 文武不行者亡, 昔者西夏性仁非兵, 城郭不修, 武士无位, 惠而好赏, 财屈而无以赏, 唐氏伐之, 城郭不守, 武士不用, 西夏以亡. 《孟子》萬章上: 萬章曰: 舜流共工于幽州,
放驩兜于崇山, 殺三苗于三危, 殛鯀于羽山, 四罪而天下咸服, 誅不仁也. 《帝王世紀》曰: 夏鯀封崇伯, 故《春秋傳》曰: 謂之有崇伯鯀, 國在秦晉之間. 堯時崇伯鯀, 商崇侯

제신농(炎帝神農), 축융(祝融), 치우천왕으로 이어져 내려오다 우왕 때에
치수사업에 성공한 실제 인물로 나타났습니다. 해지 연안을 중심으로 한
관중 분지에서 나타난 중화 문명은 삼황오제 초기에는 분수를 따라 동북
쪽으로 올라가는 지역에서 많은 전쟁이 있었지만, 우 임금 후손 때부터는
함곡관 동쪽 삼문협 계곡을 나오려고 전쟁을 했습니다.

하북 평원에는 그때 벌써 탁록 일대에서 내려온 다른 부족들이 자리 잡
고 있었다는 증거가 있습니다. 북으로 밀려 갔던 한 부족이 산서성 동북
쪽에서 남쪽으로 내려와 하북평원에 자리를 잡고 상나라를 건설했습니다.
그들은 중원에서 수도를 여러 번 옮겼습니다. 상 무정(商武丁; 기원전 1250-
1192년)이 함곡관 서북쪽에서 노예로 일하던 부열(傅說)을 등용하고 동쪽
멀리 중원, 옛적 그의 선조가 북쪽에서 내려와 정착했던 곳(居殷)에서 상
나라를 부흥시켰습니다. 사마천은 《순자(荀子)》에 나오는 "부유작시; *浮游
作矢*이라, 즉 화살을 잘 만드는 부유족"을 부열(傅說)한 사람으로 바꾸어
기록했습니다. 이 화살을 만든 부족이 숙신씨, 예맥, 맥궁(貊弓)입니다. 그
들이 만든 화살을 순 임금, 뒤에는 주 무왕이 선물로 딸에게 주었다는 화
살, 곧 호공의 후손 진(陳)나라 궁정에서 발견되었다가 《맹자》에는 맥도 하
는 문구로 나와 있고, 구려와 부여가 중원에 있었다는 기록도 있습니다. 상
무정의 공적을 읊은 시문이 《시경》〈상송〉 은무(殷武)에 저강(氐羌)이라 합
니다.[77]

虎, 今西安府鄠縣. 又地名.《書·舜典》放驩兜于崇山.

[77] 《竹書紀年》帝芒: 9th King: 元帝壬申, 帝即位, 以玄珪賓于河, 十三年, 東狩于海, 獲
大魚. 三十三年, 商侯遷于殷.
원제임신(元帝壬申)은 북쪽에서 내려온 신(申)이 첫째 군주로 즉위했다는 뜻. 그가
은(殷)에 자리 잡은 상후(商侯)다.
《詩經 頌 商頌 殷武》: "撻彼殷武, 奮伐荊楚.' 형초는 함곡관을 나와 한강을 따라 동남

이러한 이동 경로를 밟아 산서성에서 하북 평원에 나와 나라를 세운 상(商) 왕조와 서쪽에 남아 있던 부족의 후손이 세운 진(秦) 조(趙)는 모두 현조(玄鳥)를 조상 신으로 모셨습니다. 조(趙), 한(韓), 위(魏)의 전신이 되는 진(晉)은 개/해적(蓋狄)이 세웠다고 이미 밝혔습니다.[78] 고조선의 동쪽 부족인 동이는 그보다 앞서 같은 통로를 통해 동으로 나와 발해만 연안에 수도를 잡았습니다.

문정 원년(文丁, 기원전 1112-1102년)에 수도를 은으로 옮기고, 그 다음 해에는 서주 무왕의 할아버지 "계력(季歷)에게 명하여 연경 지역에 있는 (서)융을 쳤으나 실패했다" 합니다. 연(燕)이 함곡관 동쪽으로 나와 이 지역을 연경(燕境)이라 했습니다. 문정의 뒤를 이은 제을(帝乙)이 남중에게 명하여 서북방 지역에 살던 곤이(昆夷)[79]와 싸우고 성을 쌓았고, 제을 다음이 상나라 마지막 왕, 제신 주왕(帝辛紂王, 기원전 1075-1046년)입니다. 그 전쟁에 나오는 글자들을 종합해 보면, 문구 "여무지융; 余無之戎"이라는 "나머지 소 우는 소리로 불리던 사람들(牧, 坶, 埘)"을 뜻합니다. 그 전에도 공격을 당하여 피해를 많이 입었었다는 뜻에서, 그 나머지 잔당이 "예도지융; 翳徒之戎"이라, 즉 배수의 진을 치고 방어하던 적군(牧, 無)을 무찌

으로 양자강에 이르는 지역.

《詩經 商頌》: 祀高宗之樂, 蓋帝乙之世, 武丁親盡當祧, 以其中興功高, 存而不毀, 特新其廟, 稱為高宗而祀之.

78) 《詩經 商頌》玄鳥: 天命玄鳥, 降而生商,

《史記 秦本紀》: 女修織, 玄鳥隕卵, 女修吞之, 生子大業. 趙世家: 趙氏之先, 與秦共祖.

79) 昆夷는 "昆弟以和親" 형이란 뜻이라 맏 백(伯)자와 같다. 순 임금이 그가 통치하던 지역 주민의 대표자들에게 물어 보니; 覲四岳群牧. "咨, 十有二牧! 曰". 대표들 전부(僉)가 백우를 추천했다; "僉曰: 伯禹作司空". 하우씨의 후손, 또는 그와 같은 핏줄이다. 《尚書 舜典》에 목(牧, 소 우는 소리라 부르던 부족)자로 나온다. 이들이 모두 맥(貊)족이었다"

르고 지도자 셋을 포로로 잡았다고 했습니다. 상나라의 마지막 전쟁도 같은 부족들이 살던 들판에서 발생하였습니다. 상나라 마지막 삼대의 기록을 종합해 보면, 연경(燕京)이라는 곳은 함곡관 서쪽에 있었습니다. 이를 오늘의 북경이라고 하는 풀이는 잘못입니다. 주 선왕에서 평왕(周平王; 기원전 780-720년) 때에 제후국 연(燕)이 함곡관 동쪽으로 주 왕실과 같이 밀려 나왔습니다.

《시경》에 실린 〈위풍(魏風)〉은 "순 임금과 하우씨의 수도가 있던 곳에서 부르던 노래"라는 풀이와 일치합니다. 상 왕조는 하우씨의 영역에서 떨어진 산서성의 오지(奥地)였던 상산 계곡 상구(商丘), 즉 상곡(上谷)에서 시작하여 중원으로 왔다고 풀이한 《사기》〈은 본기〉의 기록이 《시경》〈은무(殷武)〉에 있습니다.[80] 〈상송 나(商頌 那)〉의 시구(詩句)를 풀어 보면 서주의 수도에 가까운 해지 연안에 나(那)라는 부족이 있었습니다. 첫 시구는 "기(猗)[81] 사람과 나(那) 사람, 우리 모두 함께 일어서서 북을 칩시다" 하는 뜻입니다. 나(那, 㖠, 郍)란 글자는 모두 옛적에 큰 마을, 읍(邑)이란 뜻이고, "염(冄, 冉, rǎn/란) 즉 나약한 사람들이 살던 도시"라는 뜻입니다. 《시경》 여러 곳에 나오는 기(猗)자는 모두 한원 일대를 뜻합니다. 《삼국사기》에는 나(㖠nà nèi nā nǎ) 자가 많이 나옵니다. 그들이 살던 곳이 함곡관 서쪽 해지 일대에 있었습니다. 그 한 지류가 산서성 서쪽 상산(常山) 구릉(商丘)에 피

---

80) 《史記》〈殷本紀〉: 契興於唐, 虞, 大禹之際, 功業著於百姓. 《詩經: 殷武》; "昔有成湯, 自彼氐羌. 天命多辟, 設都于禹之績.'
維禹甸之. 豐水東注, 維禹之績. 王在在鎬, 有那其居. 不戁不難, 受福不那. 猗與那與, 置我鞉鼓. "信彼南山, 維禹甸之."
那: 《集韻》安貌. 又姓. 《廣韻》西魏有那椿. 《說文》本作那. 俗作郍.

81) "猗與那與, 置我鞉鼓". 猗: 犗犬也. 从犬, 奇聲. 《晉語》猗兮違兮. 《廣韻》長也, 倚也. 《箋》猗, 倚也. 《玉篇》猗氏, 縣名. 《史記·貨殖傳》猗頓用鹽鹽起. 《註》以興富於猗氏. 故曰猗頓. 《詩·魏風》河水清且漣猗.

해가 살면서 점차로 도읍을 동쪽으로 옮겨, 발해만 연안에서는 중원에 이르는 지역에 자리를 잡고 살면서, 함곡관을 통해서 동으로 나오려던 하우씨의 후손들을 막고 상 왕조를 이룩했습니다.

그러나 《시경》 어디에도 계(契)가 상의 시조였다는 증거는 없습니다. 앞에서 추리한 바와 같이 갈(葛) 또는 계(蓋)로 풀이해 보아도 중원에 나타났던 상나라와는 연관이 없습니다. 유가에서 풀이한 《시경》 풀이를 살펴보면, 〈상송 장발(長發)〉에 있는 "현왕 환발; 玄王桓撥" 계(契)라 했고, 상후상토(商侯相土)가 이 시문에 나오는 "상토열열; 相土烈烈"이라 즉 "계(契)의 후손이 이룩한 업적"이라고 풀이합니다. 그러나 '현왕 환(玄王桓)은 앞에 말씀드린 네 죄인의 하나인 환도(驩兜, 後土)입니다. 환(桓)을 계(契)라고 불렀다는 뜻입니다. 성탕(成湯)이 세운 상나라는 북쪽에 살던 사람들이 함곡관을 통하지 않고 북경 서쪽을 따라서 내려온 사람들이 갈(葛, gé/거/그어)[82] 족, 즉 "소 우는 소리란 글자(牟, 貊, 狢, 牧)로 기록된 사람들입니다. 이들이 중원 땅에서 상나라를 세웠다고 기록에 나타났습니다.

정권이 대를 이어 감이 옳다고 보던 유교관에 입각하여 "순 임금에서 하우씨(夏禹氏)로 정권이 바뀌었다"는 기록을 역성 혁명이라고 설명함은 틀렸습니다.

그 당시에 절대 다수의 지지를 받아 치수 사업에 성공한 우(禹), 즉 지도자 왕검(王儉)을 그들의 지도자로 만들었습니다.[83] 이를 천하위공(天下爲

---

82) 《史記》: 天下歸舜. 而禹, 皋陶, 契, 后稷, 伯夷, 夔, 龍, 倕, 益, 彭祖自堯時而皆擧用, 未有分職.
《尚書》 仲虺之誥: 乃葛伯仇餉, 初征自葛, 東征, 西夷怨 ; 南征, 北狄怨, 曰: 奚獨後予 ?
83) 《尚書》 虞書 舜典: 禹拜稽首, 讓于稷, 契, 暨皋陶.

公)[84]이라 하는 "절대다수의 지지를 받았다"는 표현으로 지도자 선출의 가장 좋은 방법으로 전해오고 있지 않습니까? 이러한 방법으로 여러 부족의 추장이 그들의 총 지도자를 뽑았다는 선출 방법이 북쪽에 살던 맥족의 지도자 선출 방법이었습니다. 고구려, 신라, 가락연맹 국가의 초기에 나오고, 뒤에는 《글안국지》에도 그러한 현상이 나와 있습니다.[85] 《죽서기년》에는 "하우씨의 혈통을 이어 받은 자손이 대를 이어 집권했다" 하고 사마천은 치수사업에 성공한 융족 우왕을 시조로 〈하 본기(夏本紀)〉를 작성하였습니다.

단군과 요 임금이 "같은 시기에 나라를 세웠고 같은 곳, 평양에다 도읍을 정했다"는 사료가 있고, 이를 근거로 여러 방향에서 조사해 본 결과, 우왕은 단군이었습니다. 《사기》에 나오는 당제(當帝)[86]는 앞에 인용한 《죽서기년》에 나오는 당(唐)자를 다른 글자로 바꾸었습니다. 한때는 질그릇 만드는 마을의 지도자란 뜻으로 단제(旦/壇帝), 단군(壇君), 즉 서융(西戎)의 지도자에게 신권을 맡겼다는 뜻입니다. 〈오제본기〉의 마지막 지도자가 우

---

84) 《孔子家語》와 《禮記》: 大道之行, 天下為公, 選賢與能, 講信脩睦. 故人不獨親其親, 不獨子其子.
老有所終, 壯有所用, 矜寡孤疾皆有所養. 貨惡其棄於地, 必不藏於己；力惡其不出於身, 不必為人. 謂之大同.

85) 《廿二史劄記》卷二十七遼史金史: 遼初功臣無世襲而有世選之例.
蓋世襲則聽其子孫自為承襲, 世選則於其子孫內量才授之.

86) 《史記》夏本紀: 當帝堯之時, 鴻水滔天, 浩浩懷山襄陵, 下民其憂. 堯求能治水者, 群臣四嶽皆曰鯀可.
當: 猶任也. 又 《廣韻》敵也. 左傳·哀元年: 逢滑當公而進. 襄二十七年: 慶封當國. 《註》當國, 秉政. 《前漢·宣帝紀》詔單于毋謁, 匈奴官名. 州名. 本羌地, 唐置當州, 蓋取燒當羌以名之. 後漢·明帝紀: 燒當羌寇隴西.
帝: 《說文》諦也(Prayer. Shaman). 王天下之號也.《爾雅·釋詁》君也.《書·堯典序》昔在帝堯, 聰明文思, 光宅天下. 上古天子稱皇, 其次稱帝. 春秋合誠圖云: 紫微大帝室, 太乙之精也. 正義曰: 太乙, 天帝之別名也.

왕이지만, 그 당시 같은 반열에 있었던 "稷, 益, 契, 暨, 皋陶, 또 단군조선"과의 관계는 앞으로 계속 연구해야 할 문제입니다. 단군조선은 산서성 해지 북안에서 나타나 분수를 따라 동북 쪽으로 옮겨가며 수도를 여러 번 옮겼습니다. 우왕 이후 상나라 멸망 이전이 되는 어느 시점에 발해만 연안에 정착했습니다.

강: 사료로서 금석문의 가치는 누구나가 인정합니다만, 이 박사님은《시경(詩經)》에서 의문스러운 글자는 문자학(文字學)을 인용하여 글자의 뜻을 풀이하고,《죽서기년》은 유가에서 위서라 하여 별로 다루지 않았던 중국 기록에 무게를 두어 상고사를 풀이한 방법'이 특이합니다. 북경 일대에 '주무왕이 소공 석을 봉했다는 연(燕)이란 이름, 백이숙제의 사연이 얽힌 수양산'은 옛적 상나라 때에 이미 함곡관 서쪽에 있었다고 증명하셨습니다.

《죽서기년(竹書紀年, 汲冢紀年)》이라 하는 사료는, 서진 첫 황제(西晉武帝, 265- 290년) 때 탁군에 있던 옛 무덤에서 나온 죽간에 기록된 글이라 그때까지 아무도 손을 대지 않은 원문 같은 인상을 줍니다만, 그 후에 나타났거나 흐트러졌던 자료를 모아 종합하여 만든 책이라 서지학을 전공하는 사람들도 그 내용의 진위를 정확히 모른다고 합니다. 그러나 이를《사기》,《한서》,《춘추》,《상서》와 같은 동양 상고사를 다룬 사료와 비교 분석하신 점은 그 결과를 논하기 전에 문제를 접하는 방법이 종전 방법과는 달라 가치가 크다고 봅니다. 태고적 이야기를 새로운 시각에서 풀어 가다 보니 잘못된 곳도 많이 있으리라 봅니다. 그러나 너무나도 많은 새로운 학설을 내리시니 앞으로 여러 나라 사학가들이 깊이 살펴보리라 생각합니다. 상구(商丘)가 항산(恒山, 常山, 崧山, 嵩山) 일대라는 풀이는 의문에 싸였던 상나라의 발생지를 뚜렷하게 설명해 줍니다.

그곳에서 도자기 만드는 기술이 나타나 중원으로 퍼져 나갔다고 볼 수 있습니다. 산서성에 살던 저강(氐羌)이 중원에 내려왔다는 근거가 《시경》 〈상송(商頌)〉 은무(殷武)》에 있습니다. 계(契)자는 《죽서기년》과 《시경》에는 나오지 않고 여러 사료를 분석해 보면 그가 상(商)의 시조라 하는 종전의 학설이 의심스럽습니다. 특히 이 문제를 사마천의 사기의 내용을 바꾸었다는 저선생(褚先生)의 말을 근거로 하여 새로운 학설을 내놓으셨습니다. 《시경 당풍》에 나오는 "갈생몽초(葛生蒙楚)가 상나라의 먼 시조로 알려진 설/계/글/(契)의 탄생 신화"로 풀이하고 옛적에는 함곡관 동과 서쪽이 발음을 달리하여 "글, 갈; 契, 葛" 두 글자를 혼용했다고 추리하시니 결국 "契, 葛, 蓋, 奚, 解"자가 같은 뜻이란 결론입니다.[87] 앞에서 이 박사께서 조자법을 설명할 때 내렸던 결론과 일치합니다. 이를 종합해 보면 계(契)라는 사람도 치수 사업을 성공시킨 우(禹)나 순 임금과 같이 "해를 섬기는" 단군(壇君)이었다는 새로운 설명은 일리가 있습니다.

4. 목야전쟁(牧野戰爭)

이: 그 다음 큰 전쟁이 기자가 조선에 왔다는 기록과 관계되는 기원전 1046년경에 발생한 목야전쟁(牧野戰爭)입니다. 동양사를 연구하는 사람은 누구나가 인정하는 '기자가 고조선 땅에 왔었다' 하는 문제를 풀려면 목야

---

87) 葛: 有熊氏之後爲詹葛氏, 齊人語訛, 以詹葛爲諸葛. 《唐韻古音》《路史》 葛天氏, 葛音蓋. 按古本葛與蓋通.
　　蓋: 古文, 㡀. 詩·小雅: 謂天蓋高, 謂地蓋厚. 글자 "葛, 蓋"는 상형자 "㡀"와 같이 해를 뜻한다.

전쟁(牧野戰爭)을 꼭 다루어야 합니다. 중국에서는 이 전쟁을 미국의 서부 영화같이 만들었습니다. 보셨겠지요?

강: 네, 보았습니다. 이 박사님이 이야기하신 탁록에서 동남쪽으로 옮겨온 "구리/려(九黎) 부족"들이 동쪽 해안으로 나와 중원과 만주를 연결하는 발해만 연안 통상로에 살고 있었다는 풀이가 이해됩니다. 이 전쟁은 여러 부족이 상나라 마지막 왕 제신(帝辛, 紂王)의 학정에 참다 못해 반발한 혁명입니다. 《논어》에는 천하 아홉 주 중에 3분의 2가 무왕을 지지했다 합니다. 나머지 세 주가 발해만 연안을 따라 산동반도에 이르는 지역이었습니다.[88] 제신은 그 전부터 서쪽에서 함곡관을 통하여 중원으로 나오려 하던 부족을 그곳에 살던 주 무왕(周 武王)의 선조를 앞세워 가혹하게 다루었습니다.[89]

이: 그 부족을 "예이, 려, 곤이, 적, 갈: 裔夷, 黎, 昆夷, 翟, 葛"이라 기록했습니다. 이들의 한 분파가 서쪽에 산다 하여 서이(西夷)[90]라고도 기록되었습니다. 사가들은 목야전쟁에서 융거(戎車)가 처음으로 사용되었다고 합니다. 함곡관 서쪽에 자리 잡고 있던 부족의 추장 희발(姬發)이 서이(西夷)의 많은 지도자들을 이끌고 병력이 우세했던 상(商)[91]나라 군사를 이겼습

---

88) 《論語》: 三分天下有其二, 以服事殷.

89) 《竹書紀年》帝辛: 四年, 大蒐于黎. 作炮烙之刑. 十七年, 西伯伐翟. 二十一年, 諸侯朝周. 伯夷, 叔齊自孤竹歸于周. 二十二年冬, 大蒐于渭. 囚西伯于羑里. 冬十二月, 昆夷侵周. 《尚書》仲虺之誥; 乃葛伯仇餉, 初征自葛, 東征, 西夷怨 ; 南征, 北狄怨.

90) 《竹書紀年》周武王: 十二年辛卯, 王率西夷諸侯伐殷, 敗之于坶野.

91) 商을 殷이라 바꾸어 부르는 이유는 분명치 않다. 殷: 殷薦之上帝. 《疏》殷, 大也. 大祭謂之殷祭. 赤黑色也라는 표현은 "아침 해 뜨는 색, 햇 빛(黑의 뜻)"을 의미한다. 《詩·召南》殷其雷, 在南山之陽. 《爾雅·釋言》殷, 中也, 正也.

니다. 전쟁터 이름이 발음이 비슷한 세 가지 글자로 기록되었습니다. 사음 문자가 분명합니다. 그래서 저는 이곳을 "소가 우는 소리로 발음되던 부족들이 살던 들판"이라고 풀이하여 '마한의 머나먼 선조들이 살던 곳'이라 했습니다. 마 또는 목(馬, 牟, 牧)이라고 기록한 글자는 앞에서 말씀 드린 "개적어음와; 蓋狄語音訛"란 문구로 설명드렸습니다.

동이(東夷)와 혈통을 같이하였던 부족이 서쪽에 살았다 하여 서이(西夷)라고 부른 이름이 아닙니까? 동이(東夷)의 추장을 한(汗; Hahn, 干, 馯, 韓,Kahn)이라 불렀고, 그가 전쟁터에서는 제사장을 겸했을 터이니 그를 단군(壇君)이라고도 불렀다고 봅니다. 영화 〈벤허〉에서와 같이 질주하던 종류의 마차를 융거(戎車)라 했습니다. 서융이 개발했다는 뜻입니다. 영화에서 보신 바와 같이 무왕은 말 네 마리가 끄는 마차를 타고 그 옆에는 말고삐를 잡고 채찍을 휘두르던 사람이 있었지요? 그가 서이(西夷)의 한 제후입니다. 영화를 보면 그 전쟁을 승리로 이끈 최신 장비가 융거(戎車)였다고 하는 사가들의 설명이 없어도 누구나 융거의 공로를 인정하리라 봅니다. 그의 공로에 답하여 서주 무왕이 기념으로 만들어 준 주물이 1976년경에 함곡관 서쪽에 있는 위남(渭南) 근처에서 발굴되었습니다. 이를 중국에서는 이괘(利簋)[92]라 부르더니 요즘에는 단궤(檀簋)라고도 부릅니다.

---

92) 키 워드 "利簋"를 넣어 찾은 문구이다: 腹內底部有銘文4行32字: "珷征商. 隹甲子朝. 歲鼎(一說為貞字).
克昏(一說為聞字). 夙有商. 辛未. 王才闌師. 易又吏利金. 用乍𣪘(檀)公寶尊彝." 銘文的解釋爭議較大, 其大意是: 周武王征伐殷商, 在甲子日這一天, 歲星當位時告捷. 辛未(後七日), 武王在闌地(一說為管)軍中, 賞賜銅給一位名叫 "利"的官員. 利鑄造了這件寶器以紀念其祖父. "旦當爲神. 按: 顧炎武《金石文字記》曰神, 古碑多作䄄, 下從旦." "旦; 又與神同." 𣪘은 檀/壇자다. 이 글자를 당(唐, 旦,檀)이라 기록했다. 신(神, God)이란 뜻이다. 旬歲猶言滿歲也.
禮: 《集韻》音繕. 祭天也. 一曰讓也.《前漢·異姓諸侯王表》舜禹受禮. 禪, 漢書每作禮, 後世遂多通用, 惟連言墠壇.

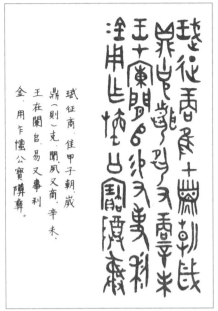

그림 5. 이괘(利簋)에 실린 글자 모형. 좌측 넷째 다섯째 글자가 단공이라 본다.

　청동으로 만든 그릇 바닥에 새겨진 금문(金文) 32자는 큰 손상이 없습니다. 금문의 내용은 목야전쟁에 '화살받이와 같은 공로'가 많았던 "단공, 壇公/檀公"을 위해 만들어 준 하사품입니다. 그를 주인공으로 읊은 시문이 앞에서 인용한《시경(詩經)》〈소아(小雅)〉에 실린 사간(斯干)이라 봅니다.93) 시문 첫장을 보면 전장에서 형제와 같이 서로 도우며 싸우던 무왕과 단공(檀公)의 관계가 뚜렷합니다. 사간(斯干)이라는 뜻은 "쉬애한xiè hàn; 解汗, 즉檀公"을 가차전주한 글자로 신(神)과 같은 존재라는 뜻이 있다고 했습니다. 무왕의 아들은 그를 당숙 우(唐叔虞)라 불렀고, 소공 석(召公奭)을

---

93)《詩說 小雅》: 斯干: 王者落其新宮, 史佚美之, 賦也. 史佚: 周武王時太史, 名佚. "兄及弟矣, 式相好矣, 無相猶矣."

봉했다는 제후국 연(燕)의 군사를 이끌고 사간(斯干)의 궁에 침입하여 항복을 받아 한후(韓侯)로 임명했습니다. 이 상황이《일주서(逸周書)》에 '수도를 옛 하우씨가 살던 곳(夏之居)으로 옮기려는 계획에 실려 있습니다.[94] 숙단(叔旦)이 성왕 앞에서 울며 하소연하지요?

《죽서기년》성왕(竹書紀年 成王) 7년부터 13년까지의 기록은 해지 연안에 살던 사람들을 몰아 냈던 기록이라 봅니다.[95] 이 성왕의 잘못을 뉘우치는 노래가《시경 소아(詩經 小雅)》에 실린 〈하인사(何人斯)〉라고 봅니다. 주 무왕을 도와 혁혁한 공을 세웠던 서이(西夷) 들이 무왕의 아들에게 수모를 당한 서글픈 노래가 이 지역을 배경으로 한《시경 국풍》이외에도 여러 사서에 실려 있습니다.[96] 후세에는 성왕의 이 불미스러운 행적을 은폐하려 노력한 흔적이 많이 보입니다. 당숙 우(唐叔虞)라는 사람을 유가(儒家) 경전이 아닌 경전에는 숙단(叔旦)이라고 기록했습니다. 문맥을 보면, 주공 단(旦)이 아니라 무왕과 단(旦)은 의형제 간이었다 하여 아저씨 단(叔旦)이라 불렀고, 이 글자가 와전되어 단(旦)이 당(唐, 當)으로 바뀌어 기록되었다고 봅니다.[97]《죽서기년》제신(竹書紀年 帝辛)조를 보면 문왕(文王

---

94)《逸周書》度邑解. "王小子御 告叔旦, 叔旦亟奔即王" "叔旦泣涕于常, 悲不能對, 王□
□傳于後, 王曰: 旦, 汝維朕達弟."
"乃今我兄弟相後, 我筮龜其何所即, 今用建庶建. 叔旦恐, 泣涕其手. 王曰: 嗚呼！旦,
我圖夷茲殷."
《逸周書》周書序. 武王平商, 維定保天室, 規擬伊雒, 作度邑. "周有伊雒之戎是也"
"居易無固, 其有夏之居."

95)《竹書紀年》成王: 八年 王師滅唐, 遷其民于杜. 九年 肅慎氏來朝, 王使榮伯錫肅慎
氏命. 十年, 王命唐叔虞為侯. 十一年 唐叔獻嘉禾, 王命唐叔歸禾于周文公. 十二年,
王帥, 燕師城韓. 王錫韓侯命. 十三年, 王師會齊侯, 魯侯伐戎.

96) 西夷之樂曰《禁》, 北夷之樂曰《昧》, 東夷之樂曰《離》. "《六書故》此猶茲也, 斯也."

97) "武王聞之, 使叔旦往見之, 與盟曰." "武王即位, 觀周德, 則王使叔旦就膠鬲於次四
內, 而與之盟曰."

西伯昌)의 아들 희발이 단공(檀公)이 살던 안읍(安邑)에서 난을 피(辟雍)했고, 그 당시 사이 좋게 지내던 시절을 그린 시문이 앞에 말한 사간(斯干)과 대아 영대(詩經 文王之什 靈臺)라 봅니다. 이때 다른 여러 제후들과 같이 백이 숙제도 문왕의 정책에 동조했습니다. 서백 창이 서주의 기틀을 닦았습니다.[98]

"서이(西夷)의 악(樂)은 삼가하는 내용이요, 북이(北夷)의 악(樂)은 어두운(어두울 매, 昧) 내용이요, 동이(東夷)의 악(樂)은 이별(離)이 그 내용이다."

왜 즐거워야 할 악(樂)을 여러 지역에 퍼져 살던 고조선의 부족들은 즐거움의 반대가 되는 고난을 노래했었을까요? 옛적에 해지 연안에 살던 이(夷)가 그곳에 남은 부족은 서이(西夷)라 했고, 분수를 따라 북쪽으로 올라갔던 부족은 북이(北夷, 北狄)라 하고, 태행 산맥을 너머 동쪽 발해만 연안에 살던 부족을 동이(東夷)라 했다고 봅니다.

이 기념품에 새겨진 글자는 누가 보아도 '제터 단(壇)자 아니면 신(檀) [99] 자'가 분명합니다. 이 글자(檀)의 뜻은 "천신이 인도하여 만물이 나오게 한 글자"라 하여 "신단(天神, 晨旦, 震旦)이라고도 한다"고 합니다. 앞에서 다룬 "진(晉)자 풀이"와 같은 뜻이 있습니다. "각주 14"에서 말씀드린 하늘, 해, 또는 햇빛/볕(白, 皡, 非)을 의미하는 글자로 기록했다고 봅니다. 그러나 어느 사서에도 "단공(壇/檀公)이란 글자"는 보이지 않습니다. 이 글자 하나가 동북아시아 역사를, 특히 한국 역사의 기초가 되는 '단군왕검'을 옳바른 글자로 적을 수 있는 중요한 자료라고 봅니다. 마땅히 제터 단(壇)자 아니면(檀)

---

98) 《竹書紀年》帝辛: 諸侯朝周. 伯夷, 叔齊自孤竹歸于周. 遂伐昆夷. 西伯使世子發營鎬. 周作《辟雍》周作《靈臺》. 大夫辛甲出奔周. 文王有辟雍之樂.

99) 神神檀乘人切.《說文》天神引出萬物者也. 古作神檀. 又姓文六魋說文神也. 晨晳旦也或作晳.아침 해를 보고 기도한다는 뜻.

자로 적어야 할 단군조선의 제사장 '단군(壇君)'을 박달나무 단(檀)자로 바꾸어 써 왔다는 증거가 주 무왕이 만들어 준 이 기념품에 실린 글자입니다.

함곡관 서쪽에서 1940년에는 서주태사취(cuó)괘(西周太師虘簋)라는 청동 유물이 발굴되었습니다. 이괘(利簋)와 이 주물에 나타나는 금문자, 그리고《모시정의(毛詩定義)》에서 여러 사람들이 풀이한 〈한혁(韓奕)〉의 내용을 종합해 보면,《죽서기년》성왕 12년조에 실린 내용은 "선왕이(서주의 수도 가까이 있던) 제후국 연(燕)의 군사를 이끌고 한(韓)의 지도자가 살던 곳(城)에 가서 타협을 보았다"는 뜻이 분명합니다. 즉, 무왕이 단공(壇/檀公)이라 한 사람의 후손을《죽서기년》성왕(成王)편에는 한후(韓侯)라 불렀고, 다른 여러 사서에서는 당숙 우(唐叔虞)라 불렀습니다.

《사기》〈노공세가〉에 실린 이모동영(異母同穎)이란 문구가 '당숙 우'는 곤륜산 일대에서 온 뿌리가 다른 사람이란 뜻입니다.[100] 그러나 선왕 때에는 그 후손들이 동쪽으로 밀려와 북경 서남쪽에 자리 잡고 살 때에 궐부가 찾아와 〈한혁(韓奕)〉의 주인공인 한후가 주선왕을 방문했습니다. 시문에는 뚜렷하게 한후라 했으나, 중국 사가들은 그에게 후(侯)라는 작위가 아니라 백(伯)이라는 낮은 작위를 주었다고 합니다. 작위를 격하시켰던가 아니면, 후(侯, 矦) 자에는 핏줄이 다른 지도자란 뜻이 숨어 있습니다.[101]

---

100)《史記》魯周公世家: 天降祉福, 唐叔得禾, 異母同穎, 獻之成王, 成王命唐叔以餽周
　　公於東土, 作餽禾.
　　《尚書》微子之命: 唐叔得禾, 異畝同穎, 獻諸天子.《山海經》: 玉山, 王母所居. 昆侖
　　之墟, 其上有木禾.
　　《康熙字典》禾部:《尚書序》唐叔得禾, 異畝同穎, 王命歸周公於東, 作歸禾.

101) 侯: [古文]矦.《爾雅·釋詁》公侯, 君也. 又五等爵之次曰侯. 又屈侯, 夏侯, 柏侯, 侯
　　岡, 俱複姓.
　　《書·禹貢》五百里侯服.《孔氏曰》侯, 候也. 斥候而服事.《註》侯, 何也.《說文》本作
　　矦.

강: 이 박사님. 참으로 놀라운 풀이십니다. 앞으로 동양 사학가들에게 이 단공(檀/壇公)이라는 글자를 확실히 밝혀 널리 선전해 주기를 바랄 뿐입니다.《모시정의》에는 이 시문 사간(斯干)이 "선왕고실야; 宣王考室也"라 해서 늘 의심이 많았었는데, 이 박사님 설명을 듣고 보니, 주 무왕의 태사였던 사일(史佚)이 "왕이 그(檀)의 신궁을 즐기는 상황을 그려 놓았다"는 풀이가 옳습니다. 정치를 잘 하고 있는 자기 나라 왕을 시문에서 "이 우두머리; 斯干"라고 표현할 수는 없지요.

사간(斯干)에 실려 있는 그 당시 아기 키우던 풍속이 아직도 그대로 우리 풍속에 남아 사내 아기 손목에 달아 주던 방울은 제가 어릴 때 보던 상황과 같습니다. 이 시문 풀이 하나로 여러 국풍에 나타나는 내용을 새로운 시각에서 관찰할 필요가 있다고 봅니다. 주 성왕이 옛 단군조선의 첫 수도 평양을 단공(壇公/檀公) 또는 그의 자손을 숙단(叔旦)으로부터 뺏었다는 새로운 풀이를 하셨습니다. 아주 값진 사료를 찾으셨습니다. 많은 파문을 일으키리라 봅니다.

한후의 후손이 점차적으로 동쪽으로 밀리면서 백(伯)으로 전락되어 왔다는 설명은 옛적부터 〈한혁〉을 설명하면서 전해 오던 학설입니다. 한후의 선조는 늘 의문에 싸여 논란의 대상이 되어 왔습니다. 이 시문 풀이로서 이 박사님은 "단군조선이 여러 부족의 연맹체였기에 단군은 여기저기 여러 곳에 있었다"는 학설을 입증해 주고 있습니다. 주 무왕의 하사품을 받은 단공(壇公/檀公)은 분명 서이(西夷)의 지도자였습니다. 그를 숙단(叔旦) 또는 당숙 우(唐叔虞)라 불렀다고 봅니다. 그가 살던 곳이 앞에서 다루었던 "연"이라 한 안읍 또는 우읍(虞邑)입니다. 이곳을 무왕 아들이 빼앗아 서주의 수도로 썼습니다. 이 억울한 사연이《시경》여러 곳에 나왔습니다. 사마천은 〈진세가〉를 쓰면서 승자편에 들었던 제후들이 "단공을 졸렬한 무공이었다고 조롱했다"고 했습니다. 서주 초기에 여러 어려웠던 시기에도 소공(召公)이 덕으로 주 왕실을 잘 보살펴서 "안읍(安邑)에 왕실을 정하여 동쪽 땅을 편안히 하고 성왕의 환란을 잘 무마"시켰고, 주민이 그를 흠모하는 시문이 소남 감당(召南 甘棠)이라 하여 연세가를 썼다고 사마천은 자서전에 실었습니다. 그중에 "연역지선(燕易之禪)"이란 문구가 숙단(叔旦, 檀公)이 살던 곳을 빼앗던 어려운 시절을 뜻한다고 봅니다. 당시 서주의 향읍은 함곡관 서쪽에 국한되었습니다.[102] 서주 초기에 있었던 사건을 《사기색은(索隱)》에서는 전국시대에 나타난 '회왕과 자지 때' 일로 설명했습니다.

《예기(禮記)》에서는 은미하게 말을 바꾸어 연(燕)이란 글자의 뜻을 밝히면서, "그를 천자의 서자라 하였으나 그곳에 사는 사람은 예군(禮君)으로 군신의 의(義)를 아는 현명한 지도자"였다고 했습니다.[103] 그곳에 한학을 하는 사람은 누구나 《예기》〈단궁(檀弓)〉편을 잘 알고 있습니다. 왜 단궁이라는 이름을 붙였는가는 아무도 모른다 합니다. 이 박사님 설명을 듣고 보니 그 편명이 예군(禮君)은 단군이란 뜻이고, 단궁(檀弓)은 단군(壇君)이라 기록해야 옳다고 봅니다.

이: 네, 제가 그 편명을 말씀드리려 했습니다. 모두 다 아시는 바와 같이

---

102) 《詩經》國風 召南 甘棠; 召公巡行鄕邑. 詩說: 燕人追美召公之詩, 賦也.《毛詩正義》: 故《樂記》曰武王伐紂, "五成而分陝, 周公左, 召公右", 是也. 食采, 為伯, 異時連言召與伯並言, 以經召與伯並言, 故連解之. "當云西國."
《史記》太史公自序: 於是召公率德, 安集王室, 以寧東土. 燕(易)[噲]之禪, 乃成禍亂. 嘉甘棠之詩, 作燕世家第四.

103) 《禮記》燕義: 古者周天子之官, 有庶子官. 庶子官職諸侯, 卿, 大夫, 士之庶子之卒. 故曰: 燕禮者, 所以明君臣之義也.《史記》太史公自序: "武王既崩, 叔虞邑唐. 君子譏名, 卒滅武公.

내용을 보면 단궁(檀弓)은 어느 사람을 뜻합니다. 사람이 죽은 사후에 일을 어떻게 처리함이 옳은가를 가르쳐 주고 있습니다. 단궁(檀弓)은 유대인의 레위(Levi, Levy)와 같은 역할을 하던, 종교의식에 정통한 사람입니다. 단궁(檀弓)은 단군(壇君)을 가차한 편명이라 봅니다.《삼국유사》에 실린 신단수하(神壇樹下)란 뜻은 "천신께 제사드리는 재단을 만들어 놓고 그 앞 또는 아래에서" 하는 뜻입니다. 같은 뜻으로 수(樹)자를 쓴 곳이 "상해 대한민국임시정부 수립" 하는 글자입니다. 그 많은 나무 중에 어느 누가 하필이면 박달나무 밑에 가서 애 낳게 해 달라고 빌겠습니까? 중국 사람들이 만들어 붙인 상식 이하의 풀이를 그대로 받아들여 왔다고 봅니다.

《삼국지 예전(三國志 濊傳)》에는, "낙랑단궁출기지; 樂浪檀弓出其地"라, 낙랑에서 단궁이 나왔다고 했습니다. 박달나무로 활을 만들 수는 없습니다. 그 글귀는 "낙랑 지역은 옛적에 단군(壇君)이 다스리던 땅이다" 하는 뜻입니다. 이 곳에서 나는 활을 맥궁(貊弓)이라고도 했지 않나요? 앞에서 보신 목야전에 등장했던 융거(戎車)는 단거(檀車)라고《시경》에 적혀 있습니다마는, 이 글자를 놓고 이야기가 많습니다. 제일 합당한 풀이가 '마차의 바퀴를 박달나무로 만들어' 단거라 한다고 합니다.

그러나 융거(戎車) 바퀴, 또 활(弓)도 만들 수 있는 나무가 나던 곳이 산서성 해지 연안이었다 합니다. 그 숨은 사연이 발해만 서안에 있던 낙랑을 지나는 강 이름 난하(灤河)에 있습니다.[104] 해지 연안에 자라던 나무로 활과 마차 바퀴를 만들었다는 뜻이 난(欒)자에 있습니다. 그래서 시문에는

---

104) 欒:《廣韻》作樹以欒.《山海經》雲雨之山有木名欒, 黃木, 赤技, 靑葉, 羣帝焉取藥. 《詩·檜風》棘人欒欒兮.
又鐘口兩角爲欒. 《周禮·冬官考工記》鳧氏爲鐘, 兩欒謂之銑《禮·明堂位》鸞車, 有虞氏之車也.《鄭註》鸞或爲欒.

"예맥명궁연대마; 濊貊名弓燕代馬"라, 그곳에 살던 예맥족은 이름 있는 활을 만들고 명마가 난다고 했습니다. 이 나무가 만세궁(萬歲宮) 정원에도 있어 이를 만세목(萬歲木) 또는 영수목(靈壽木)이라 부르기도 했답니다. 만세목(萬歲木) 위로 낮에도 별이 보인다 하여 그 별을 세성(歲星)이라 했습니다. 이 별이 목성(木星)이라 부르는 샛별입니다.《한서》에는 이곳에 만년현(萬年縣)이 있었다 합니다. 사전에는 감탕나무(축, 杻) 또는 참죽나무(억, 檍)라 하고 나무 결이 뽕나무, 또는 대(竹)와 흡사하다고 합니다.[105] 산서성 일대에서 활과 마차를 만들기 좋은 자료가 났다는 뜻이 있습니다.

《시경 위풍》에 벌단(伐檀)이란 시문이 있습니다. 이 글자도 원래는 재터 단(壇), 또는 아침 단(旦)자를 써야 옳다고 봅니다. 그곳에 지도자였던 단(旦, 壇君)을 처벌하는 시문이라 봅니다. 그 증거가 시문에 나오는 환(狟, huán)이란 글자입니다. 이들이 조자법에서 이야기한 중화 문명 발생지에서 작은 배를 서로 붙여 다리를 만들었습니다. 이 글자는 아침(旦)이 되기 전, 해가 아직 지평선 밑(亘)에 있다는 뜻이 있고, "신비의 동물을(豸) 앞세우고 흰 옷을 입고 다니던 맥(貊)족의 젊은 지도자"를 뜻합니다.[106] 이 지역이 소호(少昊) 김천씨의 뒤를 이어 제위에 올랐다는 전욱 고양씨(顓頊高陽氏)와 이 신비의 동물을(豸), 맥(貊)족, 돼지, 칼검(劍), 활(弓矢) 등등과 관계가 깊은 곤오씨(昆吾氏/夏后氏)의 활동 무대였다는 근거가 《산해경》 등 여러 사서에 실려 있습니다.[107]

---

105) 《漢書》: 萬年縣, 歲(suì): 又萬歲, 山名. 在桂陽.《水經注》萬歲山生靈壽木, 溪下卽
千秋水. 水側居民號萬歲村. 又宮名.《三輔黃圖》汾陽有萬歲宮. 又木名.《爾雅·釋木疏》杻一名檍, 今宮園種之, 名萬歲木, 取名於億萬也.

106) 사전에는 이豸자를 解라 했다; 해태(獬豸, xiè zhì/시애 찌). 신비선악을 판단한다는 신수(神獸)라 했다. 황제시대 때에 나타난다. 서양에서는 Unicorn이라 한다. 그가 쓰던 관이 현명한 판단을 내린 기준이다. 大唐法冠, 獬豸冠. 東方貉从豸.

《삼국유사》를 제외한 한국의 모든 사료와 앞에서 인용한《사고전서》에도 박달나무 단(檀)자로 적었습니다. 한반도 서울을 지나는 강은 마땅히 한강(韓江)이라 해야 할 터인데 이를 한강(漢江)이라 부르는 것과 같이, 산서성 지역에 나타났던 단석괴(檀石槐)의 성(姓)도 재터 단(壇)자로 적어야 옳겠지만, 박달나무 단(檀)자로 오래 써오던 관습이 그대로 이어져 왔다고 봅니다.

5. 춘추시대의 고조선, 제 환공의 산융(山戎) 정벌

앞에서 설명한 바와 같이 선왕 중흥이란 20여 년 간이 지난 후에는 옛 고조선 땅에 살던 려민(黎民, 九黎, 句麗)들이 강성하여 서주는 동쪽으로 쫓겨 와 춘추전국시대로 넘어가게 되었고, 다시 이들이 제후국 진(晉) 땅을 한(韓), 조(趙), 위(魏) 세 가문이 나누어 삼가분진(三家分晉) 현상이 나타나 전국시대(戰國時代)[108]로 이어졌습니다. 춘추시대(春秋時代)에서 전국시대(戰國時代) 중엽까지는 만주 서남쪽에 수도를 두고 있던 고조선이 중원의 북부 화북평원을 비롯하여 산동성에서 발해만 연안으로 이어지는 교류 통로를 따라 통상을 하면서 고조선 문명의 전성기를 이루었습니다. 이를 관

---

107) 《山海經》: 曰昆吾之山, 其上多赤銅. 有獸焉, 其狀如羵而有角, 其音如號. "有國曰顓頊, 生伯服, 食黍. 有䰠姓之國.
郭璞 . 注: 此山出名銅, 色赤如火, 以之作刃, 切玉如割泥也 ; 周穆王時西戎獻之, 尸子所謂昆吾之劍也.
《山海經》: 少皞生般, 般是始為弓矢. 少皞, 金天氏. 狟: 音桓. 貆子狟.《釋文》貆, 本作貉. 字林; 北方人, 非獸也.

108) 전국시대(戰國時代)는 구분이 분분하다. 시작된 시기를 기원전 476 또는 453, 403 년이라 하고 끝은 기원전 221년이다.

자는 발조선(發朝鮮)이라 했고, 서양 학자들은 동호(東胡)가 활동이 왕성하였던 시기라 합니다. 동호를 《춘추좌전》과 《환단고기》에서는 산융(山戎)이라고 했습니다. 산융을 "고리"라 했고, 호(胡)라고 기록한 조선호(朝鮮胡) 또는 고구려호(故句驪胡)라 했습니다. 제 환공 초기까지만 해도 산융이 황하 이북 중원을 석권하였습니다. 《사기》에는 연(燕)이 산융의 침입을 받아 제 환공의 도움으로 산융을 몰아내고 고죽국을 정벌했다고 합니다.[109]

그러나 《춘추좌전》을 보면, 옛적에는 연(燕)이라 하던 이름이 노양공(魯襄公; 기원전 575-542년)시대부터 북연(北燕)이라고 나옵니다. 주 왕실과 함께 함곡관을 나온 연이 동북쪽으로 옮겨 갔다고 봅니다. 그 당시 전쟁이 발생했던 장소를 보아도 거의 전부가 황하 이북은 조용했었고, 주로 황하 이남 지역에서 싸움이 많았습니다.

제의 서쪽에 있던 연(燕)이 늘 산융의 친입을 받아 노나라와 모의했다 합니다.[110] 공자님이 살아 계실 당시에도 연(燕)[111] 나라 사람들이 숙신씨와 같이 발해만 서남쪽에 있었습니다. 숙신씨가 만든 화살에 맞아 죽은 새매가 진(陳)나라 궁중에서 발견된 기록이 있지 않나요? 《관자(管子)》에 나오는 발조선과 제(齊)와의 물물 교류를 보면 제 환공이 관자의 계획에 따라 여러 제후들과 공모하여 연나라에 들어온 산융을 치고 더 올라가서 발조선의 본거지까지 치려는 계획을 세웠다고 봅니다.

---

109) 《史記》燕召公世家; 山戎來侵我, 齊桓公救燕, 遂北伐山戎而還. 燕君送齊桓公出境. 西蓋馬, 馬訾水西北入鹽難水, 西南至西安平入海. 莽曰玄菟亭. [一]應劭曰: 故真番,朝鮮胡國. [二]應劭曰: 故句驪胡.

110) 《春秋左傳》莊公: 三十年 遇于魯濟, 謀山戎也, 以其病燕故也. "齊侯, 陳侯, 蔡侯, 北燕伯."

111) 《春秋左傳》昭公九年: 王使詹桓伯辭於晉曰: 我自夏以后稷, 魏, 駘, 芮, 岐, 畢, 吾西土也. 及武王克商, 蒲姑, 商奄, 吾東土也, 巴濮, 楚鄧, 吾南土也, 肅愼, 燕, 亳, 吾北土也, 吾何邇封之有, 文武成康之建母弟"商侯履遷于亳."

유튜브(YouTube)에서 보셨지요? 고죽국(孤竹國)을 정벌하러 떠날 때의 기고만장하던 자세는 어디 가고, 춘추오패의 첫째로 알려진 황제(皇帝)에 버금가던 제 환공이 타고 가던 말에서 내려 그의 재상 관중에게 코가 땅에 닿도록 사과하는 장면은, 세계 역사상 어디서도 볼 수 없었던 모습입니다.

재상 관중(管仲)은 묘책을 내어 실신한 환공을 부추겨 강물을 건넜습니다. 환공이 돌아올 때 건넜던 강이 난하(灤河)였다고 영문본에 실었습니다만, 사료를 잘못 인용하여 그릇된 풀이를 했습니다. 난하를 옛적 선진시대(先秦時代)에는 요수(遼水)라 불렀다는 증거가 《설원(說苑)》에 있습니다. 한나라 때 편찬된 《설원》과, 진시황이 연나라를 정벌하기전에 편찬된 《여씨춘추》에는 모두 동북에서 제일 큰 강을 요수라 했습니다. 그때 요수는 북경을 지나 천진을 가로 지르는 해하(海河)가 아니면 그 지류인 영정하를 뜻했다고 봅니다.[112] 한원 해지 일대에 살던 사람들(해, 奚, 亥, 解)이 동쪽으로 와 살던 지역의 강이라 하여 해하(海/解河)라고 불렀고, 그 강물이 중국에서는 먼 강(遼水)이었고, 그 동쪽이 후한시대 이전의 요동(遼東)이었습니다. 하북성 서남쪽에서 올라온 연(燕)나라가 설치했다는 장성이 해하 유역에서 끝났습니다.

북쪽에 있는 발조선이 조공은 바치지 않고 '그들의 특산물만 비싼 값으로 사라 한다' 하여 쳐부수려고 북으로 올라갔던 중원의 강자가 만났던 고조선의 수도는 중원 사람들의 상상 이상이었습니다. 싸우기는 고사하고, 고조선 사람들에게 발견될까 겁이 나서 도망 오고 말았습니다. 도망 올 때의 사정은 《한비자》와 《사기 태공세가》에도 다음과 같이 실려 있습

---

112) 《說苑》 金樓子 수경주 揚子法言에 나오는 요수(遼水)는 난하, 《여씨춘추》에 나오는 요수는 천진(天津)을 지나는 오늘의 해하(海河)라 본다. 이 강을 사마천은 해(海)라 했다. 《呂氏春秋》: 何謂六川? 河水, 赤水, 遼水, 黑水, 江水, 淮水.

니다.[113] "길을 잃어 늙은 말(老馬)의 도움을 받았고, 마실 물이 없어 개미의 습성을 이용했다." 사마천은 이를 은미하게 "연후(燕莊公)가 고맙다고 따라와 국경을 넘기에 도랑을 파서 막고 돌려 보냈다" 하는 은유법으로 기록했습니다. 그후 400년 동안 북경 태원 일대에는 동호의 활동이 활발하여 만리장성을 쌓았다 했고, 연의 진개가 동호를 쳐서 조선이 쇠약해졌다는 기록을 보면, 고조선이 중원과 경계를 이루었던 지역은 북경 남쪽이었습니다.

강: 일리가 있습니다. 춘추오패의 대명사로 알려진 환공이 북쪽에 있던 발조선의 한 부족이라 볼 수 있는 산융만을 치려고 출병했다고 보기에는 미흡한 점이 많이 있습니다. 《관자(管子)》에 그 상황이 잘 설명되어 있습니다.[114]

"북주후(北州侯), 즉 발조선(發朝鮮)의 지도자는 위로는 천자의 명을 듣지 않고, 아래로는 제후들에게 무례하다. 북주후를 주살해야 한다고 청하니, 제후들이 허락하여 북쪽 영지를 벌하고, 부지산 아래서 고국군을 살해하고, 산융을 만났다. 관중에게 묻기를 어떻게 할것인가? 관중이 답하기를 군(君)께서는 제후들을 교육시키시고…"라고 말을 바꾸었습니다. 산융을 치러 갔다면서 부영지와 고죽군은 처벌하고, 그 원흉인 산융을 만나서는

---

113) 《韓非子》說林上: 桓公而伐孤竹, 迷惑失道, 管仲曰: 乃放老馬而隨之, 遂得道. 行山中無水, 乃掘地, 遂得水.
《史記》齊太公世家: 山戎伐燕, 燕告急於齊. 齊桓公救燕, 遂伐山戎 燕莊公遂送桓公入齊境. 諸侯相送不出境.

114) 《管子》大匡: 北州侯莫至, 上不聽天子令, 下無禮諸侯. 寡人請, 誅於北州之侯. 諸侯許諾, 桓公乃北伐令支, 下鳧之山, 斬孤竹, 遇山戎, 顧問管仲曰; 將何行 ? 管仲對曰: 君教諸侯為民聚食, 諸侯之兵不足者, 君助之發, 如此, 則始可以加政矣. "北至於孤竹, 山戎, 穢貉, 拘秦夏."

마땅히 사생결판을 냈어야 할 터인데, 흐지부지하고 말았습니다. 제 환공은 겁이나 활 한 번 쏴 보지도 못하고 도망 왔다고 보는 이 박사의 풀이가 옳습니다.

이: 이 두 편 글에 나오는 지명에서 '그 지역 사람들이 하던 말을 이리저리 뒤바꾸어 적은 여러 한자'가 나옵니다. 천자의 명을 따르지도 않는다고 하는 북주후 모(北州侯莫; mò mù)는 앞에서 이야기한 "중국 9주 이외의 또 다른 주"란 뜻으로 갈석산 북쪽에 있다는 제도(帝都)에 사는 "소 우는 소리로 기록되는 맥(貊)족" 즉 발조선(發朝鮮)의 지도자를 의미합니다. 계(谿)자와 같이 어찌해(奚: xī xí/hei)변이 붙은 글자는 모두 다 앞에서 '요동 돼지 우화'를 말씀드릴 때 나온 해/희(hei, 奚)라 발음하던 부족들이 살던 곳을 의미합니다.

이때에 "구진하(拘秦夏)라, 진나라 하나라에서 온 사람들을 만났다"고 했습니다. 중화 문명의 핵심이 되는 자들의 직계 후손이 산서성 서쪽에서 태행산맥을 따라 동쪽으로 발해만 연안에 와서 자리 잡았다고 했습니다. 고구려와 부여의 시조로 알려진 동명성왕이 살던 곳을 《신이경》에서는 천지 장남의 궁이라 했고, 해모수 해부루를 설명하면서 "천신(天神)의 아들"이라 했고, 《삼국유사》에는 단군과 부여, 고구려의 시조 해(解)씨가 하느님(상제)의 명을 받아 왕이 되었다고 했습니다.

광개토대왕 비문에는 시조 추모왕이 "천자의 아들과 우왕의 후손인 하백의 딸"을 부모로 태어났다고 적혀 있습니다.[115] 갈석산 유역에서 산융의

---

115) 《神異經》: 東方外有東明山, 有宮焉 高三仞, 門有銀榜, 以青石碧鏤, 題曰天地長男之宮. "我是皇天之子, 母河伯女郎, 鄒牟."《三國遺事》: 熊女者無與爲婚, 故每於壇樹下, 呪願有孕,〈雄〉乃假化而婚之, 孕生子, 號曰〈壇君王儉〉?

나라 고죽국 왕을 처형했다는 "부지산; 鳧之山, 遇山"이 광개토대왕 비문에 나오는 부산(富山)입니다. 비이(卑耳)라 하던 사람들이 갈석산 지역에 살았습니다. 이를 비여현(肥如縣)이라 했고, 그 사람들을 비문에는 비려(碑麗)라 했습니다. 비문에 나오는 비류수(沸流水)는 비이씨(卑耳氏)들이 살던 지역의 강이란 뜻으로 심양 서쪽을 지나는 요하를 뜻합니다. 비문에 적힌 양평(襄平)은 사기에 나오는 양평(襄平)으로 산해관 남쪽 당산(唐山) 일대를 지났다는 뜻이고, 염수상(鹽水上)이란 뜻은 "발해만 서남 해안에 있던 염전 북쪽 마을"이란 뜻입니다. 그리하여 대왕이 발해만 서북 해안에 있던 신라 수도에 들어온 왜인을 추격하여 발해만 서안을 따라 천진을 지나 발해만 서남쪽 임나가라(任那加羅)까지 왜를 쫓아 내려갔다 같은 길로 돌아왔습니다. 대왕 비문에 실린 전쟁터는 남만주 해안이지 한반도가 아닙니다.[116]

《삼국사기》에는 나(那)자가 많이 나오지 않아요? 그 한 예가 열전에 나오는 신라 "강수(强首)가 임나가라 사람"이었다 합니다.[117] 이 나(那)자가 앞에서 말한《시경 상송 나(商頌 那)》에 나온 글자입니다. 시대가 다른 듯하지만, 임나가라(任那加羅)는 석우가 왜왕(倭王)을 염전에서 일하는 노예로 쓰겠다고 농을 한 일화와 일치되는 발해만 서남 연안에 있었습니다. 왜(倭)란 글자는 높은 사람(윗사람)이란 뜻을 간략한 글자로 한(Han汗; 駻, 韓), 큰, 크다, 서양에서 말하는 칸(Khan, Kahan)과 같은 뜻입니다. 그의 출

116) 永樂五年歲在乙未 王以碑麗不息□ 又躬率住討 過富山 負山 至鹽水上破其丘部 洛 六七百當 牛馬群羊 不可稱數 於是旋駕 因過襄平道 東來 候城 力城 北豊五비 遊觀土境田獵而還 步騎五萬住救新羅從男居城至新羅城倭滿其中官兵方至倭賊退 □□□□□□□□來背急追至任那加羅從拔城城即歸服安羅人戌兵拔新羅城□城 倭滿倭潰城."對曰: 臣本任那加良人, 名字頭牛頭. 王曰: 見卿頭骨, 可稱强首先生."

117) 此中原人辨三韓之原委也. 漢初謂之三韓. 中國歷代近鄰: "倭 西漢中後期, 倭分為 百餘國.
《三國史記》列傳第六: 强首; 對曰: 臣本任那加良人, 名字頭牛頭.

생지 임나가량(任那加良)이 한(漢)나라와 가까이 있었던 곳, 한때는 한족 공손도 일당의 영역이었기에 한문에 능통했다고 봅니다.

광개토대왕 비문에 관해서는 다음에 다시 이야기할 기회가 있으리라 봅니다.

소진(蘇秦, 기원전 ? - 284?년)과 대화를 했던 연 문공(燕文公)이 비이씨(卑耳氏)들이 살던 곳에서 말을 구해 타고 갔다는 기록이 있습니다. 진개가 기원전 300년경에 조선을 친입하기 전입니다. 연 문후가 천진 서남쪽 일대에서 말을 구해 타고 갔다는 뜻입니다. 그 비이씨들이 진개의 공격에 밀려 진시황과는 산해관을 경계로 삼았습니다. 한 무제 이후로는 더 북쪽으로 밀려 여러 나라를 이루고 살았다는 증거가 《삼국지》에서 남만주 해안에 살던 사람들을 그린 〈한전(韓傳)〉에 나오는 여러 비리국(卑離國)입니다. 이를 잘못 이해하여 《삼국사기》〈고구려전〉에 나오는 동음이자 비류국(沸流國)이 압록강 유역이라고 풀이하고 있습니다. 그 비류국은 남만주 중심부, 심양(瀋陽) 일대에 있었습니다.

부피한성, 발조선의 문피, 《순자(荀子)》의 영욕편에 나오는 "욕부여재 축적지부; 欲夫餘財蓄積之富"라, 사람은 누구나(그 당시에 최고 품질의 상품이라 하는 부여제품)을 갖고자 하는 이욕(利慾)이 있다는 문구가 모두 고조선의 황금시대를 묘사했습니다. 그 시대에 고조선에서는 도전(刀錢, Knife Money)을 만들었습니다.

강: 아니, 명도전(明刀錢)이 고조선 돈이라고요? 어떻게 그런 결론을 내리십니까?

이: 네, 그렇습니다. 춘추전국시대에는 여러 나라에서 주물로 돈을 만들

었습니다. 돈의 모양이 그 나라의 상징입니다. 요즘 흔히 이야기하는 그래픽 디자이너(graphic designer)의 입장에서 한번 생각해 보시면 쉽게 이해가 가리라 봅니다. 돈의 외형은 그 나라의 상징입니다. 대표적인 예가 천하의 주인을 상징하는 구정(九鼎)을 본떠서 만들기도 하고, 한 무제 때는 천하의 중심이라 하는 의미로 동그란 주물에 구멍을 뚫어 만든 화폐가 그 본보기라 하겠습니다.

고조선 사람들은 칼로 나무에 어떤 형태의 흔적을 만들어 말로 한 약속을 물적 증거로 남겼습니다. 그 풍속이 한자의 기원이 되었고, 그러한 글자를 칼 모양으로 만든 주물에 새겨 통화로 사용했다고 봅니다. 그 칼 모양의 주물 화폐에 새겨진 글자는 고조선, 즉 맥(貊)족 이 써오던 상형 글자라 봅니다.

강: 고조선에도 글자뿐만이 아니라 주화도 있었다. 참으로 놀라운 추론이십니다. 하지만 듣고 보니 일리가 있습니다. 또 하나의 비밀을 풀었습니다.

이: 이 돈과 글자에 관한 문제는 다시 자세히 설명할 기회가 있으리라 봅니다.

이야기하던 화제로 돌아갑시다. 공자께서 말씀하신 "승부부어해; 乘桴浮於海"라 한 문구의 뜻을 새겨 보면 요동만을 바로 질러 건너 남만주 또는 한반도로 간다는 뜻이 아니라, 발해만 서쪽 해안선을 따라 만주와 교역이 있었다는 뜻입니다. 그 지역 사람들이 갈석산에서 진시황에게 바닷속에 삼신산(三神山)이 있다는 말을 듣고 진시황이 명했다는 기록이지 않아요? 신선이 살았다고 하는 세 섬은 산동반도 북쪽 해안에 있는 봉래산(蓬

그림 6. 일본의 전신 왜가 살던 여러 섬들은 주로 요동만 안에 있었다.
-발해만에서 황해에 이르는 바다에 삼신산이 있다고 믿었다.

萊山)을 의미했습니다. 《삼국지》〈왜인전〉에 나오는 "왜인은 대방 동남쪽 바닷속에 있는 여러 섬"에 산다는 문구를 단순히 오늘의 일본 열도로 풀이합니다마는 서양 사람들이 후에 그린 지도를 보면 그 섬들은 모두 산동반도와 한반도 북쪽 요동반도 사이의 바다에 있다고 했습니다.[118]

강: 진시황이 탄 배가 양자강을 건널 때 200리를 떠내려갔다는 기록이 있습니다. 먼 바다를 건너갈 만한 항해 기술이 없었다고 봅니다.

118) 《三國志》〈倭人傳〉: 倭人在帶方東南大海之中, 依山島為國邑. 舊百餘國

이: 네, 저도 그렇게 판단합니다. 한 고조 때에 좀 더 큰 배를 만들었어도 바다 멀리는 가지 못하고 해안선을 따라다녔다고 봅니다. 그 후가 되는 신라 초기에 관한 기록을 보면 발해만 서안에서 "왜(倭), 백제, 가야"가 모두 한반도 서해안을 따라 뱃길을 이용했지 않아요?[119)

강: 이 박사. 지금 "왜(倭), 백제, 가야"가 모두 발해만 서안에 있었다 했습니까?

이: 네, 그렇습니다.

강: 금시초문입니다. 그 문제는 다음에 더 들어 보기로 하고 우선 만주와 중원 그리고 한반도에서 일본에 이르는 해로가 언제 개통되었다고 보십니까?

이: 한반도 서쪽의 황해(黃海)는 고사하고, 동북 아시아의 지중해였다고 볼 수 있는 발해만 뱃길을 이용한 수로는 공자님 이야기가 처음입니다. 그 다음이 진시황이 삼신산에 있다는 불사약을 구해 오라고 보냈다는 기록이고, 서쪽 연나라에서 온 위만이 만주 땅에서 왕 노릇을 하던 기준을 몰아내고 위만조선을 세웠다고 했지요? 《사기》에는 진시황이 중국을 통일한 시절에 동쪽 내몽고에서 만주에 이르는 지역에 펼쳐 있던 정치 세력을 기조선(Gyi Joseon, 曁朝鮮)이라 했습니다. 한국 한씨(韓氏)는 기조선을 한씨

---

119) 왜(倭, wēi wō wǒ/왜이/우워)자는 앞에서 설명한 높다는 뜻의 사음자로, 책임을 맡길 우/웃(委wěi) 사람, 또는 임(任)이란 글자다. 글자의 뜻으로 "위, 우"로 발음되는 '지도자'라는 뜻이고, 위만조선의 후손이란 뜻이 숨어 있다고 본다.

조선(韓氏朝鮮)이라 하고, 진수는《삼국지》에서 기준의 선조를 한전(韓傳)에 넣어 설명하였고, 만주에 남아 살던 후손이 모성한씨(冒姓韓氏)라 했습니다. 이 기조선(暨朝鮮)의 기자가 앞에 설명한 우공편 끝에 실린 삭남기(朔南暨), 즉 삭주 남쪽 기들이 사는 조선 땅에 이르렀다는 글자에서 따왔다고 봅니다. 저는 이 글자를 '밝다는 사음자 발조선(發朝鮮)을 훈역한 글자'라고 영문본에서 풀이했습니다.

강: 그게 무슨 이야기신가요?

이: 강 박사님, 이 문제는 아주 중요한 사안입니다. 이 지역에서 벌어진 전쟁을 기록한《사기》〈조선열전〉, 이를 다시 뒤섞어 만든《한서(漢書)》〈조선전(朝鮮傳)〉, 서진의 진수(陳壽 233-297년)가 쓴《삼국지》에 실린 글과 약 150년 후에 남송(南朝劉宋時, 420-479)의 범엽(范曄, 398-445년)이 쓴《후한서(後漢書)》에 실린 글을 비교해 보시면, 범엽이 많이 "과장하여 기술했고 진수가 쓴 사음자를 훈역하여 그 뜻이 정반대로 되어 버렸다"는 점을 알 수 있습니다.

강: 그래요? 이 박사께서 한번 요점만 간단히 설명하실 수 있겠습니까?

이: 네, 감사합니다만, 한자는 그림 글자라 이를 보여 드려야만 그 뜻을 정확히 풀이해 드릴 수가 있겠습니다만, 말로 한번 설명해 보겠습니다.
첫째, 과장되었다는 점을 말씀드리지요.
진수는 다음과 같이 적었습니다.[120] 위만이 쿠데타를 일으키자 "기준(箕準)이 그 당시 자기 옆에 있던 몇 사람만을 데리고 도망하여, 바다로 들어(入海)가 여러 한(韓)들이 사는 땅에 살면서 스스로 그들의 왕이라 했다"고 기록했습니다.《삼국지》내용은 조위(曹魏)시대 옛 우거왕이 다스리던 지역에 살던 사람들의 이야기를 근거로 기록하였기에 사실에 제일 가깝다고 봅니다. 이를 먼 훗날에 편찬된《후한서》에는 "그가 수천 명을 이끌고 바다에 들어가 마한(馬韓)을 공격하여 무너뜨리고 스스로 마한(馬韓) 왕이 되었다"라는 말을 더 붙이고 과장하여 기록했습니다.《위략》에서 인용했다니 그 내용이 사마천의《사기》나《한서》에는 실릴 수가 없었습니다.

둘째, 사음자를 훈역하여 뜻이 완전히 반대로 되었다는 점입니다.

기준이 황급히 도망가니 떠나지 못하고 만주 땅에 남아 있던 기준의 자식과 친척들은 "소 우는 소리로 적은 부족의 성인 모성한씨(冒姓韓氏)"라 했습니다. 앞에 유튜브에서 본 북주후를 모(北州侯莫)라 하지 않았습니까? 기준과 같은 부족이었다는 뜻입니다. 북주후 모(北州侯莫)가 다스리던 땅을 동호의 영역이라 했고, 서쪽에서 갑자기 동호를 치고 들어온 흉노 지도자를 모두선우(Modu Xianyu, 冒頓鮮于)라 했으니 그도 동호와 같은 모성(冒姓) 즉 핏줄이 같은 부족이 분명합니다. 〈한혁〉의 한씨는 서주 왕실과 혈연 관계로 이어온 희성 한씨(姬姓韓氏)와는 핏줄이 다르다는 뜻이 분명합니다. 이 사음자 모(冒, mào mòu mò)자를 많은 사람들이 훈역했었습니다. 이 소리는 다른 사음자들(牟, 貌, 毛, 模, 母, 馬, 募, 貃, 狛, 貊)로도 기록되었던 예맥조선(濊貊朝鮮)의 맥족을 뜻합니다.

또 하나 잘못은 "준왕이 바다에 있으면서 부여지국(不與之國)과 조선과는 왕래가 있다가 얼마 후에 왕래가 두절되었다"고 기록했습니다. 진수가

---

120)《三國志》: 準與滿戰, 不敵也. 將其左右宮人走入海. 居韓地, 自號韓王.
《後漢書》: 朝鮮王準為衛滿所破, 乃將其餘眾數千人走入海, 攻馬韓, 破之, 自立為韓王. 準後滅絕, 馬韓人復自立為辰王.

부여(不與之國, 夫餘)를 간략하여 여(與)자로 기록했는데, 이 글자를《후한서》에서는 훈역하여 언어법속이 같다(言語法俗相似)고 한 것을 언어 풍속(言語風俗)에 다른 점이 있다(有異)고 풀이했습니다. 진수의 글을 보면, 한국어와 같은 어순으로 기록한 문구가 많이 보입니다. 이 문제도 다음에 자세히 말씀드릴 기회가 있으리라 봅니다.

강: 그런가요? 나는 몰랐었는데…, 이 박사의 글자 풀이와 전반적으로 사서를 분석하는 방법이 참으로 새롭습니다. 이는 아주 새로운 풀이입니다. 우거왕 집권 시에 한음(韓陰)이라는 사람이 있으니 그도 모성한씨(冒姓韓氏)라고 볼 수 있겠군요.

이: 네, 그렇습니다. 그도 〈한혁〉의 한후와 같은 한씨(韓氏)라 봅니다. 서주 무왕의 핏줄이 아닙니다.《잠부론(潛夫論 志氏姓)》에서도 만주에 있던 조선후(朝鮮侯)의 성씨를 서주 무왕의 후예와는 다른 한씨라 했습니다.

6. 고조선의 고죽(孤竹)현

사: 앞에서 운을 띄우셨던 고죽국에 관하여 말씀해 주시기 바랍니다.

이: 네, 그럽시다. 저는 고죽국이 아니라 고조선의 한 고을, 즉 고죽현(孤竹縣)이라고 부름이 합당하다고 봅니다. 모두들 당산(唐山) 일대에 고죽국(孤竹國)이 있었고, 묵태씨(Motai, 墨胎氏)가 군주라 하지요?《논어주소(論語注疏)》에는 백이숙제의 성은 묵씨(伯夷姓墨)[121]라 했습니다. 고죽(孤竹)

이란 어휘는 춘추삼전(春秋三傳)에는 없습니다.《여씨춘추(呂氏春秋)》에 함곡관 서쪽에 있던 무왕과의 관계를 설명한 내용에 "孤竹, 叔旦, 召公, 微子, 首陽山" 하는 말이 주 무왕이 상나라를 정벌하기 전에 단 한 번 나옵니다. 그러니 이 두 이름은 함곡관 서쪽에 있던 지명이 분명합니다. 묵태씨(Motai, 墨胎氏)란 뜻은 모씨의 제단이란 뜻을 이리저리 돌려 만든 글자입니다. 이는《여씨춘추》와《장자》에 나오는 "순 임금이 자리를 넘겨 주려 했다는 북인무택"이란 사람을 전주한 글자가 옳다고 봅니다.

고죽(孤竹)이란 말은 가차전주하여 만든 글자가 분명합니다. 고죽(觚竹)의 동음이자로 모씨, 즉 "소 우는 소리로 불리던 부족(貊, 牟)"의 제단에 쓰이던 제기(祭器) 또는 악기에서 나온 말이 아닌가 합니다.《시경 위풍 기욱/오(衛風, 淇奧)》에서는 그곳에 있던 지도자를 대나무(竹)에 비유하지 않았습니까?《예기(禮記)》〈곡례편(曲禮篇)〉에 나오는 "천자와 성이 다른 부족의 지도자는 후(侯)라 하고 스스로는 고(孤)라 한다"는 뜻을 따서 고죽군(孤竹君)이란 이름자를 붙여, 산서성 해지(解池) 연안에 있던 그의 후손이 백이 숙제란 뜻이라 봅니다.[122]

우(禹)왕의 활동 무대가 함곡관 서쪽으로 판명되었고, 백이 숙제의 선조가 우(禹)왕의 스승이었다는 기록이《잠부론(潛夫論)》에도 있습니다. 해지(解池) 연안에 살던 사람들은 서쪽에서 온 강족(羌族)이란 문구도 있습니

---

121) "觚竹城" "周禮·春官: 孤竹之管. 舜師紀后, 禹師墨如, 湯師伊尹, 孔子師老聃. "舜又讓其友北人無擇."
"伯夷父生西岳, 西岳生先龍, 先龍是始生氐羌, 氐羌乞姓. 古山戎孤竹, 白狄虮子二國之地."

122)《禮記》曲禮下: 九州之長入天子之國, 曰牧. 天子同姓, 謂之叔父 ; 異姓, 謂之叔舅 ; 於外曰侯, 於其國曰君.
其在東夷, 北狄, 西戎, 南蠻, 雖大, 曰子. 庶方小侯, 入天子之國, 曰某人, 於外曰子, 自稱曰孤 ㅍ

다. 이들이 《시경 상송》에 나오는 저강(氐羌)입니다. 갈석산 유역에 있었다고 하는 고죽국과 산동성 북쪽 발해만 연안에 있었던 강태공을 시조로 하는 제후국 제(齊)는 같은 혈통입니다.123)

그들이 강태공과 같은 혈통의 삼묘(三苗)입니다. 뒤에는 갈석산 유역에는 산융의 고죽국과, 백적(白狄)이 세운 비자(妣子), 두 나라가 있었다고 했습니다.124) 관중분지에 살던 백이숙제의 후손이 발해만 연안으로 옮겨 왔다는 증거가 "제 환공 고죽국 정벌 기록"에 나오는 구진하(拘秦夏)라고 봅니다. 산융(山戎)이 산에서 사는 융이란 뜻이니, "높은 곳에 사는 이"라 바꾸어 적을 수도 있지 않습니까? 똑같은 부족을 다른 한자로 고리(高夷)라 적었습니다. 그들이 《일주서》에 나오는 "고리가 양을 바쳤다"는 문구입니다.125) 서쪽에서 동쪽으로 와 갈석산 유역에 살던 사람들, 즉 우이(嵎夷, 伯夷)126)의 땅에 기자(箕子)를 따라온 상 유민들이 많이 정착했습니다. 앞에서 조자법을 설명하면서, 백이(伯夷)를 백우(伯禹)라 했고 그 뜻이 왕검(王儉)이라는 뜻이라고 밝혔습니다. 이곳에 왕검성이 있어야 하나 사마천은 글자를 바꾸어 양평(襄平)이라 하고, 하우씨(夏禹) 후손들이 갈석산을 돌아 나온다고 했습니다. 이곳에 기자를 따라 온 상나라 유민들이 살았습니다.

---

123) 《詩經》商頌 殷武: 昔有成湯, 自彼氐羌, 莫敢不來享, 莫敢不來王, 曰商是常.

124) 古山戎孤竹, 白狄妣子二國之地, 秦爲遼西郡, 隋爲北平郡, 唐爲平州.

125) 北方臺正東, 高夷嗛羊, 嗛羊者, 羊而四角. 獨鹿邛邛, 邛邛善走者也. 孤竹距虛. 不令支玄模.

126) 嵎夷의 땅이라 한 이유: 우가 사음자라 여러 글자를 썼다. 《상서》, 《사기》에 나오는 "夾右碣石入于" 하는 문구를 《尚書正義》에서는 "우가 산 오른 쪽을 지나와서"라 하고, 우를 "島夷, 鳥夷, 鳧夷"로 기록했다.
　塲: 塲夷日所出處書亦作嵎. 分命羲仲, 宅嵎夷, 曰暘谷. 金 春秋: "우이도행군총관; 嵎夷道行軍總管.
　《尚書》禹貢와 《史記》夏本紀: 夾右碣石入于. 《尚書正義》: 禹來行此山之右而入河逆上此州帝都不說境界以餘州所至則可知.

그들은 먼 조상으로 알려진 부열(不說, 浮游)이란 이름을 간직하고 단군조선 땅에 올라와서 함께 살면서, 이름을 부여(扶餘, 夫餘)라 했습니다.

중국에서 가장 오래된 훈고학의 책이라 볼 수 있는 《이아(爾雅)》에는, 고죽(觚竹, 孤竹)이 중원 밖에 있다고 했습니다.[127] 《상서》〈우공(禹貢)편〉에, "차주제도 부열경계; 此州帝都不說境界"라, 즉 갈석산 북쪽에 "중국 구주 이외에 또 하나의 주가 있었는데" 하는 기록이 있습니다. 그러나 고죽국이 있었다는 이야기는 없습니다. 만일 갈석산 일대에 독립된 고죽국이 있었다면, 중국의 구주(九州) 이외에 또 다른 나라가 있었다는 뜻의 여주(餘州)니 제왕의 수도(帝都)니 하는 말을 어떻게 《상서》에 싣겠습니까? 쉽게 말하면, 갈석산 이북 지역을 관자에서는 발조선이라 불렀고, 그 지도자를 북주후 모(北州侯莫; mò mù)라 했습니다. 북주후(北州侯)가 살던 곳을 제도(帝都)라 했습니다. 이 제도부열(帝都不說)이란 어휘는 다음에 또 설명할 기회가 있으리라 봅니다.

그리하여 《수서(隋書)》에는 이를, "고려지지, 본고죽국야; 高麗之地, 本孤竹國也"라 했습니다. 고구려는 고죽국이 옛적에 자기들 땅이었기 때문에 침입해 온다 했고, 그 영토 분쟁이 고구려와 수나라가 처음으로 산해관 일대에서 싸운, 임유관전투(臨渝關戰鬪)입니다. 고죽국이 고구려 사람들이 다스리던 땅의 일부였다는 뜻이 분명하지 않나요?

사마천은 〈열전〉을 쓰면서, 첫 장을 "백이열전(伯夷列傳)"이라 했습니다. 그들이 삼황오제의 전통을 이어 받은 후손이란 뜻이 있다고 봅니다. 그러면서 백이의 선조가 글자를 사용했다는 표현을 심어 놓았습니다. 상형문자는 함곡관 서쪽에서 시작되었다고 밝혀 놓았고; "시서수결(詩書雖缺)이

---

127) 《爾雅》 釋地: 東至於泰遠, 西至於邠國, 南至於濮鈆, 北至於祝栗, 謂之四極, 觚竹, 北戶, 西王母.

라" 즉 그때에 이미 《시경》과 《상서》에는 고조선과 기자에 관한 내용은 벌써 바뀐 듯하다는 말을 했습니다. 그들의 선조가 서쪽 곤륜산 지역에서 돈황을 거쳐 관중분지에 들어와 글자를 사용했습니다.[128] 《상서》〈순전〉에는 백우(伯禹)를 백이(伯夷)라 하였고, 그가 "부족의 총 지도자로 선출되어 사직을 맡았다" 하지 않았나요?

강: 네, 여기에 나오는 백우(伯禹)와 백이(伯夷)라는 명칭이 뚜렷하게 풀이되지 못하고 있습니다. 지금까지 이 박사님이 제시한 "여러 사음 대자, 즉 가차전주를 혼합해서 기록했다"는 설을 받아들이면, 이 두 이름은 같은 사람 또는 그의 직계라고 봅니다. 형의(伯夷) 후손이 갈석산 유역에 자리 잡아 사서에는 계(薊)에 황제 또는 요 임금의 후손을 봉했다 했고, 동생(叔齊)이 더 남쪽으로 내려가 산동성 북쪽 해안에 자리 잡아 이들이 세운 나라를 제(齊)라고 이름 붙였다고 봅니다.

이: 《시경》에 실린 과(瓜)자는 관중분지에 국한되었고, 《산해경》에는 백이(伯夷)의 선조가 서쪽에서 왔다 했습니다.[129] 《일주서》에는 성주회가 열렸던 장소 북쪽에 있었던 부족으로 나옵니다. 고죽(孤竹)이란 말이 《여씨춘추》와 《죽서기년》〈제신(帝辛) 조〉에 나옵니다만, 묵가(墨家) 서적, 병가

---

128) 《註》瓜州, 地在今燉煌. 《道藏歌》仙童掇朱實, 神女獻玉瓜. 浴身丹液池. 《詩經》木瓜: 投我以木瓜, 東山: 有敦瓜苦. 前漢·地理志: "孤竹在遼西令支縣. 《北史》: 觚竹城, 在遼西. 陸機·文賦: 或操觚以率爾. 註: 觚, 木之方者, 古人用之以書.
《山海經》"伯夷父生西岳, 西岳生先龍, 先龍是始生氐羌, 氐羌乞姓. 武王克殷 而封黃帝之後於薊. 帝堯之後於薊.

129) 《尚書》舜典: 帝曰: 咨! 四岳, 有能典朕三禮? 僉曰: 伯夷! 帝曰: 俞, 咨! 伯, 汝作秩宗""伯夷降典, 哲民維刑.""伯夷爲秩宗."

(兵家),《춘추좌전》에는 없습니다. 백이 숙제의 설화가《공자가어》에 실려 있습니다.《한서》와《북사》에는 고죽성(觚竹城)이 요서에 있었다 하니,《일주서》에 실린 지역과 일치합니다. 산서성 해지(解池) 연안에 살던 하우씨의 한 부족이 동북쪽으로 밀려 태원 일대에서 발해만 연안으로 옮겨 왔다는 뜻입니다. 발해만 연안 계(薊)라는 곳에 주 무왕이 삼황오제의 어느 후손을 봉했다 하고, 우(禹, 伯禹)가 갈석산 옆으로 나와 중원으로 올라왔다는 기록이《상서》〈우공편〉에 있지 않아요? 앞에서 말씀드린 "하(河)자 와 해(海, 解)자를 같은 내용을 다른 글자"로 기록하여 후세 사람들은 다른 뜻(우리 羽/嵎夷, 隅夷, 도리 嵎夷/島夷, 부리 鳧夷, 조리 鳥夷, 鼂夷)으로 풀이하고 있습니다.[130]《예기(禮記)》에는 황제의 후손을 계(薊)에 봉했다 합니다. 그러나 그곳이 발해만 서쪽이 아니라 북경 서남쪽이 되는 탁군계현(涿郡薊縣)이라 합니다.

이: 네, 의문이 많습니다. 상말(商末) 주초(周初)를 무대로 한《봉신연의(封神演義)》에는 요의 후손을 찾아 계(薊)에 봉해서 "봉당제지사; 奉唐帝之祀"라, 즉 당제를 모셔 제사를 지내라는 뜻이 아닙니까? 갈석산 가까운 곳에 백이숙제일화가 담긴 수양산이 있다고 합니다만, 이는 황제와 요 임금에게 빼앗긴 함지(咸池) 일대 하동(河東)에 살던 사람들이 발해만 서안 일대로 밀려와 살면서 그들의 선조를 기리는 사당을 지어 모셨다는 뜻입니다. 하동에 가서야 결국 요동 돼지(遼東豕)와 같은 돼지가 두 곳에 있었다는 우화에서 설명했습니다. 하동에 살던 사람들이 요동으로 왔습니다.

---

130)《尚書》夏書 禹貢: "嵎夷皮服, 夾右碣石入于河."《史記》夏本紀, "鳥夷皮服. 夾右碣石, 入于海:

강: 그렇게 풀이가 되는군요.《시경》에는 당풍 채령(唐風 采苓)에 수양 (首陽)산이 나오니 함곡관 서쪽에서 발해만 연안으로 옮겨와 고조선 지역에서 자리를 잡고 살다가 제 환공이 기원전 664년에 토벌했다고 봅니다.[131]《논어주소》에서는 백이(伯夷)의 성이 묵(墨, 墨胎)자를 공신(公信), 숙제는 공달(公達)이라 하여, 황제의 성(姓) 공손(公孫)과 연관을 시켰고, 한고조의 제상이었던 공손홍 이후로는 이 지역에 공손(公孫)이라는 성을 가진 사람들이 번창하여 한때는 공손도 왕국을 이루었습니다.[132] 후세 사람들은 "《상서》〈우공편〉에 나오는 협우갈석입우하(夾右碣石入于河)라는 문구를 근거로 함곡관 서쪽에 있던 백이숙제의 전설이 담긴 수양산이 갈석산 유역에 있었다"고 잘못 인식하고 있습니다.

이: 네,《상서》는 여러 번 수정했다는 설이 있지 않나요?《상서》에는 대소 하후지학(夏侯之學)이 있다는 문구가 《한서》〈유림전〉 등 여러 곳에도 보입니다.[133] 그러나 하후지학이란 무엇을 뜻하는지 알려지지 않았습니다. 더더욱 사음자라고 보는 "비씨고문, 비씨지학; 費氏古文, 費氏之學" 하는 문구가 있다는 사실도 널리 알려지지 않았습니다.[134] 비씨는 하우씨의

---

131) "采苓采苓, 首陽之巔" "古山戎孤竹, 白狄妣子二國之地." "夾右碣石, 入於河. 碣石, 海畔山. 禹夾行此山之右, 而入河逆上. 此州帝都, 不說境界, 以餘州所至則可知. 先賦後田, 亦殊於餘州. 不言貢篚, 亦差於餘州, 白帝所治也"《尙書定義》管子: 北至於孤竹, 山戎, 穢貉.《唐書·地理志》: 平州北平郡.《廣韻》古山戎孤竹, 白狄妣子二國之地.

132)《論語注疏》公冶長: "正義曰: 案《春秋少陽篇》: 伯夷姓墨, 名允, 字公信. 伯, 長也. 夷, 謚. 叔齊名智, 字公達, 伯夷之弟. 齊亦謚也. 太史公曰伯夷, 叔齊, 孤竹君之二子也." "孤竹國 墨胎氏."

133)《孔子家語》相魯: 孔子以公與季孫, 仲孫, 叔孫, 入於費氏之宮, 登武子之臺 "唯費氏經與古文同."

134)《漢書》〈儒林傳〉: 勝至長信少府, 建太子太傅, 自有傳. 由是尚書有大小夏侯之學.

후손입니다.135) 갈석산 유역에는 옛 고구려의 선조들이 살았습니다. 그 내력이 부여와 고구려의 건국신화에 나오고, 광개토대왕 비문에도 실려 있는 하백(河伯)이란 글자, 즉 치수 사업에 성공한 우왕의 후손이란 뜻입니다. 그 뒤에 글안(契丹)이 옛 조선 땅에서 나타났습니다.

7. 전국시대의 고조선, 연장(燕將) 진개(秦開)

강: 이 박사 이야기를 듣고 보니, 춘추전국시대를 통하면서 중원에서 계속되는 전쟁을 피하여 북쪽 멀리 떨어진 낙원(遼寧)으로 피란을 갔다고 볼 수 있습니다. 그 낙원을 만든 사람들이 관중분지에서 중원을 거치지 않고 분수를 따라 동북쪽으로 올라와 다시 발해만 서북 연안에 정착하였습니다. 이를 《관자》에는 "구진하; 拘秦夏"라는 문구로 기록했던 사람들이 고죽국에 살았다는 풀이는 합당합니다. 갈석산 유역에 있던 정착민과 상나라 유민들 그들과 같이 고조선 땅에서 문화의 황금시대를 이루었다는 이 박사님의 설명은 옳바른 추론입니다.

이: 북쪽 사람들과의 전쟁 기록은 《사기》〈흉노열전〉에 요약해서 나와 있습니다. 그 기록에 나오는 흉노족이 여러 이름으로 나오지만(東胡, 胡,

---

"歐陽, 大小夏侯三家說六宗".

"乃立梁丘易, 大小夏侯尚書, 穀梁春秋博士" "由是為大小夏侯之學. 宣帝時立之"

"詔令撰歐陽, 大小夏侯尚書古文同異."

135) 太史公曰: 禹為姒姓, 故有夏后氏, 有扈氏, 斟尋氏, 褒氏, 費氏, 杞氏, 辛氏, 斟氏. 孔子正夏時, 學者多傳夏小正云. 自虞, 夏時, 貢賦備矣. 或言禹會諸侯江南, 計功而崩, 因葬焉, 命曰會稽. 會稽者, 會計也.

戎, 狄, 翟, 山戎, 胡貉), 장성을 쌓은 이유를 밝히면서 서쪽에서 동쪽 발해만 연안까지 동호를 막기 위해(拒胡) 성을 쌓는다고 했습니다.[136] 황금시대를 이루었던 고조선 세력을 막기 위하여 만리장성을 쌓았다는 뜻입니다. 이를 통해 지금까지 다른 문헌에서 찾아 본 기록과 비교해 보면 어느 정도 실체가 드러납니다. 함곡관 서쪽에 살던 하후씨의 후손, 즉 흉노족에 밀려 동주(東周)가 된 후에도 흉노 세력은 주 왕실을 위협하여 흉노를 서주(西周) 황후로 받아들이는 화친조약과 같은 타협을 했습니다. 이러한 상황 속에서 제 환공의 정치적 영향력이 커져 그가 패자(覇者)가 된 게 아닙니까? 하북 평원은 흉노라 하는 고조선 주민의 판도가 되었었습니다. 제와 산융이 연을 지나(越燕) 서로 공격했지 않나요? 그러한 상황에서 어떻게 제후국 연(燕)이 하북성 북쪽에 있었겠습니까? 당시에 연(燕)은 아주 미약한 정치 세력이었다고 봅니다.

전국시대 말기가 소진(蘇秦, ? -기원전 317, 284년?)이 활동하던 시기입니다. 동북 아시아 강력도를 판가름하는 전국 시기의 절정기입니다. 그러나 그의 생몰연도가 확실치 않고, 당시 고조선과 국경을 같이했다는 연(燕)의 강력도는 물론이고, 군주의 이름과 치세기간도 미궁에 빠져 있습니다. 확실한 것은 전국시대에 국력이 팽창하던 진(秦)을 함곡관(函谷關, 三門峽) 서쪽에 가두어 둔 사람이 소진(蘇秦)입니다. 그의 활약으로 진이 함곡관 동쪽으로 못 나오도록 계책을 세워 그곳에서 몇 차례의 큰 전쟁이 있었습니다.

그 첫 번째 함곡관 전쟁(函谷關之戰)이 기원전 318년에 일어났습니다.

---

136) 《史記》匈奴列傳: 於是秦有隴西, 北地, 筑長城以拒胡. 而趙武靈王亦變俗胡服, 筑長城, 自代并陰山下, 至高闕為塞. 其後燕有賢將秦開, 為質於胡, 燕亦筑長城, 自造陽至襄平. 置上谷, 漁陽, 右北平, 遼西, 遼東郡以拒胡.

그때 한원의 맹자였던 진(晉)은 기원전 403년에 이미 "한조위(韓, 趙, 魏) 세 나라"로 갈라졌습니다. 이 세 나라가 함곡관 동쪽에 있던 "초, 연(楚, 燕)" 두 나라와 합작하여 다섯 나라 연합군이 진(秦)과 싸웠습니다. 동쪽에 멀리 떨어져 진(秦)의 위협을 직접 느끼지 않았던 제(齊)는 참전하지 않았습니다.

소진은 전국시대에 함곡관 서쪽에서 팽창하던 진을 상대로 관문 입구에서 어쩔줄 모르던 연나라 문후(文侯, 燕文公: 서기전 361-333년)를 찾아가 주변 상황을 설명하면서 진 혜문공(秦惠文公; 기원전 356-311년)이 연(燕) 세자를 사위로 맞아들이는 합의를 함곡관 서쪽 해지 유역에 있는 안읍(安邑)에서 했습니다. 진 혜문왕은 서자 직(稷)을 연(燕)에 인질로 보냈습니다. 그가 돌아와 제28대 군주가 된 진소왕(秦昭王)입니다. 두 나라가 멀리 떨어져 있었다면 왜 서로 인질을 주고받았겠습니까?

20년 후에 같은 곳, 함곡관 일대에서 다시 전쟁이 일어났습니다. 그때는 연(燕)에 와 있던 소진이 연(燕)문후 부인과 사통한 사실이 드러나자 제(齊)로 도망갔습니다. 그리하여 두 나라 사이가 악화되어 전쟁도 많이 했습니다. 연은 진(秦)과의 약속도 있고 하여 참전하지 않았습니다. 연(燕)과 진(秦)의 지도자가 만나 합의했다는 안읍이 옛적에 하 왕조 마지막 왕 걸이 성탕과 싸웠다는 명조(鳴條)입니다. 이러한 문헌을 살펴보면 그때는 동주(東周), 정(鄭), 연(燕)이 함곡관 동쪽 일대 가까이 서로 접하고 있었습니다.[137]

---

137) 《史記》〈燕世家〉: 文公 二十八年, 蘇秦始來見, 說文公. 因約六國, 為從長. 秦惠王以其女為燕太子婦.
秦有安邑. 汾水利以灌安邑, 安邑以東下河, 南面而孤楚, 韓, 梁, 北向而孤燕, 趙, 齊無所出其計矣.
故三國欲與秦壤界, 秦伐魏取安邑, 伐趙取晉陽. 秦桉兵攻魏, 取安邑, 是秦之一舉

소진과의 대화에 "남유갈석 안문지요; 南有碣石, 鴈門之饒"라 했습니다. 이 문구는 어느 누가 글자를 바꾸어 넣었다고 봅니다. 갈석산이 연(燕)의 남쪽에 있었다는 증거를 다른 문헌에서는 찾을 수가 없습니다. 이 시기에도 연경(燕京)은 앞에서 상나라 때에 있었던 전쟁에서 말씀드린 바와 같이 함곡관 동쪽에 있어 오늘의 하북성 서남쪽 멀리 하후씨 후손(匈奴, 東胡, 奚, 何)이 관장하던 지역에 있었습니다.

세 번째 함곡관 전쟁(函谷關之戰)이 기원전 241년에 일어났습니다. 이때에도 첫 번 전쟁 때와 같이 동쪽에 있던 "초, 한, 조, 위, 연; 楚, 韓, 趙, 魏, 燕" 다섯 나라 연합군이 진(秦)을 막으려 했으나, 진의 새로운 군주 진왕 정(秦王政, 秦始皇)이 함곡관을 뚫고 나와 점차로 중원을 장악하고 결국 기원전 221년에 중국을 통일했습니다. 이렇게 중원이 어수선한 상황 속에 피란민은 북쪽 고조선 땅으로 도망갔지요. 당연하지 않습니까?

진수의 《삼국지(三國志)》〈한전(韓傳)〉[138]에는 다음과 같은 기록이 있습니다:

"동주의 세력이 약해진 상황을 본(고조선 서남쪽에 있던) 연(燕)의 군주가 왕이라 칭하고 동쪽에 있던 조선을 치려 하자 조선후(朝鮮侯)도 왕이라 칭하고 발병하여 연(燕)을 치려 했으나, 대부 예(禮)[139]가 간언하여 그 계획을 중지시켰다. 조선왕은 대부 예를 연나라에 보내 설득시켜 전쟁을 일으

"燕守常山之北, 趙涉河漳, 燕守雲中."
[138] 《三國志》〈韓傳〉: 燕自尊為王, 欲東略地, 朝鮮侯亦自稱為王, 欲興兵逆擊燕以尊周室. 其大夫禮諫之, 乃止.
使禮西說燕, 燕止之, 不攻. 後子孫稍驕虐, 燕乃遣將秦開攻其西方, 取地二千餘里, 至滿潘汗為界, 朝鮮遂弱. "朝鮮與燕界於浿水. 燕人衛滿亡命, 為胡服, 東度浿水."
[139] 예(禮)는 예군(禮君)으로 제사장을 뜻하여 조선의 어느 단군(壇君 high priest)인 듯 함.

키지 말도록 하였다. 후에 조선후의 자손이 교만하여 연(燕)이 진개로 하여금 조선의 서방을 공격하여 땅 2,000리를 빼앗고 만번한을 경계로 하여 조선이 쇠약해졌다."

그 당시 중원의 사정을 고려하면서 연과 조선후에 관한 기록을 숙독(熟讀)해 보면 그때의 조선 왕은 기(曁) 또는 발(發)자로 기록된 성씨였습니다. 한고조가 옛적 소꿉친구였던 노관을 연(燕)왕으로 봉하고, 조선과 연이 패수를 경계로 했습니다. 뒤에 연에 살던 위만이 도망하여 호복을 입고 패수를 건넜다는 기록이 있습니다. 호복을 입고 왔다는 말은 가장이 아니라 그곳 사람들이 모두 동호(東胡)였다는 뜻입니다. 이름자를 보아도 한족이 아니란 뜻이 분명합니다. 연에서 살던 위만을 한국 기록에는 나라위(魏)자로 적었습니다. 모두 '위/높다'는 뜻을 그린 표음문자입니다. 한 고조 때는 이미 연 역왕 때보다 연이 북쪽으로 많이 올라왔습니다. 언제 누가 조선을 북쪽으로 밀었을까요? 진개(秦開)가 했습니다. 그러나 《사기》에는 같은 시절에 무공을 세운 악의(樂毅)는 열전에 넣어 자세하게 기록했지만, 진개에 관한 기록은 아주 미소합니다.

첫째, 연이 왕이란 창호를 쓴 시기는 소진을 만나 본 문후의 아들, 역왕(易王)이 처음입니다. 문후의 증손자 연 소양왕(燕昭襄王, 기원전 312-279년) 때에 진개(秦開)가 등장했습니다. 《삼국지》에서는 조선이라 했고, 조선을 〈한전(韓傳)〉에 넣었습니다. 조선이 삼한의 하나였다는 뜻입니다. 네, 만주 땅에서 삼한이 시작되었습니다. 사마천은 《사기》〈흉노열전〉을 쓰면서 이 기조선을 동호(東胡)라고 했습니다.[140] 옛 고조선이 흉노의 급습으

---

140) 《漢書》: 顏師古註: 莾曰玄菟亭.〔一〕應劭曰: 故真番,朝鮮胡國. 〔二〕應劭曰: 故句驪胡.

로 와해되기 전에는 그곳에 살던 사람들을 동호라 했다는 증거입니다. 그러면서 진시황의 땅이 동북쪽 산맥을 따라 요수(遼水)를 지나 동쪽에 이르러 동북 국경은 바다와 "기조선 Gyi Joseon 暨朝鮮"이라고 했습니다.[141] 서쪽 조양(造陽)에서 동으로 양평(襄平)에 이르렀던 연(燕)의 장성을 더 연결하여 발해만 서쪽 바다에 접한 오늘의 산해관에 이르렀습니다.

둘째, 진개가 동호에 인질로 갔다 돌아와 동호를 쳤다는 기록은 《위략》에서 인용했다는 "대부 예가 연에 가서 연을 설득시켜 전쟁이 일어나지 않았다"는 설명과 일치합니다. 이 두 문구를 살펴보면, 그 당시 연이 조건부로 어떤 기한을 두고 진개를 인질로 조선(朝鮮, 東胡, 胡)에 보냈다는 뜻이 숨어 있습니다. 옆에 있는 제와 조의 세력 확장을 막으려면 연나라는 어쩔 수 없이 그 반대쪽에 있던 조선의 공격을 피해야 했었고, 조선 측의 조건을 들어 줄 수밖에 없었습니다.

셋째, 진개가 "취했다는 땅 2,000리; 取地二千餘里" 땅은 어디였나?
《삼국지》보다 먼저 편찬된 《사기(史記)》에서는 "동호를 연의 북쪽으로 쫓고 거리가 1,000리 되는 땅을 빼앗아 그들을 막기 위하여(탁록전이 있었던 상곡(上谷)에서 부터 당산 일대에 이르는, 즉 조양(造陽)에서 양평(襄平)에 이르러서는 장성을 쌓아 어양, 우북평, 요서, 요동군이 동호와 접하게 되었다"고 했습니다. 후에 진시황이 쌓은 만리장성은 동쪽 끝이 발해만 서안에 이르렀다고 했습니다. 진시황 때에 쌓은 장성이 경계선이었고, 이를

141) 《사기》〈시황본기〉: 車同軌, 書同文字. 地東至海暨朝鮮, 西至臨洮, 羌中, 南至北向戶, 北據河為塞, 并陰山至遼東.

한(漢)나라가 그대로 이어 받았습니다.[142]

양평(襄平)은 오늘의 해하(海河)를 건너 당산 일대에 있었습니다. 해안선을 따라 산해관을 지나 천진 일대에 이르는 지역은 진개의 침입 전까지는 고조선 영토였습니다. 이를《염철론(鹽鐵論)》에서는 연(燕)이 동호를 습격하여 "벽지천리; 辟地千里"라 했습니다. 1,000리 땅을 얻어/빼앗아 개발했다는 뜻입니다. 그 후에 "도요동이 공조선; 度遼東而攻朝鮮"이라는 문구를 더 했습니다. 요수(遼水), 즉 오늘의 해하(海河) 건너편에 있던 조선땅을 쳤다는 뜻입니다. 진개의 공격으로 조선은 진시황 이전의 요동, 즉 해하(海河) 유역, 천진 당산(唐山) 일대에서 동북쪽으로 밀렸습니다.

연의 영토를 넓혔다는 강력도가《한비자(韓非子)》에 잘 나와 있습니다.[143]

연 소양왕(燕昭襄王, 기원전 312-279년)이 "하(河,즉 海河/옛遼水)를 경계로 하고 오늘의 북경과 천진 사이에 있는 계현(薊)을 속국으로 만들고, 탁군, 방성(方城)과, 제(齊)의 잔여 세력(山戎, 東胡)을 공격하고, 서북쪽의 옛 중산국을 평정했다"고 합니다. 이곳이 북경 서남쪽으로 유비의 고향인 탁군 일대입니다. 방성(方城)이 곧 앞에서 말한 퇴당성(頹唐城)입니다.

이 전공을《사기》에서부터 후세 여러 사가들이 춘추 필법에 따라 은밀하게 과장확대하여 지금도 인용하고 있는 사료입니다. 진개는 갈석산을

---

142)《史記》〈匈奴列傳〉: 漢亦棄上谷之什辟縣造陽地以予胡. 是歲, 漢之元朔二年(기원전 127년)也.

143)《韓非子》有度: 燕襄王以河為境, 以薊為國, 襲涿, 方城, 殘齊, 平中山, 有燕者重, 無燕者輕, 襄王之氓社稷也,
《史記》秦始皇本紀: 逐破燕太子軍, 取燕薊城, 得太子丹之首. 燕王東收遼東而王之.
《史記》高祖本紀: 燕將臧荼為燕王, 都薊. 故燕王韓廣徙王遼東. 讀史方輿紀要/卷二: 王氏曰: 秦地東不過浿水.

그림 7. 진개 이후의 고조선 강역도. 진개 이후의 고조선 강역은 천진을 지나는 요수(현 해하)가 국경이 되었다. 그 일대 발해만 서남 연안에 창해군(滄海郡). 진시황의 만리장성이 산해관이고 그곳을 지나는 대석하가 한무제 때의 국경인 패수(浿水)였다.

지나지 못했습니다. 청조 때 편찬된《독사방여기요(讀史方輿紀要)》에도 진(秦)의 영토가 패수(浿水)를 지나지는 못했다고 했습니다. 진수는《사기》에 나오는 1,000리를 늘려 2,000리라 했고, 그 후에는 동서로 측정하여 2,000리란 거리를 산해관을 지나, 요양 서쪽에 있는 요하(遼河)를 건너, 오늘 만주의 동북쪽인 요동(遼東)에 이르는 땅 2,000리를 빼앗았다고 설명하고, 연(燕)이 장성을 그곳에까지 쌓았다 합니다. 발해만 서안에 있던 요동을 남만주 동쪽에 있었다고 뒤바뀌어 설명하고 있습니다.

넷째, 고조선을 다른 이름으로 발조선, 기조선, 동호, 예맥조선:

진수는 옛 조선을 〈한전(韓傳)〉에 넣었습니다. 그러니《삼국지》에 기록된 조선후(朝鮮侯)는 한후(韓侯)라고 부를 수 있고, 그가 살던 곳은 마땅히 한후의 성, 시문에 나오는 "부피한성; 溥彼韓城144)"이라고도 풀이할 수 있지 않습니까?

조선후의 성이 한씨였다는 증거는 그 다음 문장에서 진수 스스로가 밝혔습니다. "위만이 서쪽 변방을 지키다 그의 정예부대를 끌고 준왕이 살던 궁에 들어가(갑자기 가면을 벗고) 칼을 빼어드니, 준은 황급히 좌우 궁인만 데리고 도망하여 바다로 들어갔다. 그리하여 그곳에 남아 있던 준의 자녀와 친척이 모성한씨(因冒姓韓氏)를 성으로 삼았다"라고 했습니다. 이 모성(冒姓)이란 형용어구가 한국에 있는 여러 가문의 이름 앞에 쐬었다는 사료가 있습니다. 안록산의 후손이 안씨를 성으로 했다는 기록이 보입니다.145) 즉, 모성(冒姓)은 앞에서 설명한 바와 같이 그 부족의 어머니가 "소가 우는 소리; móu mù mào牟, 馬"라고 기록되었던 부족"이란 증거입니다. 조선후는 주왕실의 희성한씨(姬姓韓氏)와는 다른 예맥(濊貊, 貉) 조선의 한씨(韓氏)였다는 풀이가 합당합니다. 모성(冒姓)이라고 하는 부족에서 신라 박씨(朴氏)의 시조 박혁거세가 말(馬)에서 나타났습니다.

다섯째, 그 다음 문구가 또 중요합니다. 준왕이 바다로 들어가니 부여(不與)와 조선(朝鮮)이 서로 왕래하다가 시간이 지나면서 왕래가 끊어져 사라지고 말았다.

준왕이 황급히 도망하여 바다로 들어갔다 하니 그는 해변 가까이에 숨

---

144) 부피한성(溥彼韓城)의 위치를 영문본에서는 요녕성 서남부 조양 일대에 있었다고 했다. 이는 서주의 제후국인 연(燕)과 진(晉)이 산서성과 북경 일대에 있었다는 중국 기록에 의거하여 잘못 판단했다. 진개가 고조선 땅을 빼앗기 전이니, 《한비자》의 기록을 보면 하후의 성은 마땅히 북경 서남쪽에 있었다. 오늘의 河北省保定市涿州市 유역에 있었다는 설이 옳다고 본다.

145) "冒姓為安, "故冒姓曹, 故冒姓為衛氏, 故冒姓為梁氏, 冒姓劉氏."

었다가 점차로 해변을 따라 안전한 곳을 찾아 정착했다고 봅니다. 저의 영문본에는, 기준이 정착한 곳이 뒤에 염사치(廉斯鑡) 일화에 나오는 대동강 하류라고 풀이한 마한(馬韓)땅이라 했습니다. 그곳을 한사군 낙랑(樂浪)이라고들 풀이합니다. 이에 관해서는 뒤에 더 자세히 말씀드릴 기회가 있으리라 봅니다.

여섯째, 진시황이 고조선 땅을 침입했는가? 그럴 수가 없습니다.

진시황이 중국의 가장 동북쪽에 있던 연을 섬멸한 이유는 연태자단(燕太子, 丹)이 진시황을 죽이려 한 계획이 발각되어 이루어진 원한 관계였습니다. 연을 멸한 후 옛 연의 장성을 서쪽에 있던 장성과 연결하여 만리장성을 쌓았습니다. 그렇게 긴 성을 쌓은 이유는 진시황이 북쪽 변경을 순회할 때 수행원이 녹도서(錄圖書)에 있는 문구를 인용하여 아뢰기를 "진을 멸망할 자는 호(胡)다" 하여 북쪽에 있던 호(胡, 東胡, 朝鮮胡)의 침입을 방지하기 위해서 성을 쌓았다는 뚜렷한 증거가 있습니다. 호(胡), 즉 고조선을 두려워했지 공격했다는 기록은 없습니다.[146]

일곱째, 국경선이 어디였나? 패수(浿水)가 국경이라 했습니다만, 그곳이 어디에 있는 강이냐를 놓고 아직도 시비가 일고 있습니다. 앞에 인용한 《사기》와 《삼국지》에 있습니다. 패수가 있던 곳이 옛 요동이 분명합니다. 이곳을 진수는 "지만변한위계; 至滿潘汗為界"라 했습니다. 이런 표현은

---

146)《史記》〈秦始皇本紀〉: 始皇巡北邊, 因奏錄圖書, 曰亡秦者胡也. 始皇乃使將軍蒙恬 發兵三十萬人北擊胡.
《史記》匈奴列傳: 燕亦筑長城, 自造陽至襄平. 置上谷, 漁陽, 右北平, 遼西, 遼東郡 以拒胡.

《삼국지》한 곳에만 보입니다. 진수가 만든 문구가 분명합니다. 무슨 뜻일까요?

위만의 영토 반/변/판한(潘汗)에 이르러 경계를 만들었다는 뜻입니다. 두 글자는 그 지역에서 쓰던 말을 이리저리 뒤바꾸어 만든 표음문자가 분명합니다. 그곳에 패수라고 하던 강/여울이 있어야 합니다. 한(汗)은 한(韓)이 분명합니다. 요동에 사마천의 〈조선열전〉에 나오는 진번(真番)을 다른 글자로 적었습니다. 이곳이 한 무제가 만들었다는 한사군의 한 이름이었지만, 곧 사라지고 한 무제시대에 발해만 서안에 있었던 낙랑군에 흡수되었습니다. 진번(真番)은 산해관을 거쳐 우거왕의 수도에 이르던 길목에 있었어야 합니다. 삼한 중에서 가장 흡사한 이름이 변한입니다. 패수(浿水)는 변한(卞, 弁韓, 示韓) 땅에 있었습니다.

고조선의 수도, 즉 제도(帝都)가 산해관 북쪽 멀지 않은 곳에 있었고, 중원과는 이곳을 지나야만 되는 중요한 해육로(海陸路)를 통하여 무역을 했다는 증거입니다.

그곳에 살던 사람들을 도이(島夷)라 했고, 그와 글자가 비슷한 글자 "鳥, 烏, 梟"로 기록했고, 우(禹)의 동음대자를 사용한 기록도 있습니다.

이 기록만을 보아도 하우씨의 후손이 고조선 땅에 살았다는 뜻이 분명하지 않아요? 이 혈연관계는 하백의 딸이 주몽(朱蒙)의 어머니란 말이 또 다시 증명해 줍니다. 청말의 훈고학자 장태염(章太炎)은 "고조선은 달단(韃靼)의 후예들이 세운 나라다. 순임금 때부터 강역지도와 역사 기록이 있었다. 수도가 영주(營州) 일대에 있었다"고 했습니다.[147]

---

147) 章炳麟, 章太炎(1868-1936년)이 남긴 《구서(訄書)》. 兼明書禮義冠帶之族, 厥西曰震旦, 東曰日本, 他不著錄. 岡本監輔曰: 朝鮮者, 韃靼之苗裔. 餘以營州之域, 自虞氏時著圖籍矣, 卒成於箕子.

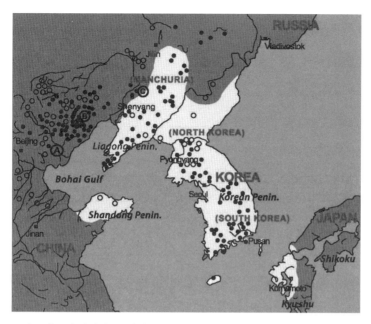

그림 8. 흉노가 기원전 208년에 고조선 침입, 그 후 우거왕 때의 강역도

A: 천진 당산 일대. 기원전 1046년에 기자가 인솔하고 온 상 유민을 받아들인 고
조선 수도.

B: 조양 유성 일대: 기원전 208 년에 흉노 모둔선우가 친입하여 기주의 아버지 부
를 죽인 곳. 그 사건으로 대흥안령 서쪽은 흉노에게 빼앗겼다. 이를 후에 위만이
보수하여 그의 손자 우거왕이 살던 왕검성이다.이를 《사기》에서는 기원전 108
년에 왕검성을 빼앗았다고 했다.

C: 심양 요양 일대: 반한(反漢) 운동이 일면서 예로부터 단군(최고제사장, high
priest)이 살던 졸본부여가 고조선의 최후 수도였다. 고구려가 인수했다.

O: 고조선 돈, 도전 (刀錢, Knife money). 까만 동그라미(●)가 비파형 동검

　　고조선 땅에 큰 전란이 있었지만, 중원 사람들이 남긴 기록이라 고조선
땅에서 있었던 커다란 전란은 나타나지 않았다고 봅니다. 다만 〈흉노열전〉
에 모두선우가 기원전 208년에 동호를 멸했다는 기록이 짧게 나옵니다:

　　이 동호왕이 고조선의 부왕(否王)입니다. 진시황도 감히 넘보지 못했으
니 기준(箕準)의 아버지는 자만하여 (전과 같이) 서쪽 흉노를 가볍게 다루고

준비마저 하지 않아 모두선우에게 급습을 당하여 죽고 흉노는 많은 인질과 가축을 끌고 돌아갔습니다. 이 사건이 고조선 황금시대의 마지막입니다. 이후에 있었던 고조선 영역을 진수가 기술한 《삼국지》에 잘 나와 있습니다. 옛 고조선 연맹체는 무너져서 서쪽에는 선비 오환이 나타났고, 동쪽에는 부여를 비롯한 동이 여러 부족이 나타났습니다. 선비산에 숨어 난을 피했다 하여 선비족이라 한다는 말은 그들이 만들어 붙인 이름입니다. 선비산이 흑산(黑山), 즉 의무려산이고, 이 산을 《삼국유사》에서는 "백악산 아사달"이라 했습니다.

강: 이 박사께서는, 기자가 인솔하고 온 상나라 유민이 천진 당산 일대에 있던 단군조선 사람들과 연맹체를 만들어 만주지역에 문화의 황금시대를 이루었다고 하셨는데, 갈석산 북쪽에 제왕이 다스리던 나라가 있었다는 새로운 학설을 조리 있게 설명하셔서서 이해가 갑니다.

8. 진말 한초의 혼란 시대

이: 시청객의 기억을 새롭게 하기 위해서 진말에서 한 고조가 등극할 혼란기를 주제로 하여 만든 중국 영화 〈진승 발기(陳勝發起)〉를 모두들 보셨으리라 생각합니다. 이 사건을 주제로 우리말로는 "못살겠다 갈아보자"라는 표제를 붙인 만화로도 만들었고, 그 만화가 중국, 대만, 일본에서도 큰 인기를 끌었다고 합니다.

"진승등기, 천하반진, 연, 제, 조민피지조선 수만구; 陳勝等起, 天下叛秦, 燕, 齊, 趙民避地朝鮮數萬口"라, 산동성에 살던 농부 진승이 깃발을 드니 온천하가 진시황이 이루어 놓은 제국에 반기를 들 때, 옛부터 있었던 '평화스러운 낙원, 요녕(遼寧), 조선땅'으로 수만 가구가 갔다지 않아요?

이 글귀를 자세히 들여다보면, 그때까지 그 지역에 숨어 있던 역사 이야기가 보입니다. 탁록전에 참가했던 구려(九黎)가 양곡(暘谷), 즉 상곡(上谷)에서 발해만 연안에 이르러 남북으로 흩어져 살던 곳이 발해만 서안을 따라 조양으로 이어지는 길목에 있었습니다. 그들과 같은 뿌리를 한 중원의 북쪽에 살던 사람들이 들어왔다는 이야기가 아닙니까? 그들이 온 곳이 조선이라 했습니다. 그곳에서 신라가 발생했습니다. 그 당시 신라인의 선조는 함곡관 서쪽에 있는 해지 연안에서 동북 쪽으로 밀려갔습니다. 이 구려(九黎)가 만주 땅에 자리를 잡았다는 기록을 구이(九夷) 또는 구려가 세운 나라들(九夷之國)이라 했습니다.

강: 네, 그렇게 설명이 되는군요. 이 혼란기에 많은 피란민이 진한으로 왔다고 《삼국사기》〈신라본기〉에 나오지요. 이를 두고 옛적 최치원 때부터 중국 사람들이 신라에 왔다는 기록이 있고, 진시황(秦始皇)이 "선남선녀 3,000명을 보내 불사초 불사약을 구해 오라 보냈다는 곳이 일본이다, 제주도 아니면 유구다" 하고 추측을 해 왔는데, …. 그게 모두 허황한 낭설이었군요.

진시황이 중국을 통일할 무렵에 기준(箕準)의 아버지 부왕(否王)은 진시황이 공격해 올까 두려워했지만, 조공은 바치지 않았다는 기록이 있습니다. 그 당시의 상황을 보면, 이 박사께서 이야기하신 "랜드 브리지(Land Bridge)" 또는 그 연안의 뱃길로 피란을 갈 수밖에 없었습니다. 그들은 남만주에 정착했습니다. 그곳을 진국, 뒤에는 진한이라고 했다는 설명이 틀림없습니다.

이: 중원 사람들이 '기자가 갔다는 조선이 한반도라 잘못 풀이하여' 중원에서 피란 온 사람들이 한반도 남단에 왔다는 강한 인식을 한국 사람들 머릿속에 심어 놓았습니다. 발해만 서북 연안에 "이미 조선의 유민이 여섯 부락을 이루고 살고 있었다"는 〈신라본기〉의 기록은, 우거왕이 한나라에서 들어온 팽과 오(彭吳) 두 장사꾼의 술책에 빠져 나라 일이 심상치 않아 역계경이 간했으나 국론이 분산되고, 많은 사람들이 우거왕을 떠났습니다. 이 이야기는 뒤에 다시 설명하겠습니다. 산해관을 통하는 무역 통로가 막혀 한 무제가 조선을 침략했습니다.

창해군(滄海之郡)

한 무제가 조선을 침략하기 전에 중원 사람들이 조선에 들어와 사회적 혼란이 일어났습니다. 그 결과로 역계경이 우거왕의 수도를 떠나 북쪽 발해만 연안에 자리 잡은 피란민촌이 진국(震國)이고, 예맥군남여(穢貊君南閭)를 따라 발해만 서남쪽으로 내려온 피란민 수용소가 창해군(滄海之郡)148)입니다. 이 사건은 사마천의 어린 시절에 있었고, 한나라 군사가 우거왕을 칠때는 사마천이 한 무제 조정에서 중요한 직책에 있었습니다.《사기》에 실린 이 두 사건은 가장 신빙성이 높은 사료입니다. 이 두 기록을 정확하게 판독해야 동북 아시아 역사를 바로 이해하게 됩니다.

사마천은 창해군을《사기》〈평준서(平準書)〉에 실었습니다. 같은 내용을

---

148)《史記》〈平準書〉: 彭吳賈滅朝鮮, 置滄海之郡, 則燕齊之閒靡然發動. 及王恢設謀馬邑, 匈奴絶和親,

《漢書》〈食貨志下〉: 彭吳穿穢貊, 朝鮮, 置滄海郡, 則燕齊之間靡然發動. 元朔元年, 濊君南閭等畔右渠, 率二十八萬口詣遼東內屬, 武帝以其地為蒼海郡, 數年乃罷. 至元封三年. 前漢·武帝紀: 東夷薉君南閭等.

글자를 바꾸어 《한서(漢書)》에서는 〈식화지(食貨志)〉에 창해군(蒼海郡)이라는 이름으로 모두 재물과 관계되는 편명에 올렸습니다. 또 《한서》〈동이전〉에는 "예군남려(濊君南閭) 이하 28만 명이 우거왕에 반대하여 요동(遼東)으로 내려오니 한 무제가 그 땅에 창해군(蒼海郡)을 설치했으나 2년 후에 없어졌다" 했습니다. 여기 요동이란 이름은 《여씨춘추》에 나오는 요수(遼水) 동쪽이란 뜻으로 이 피란민 수용소는 당산 일대에서 발해만 서남쪽 늪지대, 연과 제의 국경지역에 있었습니다.

사마천은 이를 한 무제 당시의 대부였던 공손홍이 봉작을 받은 "발해만 서안 일대를 뜻하는 평진후(平津侯) 편"에 실었습니다. 조용하던 연 제 지역에 사회적 혼란이 오기 시작했다고 기록했습니다. 공손홍의 영향력이 반영되었다는 뜻이고 장소는 천진 일대라는 뜻입니다. 《한서》에서 이 피란민 수용소가 생긴 곳을 요동이라 했지 않습니까? 진시황이 통일하고 연의 장성을 더 동쪽으로 옮겨 만든 산해관 남쪽땅, 즉 발해만 서안을 요동이라 했고 발해를 창해(滄海)라 했습니다.

《삼국지》에 나오는 조조(曹操)가 원소 잔당을 소탕하고 돌아오는 길에 갈석산에 올라가 읊은 시문이 관창해(觀滄海)입니다. 당태종이 고구려를 치려고 대군을 이끌고 갈석산 지역에 이르러 그도 갈석산에 올라가 시를 읊었습니다. 남쪽에서 올라온 두 군 사령관이 같은 곳 같은 계절에 시를 읊었습니다. 조조의 시문은 즐거움과 활기가 가득하지만, 당태종의 시문은 밝지 못하고 번민이 숨어 있습니다. 이러한 사령관의 기분을 전환시키고자 그를 수행하던 여러 사람들의 권유로 양사도(楊師道)가 읊어 '답례로 당태종에게 바친 시문'이 봉화성제춘일망해(奉和聖制春日望海)입니다. 양사도의 시문에는 그 일대 지명이 나옵니다. 앞에 내려다보이는 바다를 창해(滄海)라 했습니다. 한국 상고사에서 논란이 되는 "창해(滄海), 청구(青

丘), 숙신(肅愼), 대방(帶方)" 하는 이름들이 모두 갈석산 유역에 있었습니다. 흔히들 말하는 창해역사(滄海力士)가 진시황을 살해하려다 잘못 철퇴를 휘둘러 실패했다는 기록이《사기》〈유후세가(留侯世家)〉에는 창해군(倉海君)이라는 글자로 나옵니다. 진시황 일행이 발해만 서남쪽, 오늘의 하북성 창주시(滄州市) 일대를 지날 때 그런 사건이 발생했습니다.

기원전 128년 발해만 연안에 설치되었던 피란민 소용소는 2년 후에 스스로 없어지고 말았습니다. 그곳에서 왜인(倭人)이란 글자로 기록된 사람들이 나타났습니다. 이곳이 산동성에서 만주로 이어지는 길목이라 사회가 혼란해지면 이 길목을 통하여 남북으로 피란을 갔었고, 그곳에서 "백제, 왜, 가야 연맹체"가 나타났습니다. 왜인(倭人)[149]이란 글자 속에는 "위만(魏滿)의 후손"이란 뜻이 숨어 있다고 봅니다. 진수가 단석괴(檀石槐)에 관한 설명을 할 때 나타난 한인(汗人)이 망으로 생선을 잘잡는다는 소식을 듣고, 그들이 살던 곳 한국(汗國)을 정벌하고 1,000여 가구를 포로로 잡아갔다는 말을《후한서》에서는 왜인(倭人), 왜인국(倭人國)이라고 바꾸어 기록했습니다. 왜인들이 살던 곳이 옛 창해군이 있었던 발해만 서남쪽에서 황하 하류에 이르는 늪지대였습니다.[150] 이곳이 그들의 선조들이 살던 옛 고향입니다. 그 근거가《시경 소아》에 나오는 왜(倭)자입니다. 그 원뜻은 흔히 풀이하는 작다는 뜻이 아니라 "위대하다, 높다는 뜻"의 사음자입니다.[151] 기자 일행이 당산 일대에서 서주의 수도 호경으로 가는 길에 왜

---

149) 倭wēi wō wǒ: 는 윗(委;wěi wēi,魏) 사람이란 뜻의 사음자다. 위만조선(衛/魏滿朝鮮)의 후손들이다.

150)《三國志》〈魏書三十 鮮卑傳〉: 聞汗人善捕魚, 於是檀石槐東擊汗國, 得千餘家.
後漢書 烏桓鮮卑列傳: 聞倭人善網捕, 於是東擊倭人國, 得千餘家.

151)《詩經》四牡; 四牡騑騑, 周道倭遲. 豈不懷歸, 王事靡盬, 我心傷悲. 韓詩作'倭夷'
《書·洪範傳》以箕子歸鎬京.

(倭)가 있었습니다.

사마천이 적어 놓은 창해지군(滄海之郡) 하는 글자에서 중국 학자들은 삼수 변(氵)을 풀 초(艹)로 바꾸고 갈 지(之)자를 삭제하는 등 글자를 이리 저리 돌려 놓고, 팽오가멸조선(彭吳賈滅朝鮮: 팽오가 조선을 매수)하는 글자도 이리저리 바꾸고, 저절로 없어진 피란민 수용소를 거리가 멀어서 취소 했다는 이유를 만들어 붙이기도 하고, 글자와 뜻을 이리저리 뒤바꾸어 창 해군이 한반도 동북쪽에 있었다고 합니다. 뿐만 아니라 이곳에 현토군(玄 菟郡)을 설치했다고 주장하는 사람도 있습니다.

앞에서 이야기했지만, 한사군은 발해만 서쪽 해안을 따라 조양에 이르 는 교류 통상로에 있던 큰 마을 4개에 한나라 군사가 점령지의 피란민들 을 통치하기 위하여 설치했던 4개의 군영(軍營)을 뒤에 사관들이 뒤바꾸 어 한의 네 군현이라 했습니다. 1년이 지난 후에 제일 북쪽에 현토군(玄菟 郡)을 설치했습니다. 현토의 뜻이 무엇인가는 알려지지 않았습니다. 제가 보기에는 순 임금 때 관중분지 가까이에 있던 현도씨(玄都氏), 즉《시경 상 송(詩經 商頌 長發)》에 나오는 현왕 환(玄王桓)이란 뜻이 현토군(玄菟)이라 는 이름 안에 있다고 봅니다. 요순 시대에 네 사람의 나쁜 사람 중에 하나 였다는 환도(驩兜; huāndōu/ 환도)의 후손들이 만주로 옮겨와 우거왕의 수 도에 살았습니다. 1년 후에 왕검성(王險城. 都王儉) 지역의 반항 세력을 진 화시키고 만든 행정구역이 현토군(玄菟郡)입니다.

해지 연안에 살던 사람들이 발해만 연안으로 나왔다는 증거는 여러 번 보여 드렸습니다.《글안국지》에는, "옛 진시황이 죽었는데(만주에서) 다시 태어났다. 그 한 사람이 금(金)나라의 시조 아골타(阿骨打1068~1123)고, 또 한 사람이 요(遼, 거란)의 태조 아보기다"라는 문구가 있습니다. 그 나라를 새운 사람들을 말갈(黑水靺鞨)이라 부르지만, 이들이 모해(Mòhé, 靺鞨), 즉 해(xī/hei奚,解)족의 한 분파입니다. 중앙아시아에서 중국 서쪽 옛 진(秦)나라 땅을 진단(震旦)이라 했고, 그곳 사람들을 모해(móhē摩訶)라 했습니다. 그곳 사람들이 만주로 옮겨 왔습니다.[152]

9. 한 무제의 조선 침입

강: 아니 이 박사님. 저의 귀에는 박사님의 이야기가 모두 생소하기만 합니다. 이러한 사실을 모르고 지냈다니…, 참으로 새로운 옛 이야기를 들었습니다. 갈석산에 올라서서 이 박사님이 설명하신 "창해역사, 창해군, 현토군, 당태종과 간웅 조조의 시문"을 다시 한 번 풀이해 보고 싶은 심정입니다. "일본 사람의 주류를 이루는 왜인(倭人)이 위만의 후예로 발해만 서남쪽 늪지대, 숙신씨 향에 살던 사람들이다. 참으로 동북아시아 상고사를 다시 써야 한다(再考, redefine the past)"는 주장이 일리가 있습니다. 그 방대한 문제는 차후에 다루기로 하고 간단한 문제 하나만 답해 주시기 바랍니다. 한 무제가 조선을 침입한 이유가 고조선의 재물이 탐나서 전쟁을 했다는 새로운 주장을 내놓으셨습니다. 그를 증명할 수 있으십니까?

이: 네, 저는 그게 한 무제 고조선의 우거왕을 치러 들어간 가장 큰 이유였다고 봅니다. 한 무제는 돈을 많이 썼습니다. 처음으로 누선이라는 높이

---

152) 《契丹國志》: 東京, 本渤海王所都之地. 在唐時, 爲黑水, 靺鞨二種依附高麗者. "震旦, 西域稱中國之名."
　　論曰: 前史稱一秦旣亡, 一秦復生. 天祚之阿骨打, 即唐季之阿保機也.
　　《太平廣記》 李章武; 子婦曰. 此所謂靺鞨寶, 出崑崙玄圃中, 彼亦不可得. 渤海國, 渤海靺鞨, 震國, 振國.

가 십여장(十餘丈)이나 되는 큰 배를 만들어 몇 년 고생 끝에, 기원전 110년에는 동월을 정벌하고 다음 해에는 우거왕을 공격해 왔습니다. 큰 배를 띄운 이유는 상대방을 겁주기 위한 심리전에 이용하기 위함이었습니다.

사마천은 전쟁의 원인을 다음과 같이 기록했습니다.[153]

첫째, 한나라 사람들을 유혹해 그 수가 점차로 많아졌다.

둘째, 한나라에 입조한 적이 한 번도 없었다.

셋째, 진번 주위에 있는 여러 나라가 글을 올려 천자를 만나려 했으나 그를 막았다.

《한서》에는 이 "진번 주위의 여러 나라들"을 "진번, 진국"이라 하여 뒤 《후한서》에서는 이곳을 진한이라 했습니다. 그래서 진한이 한반도 끝에 있었다고 주장합니다.

넷째, "옹알불통; 擁(雍)閼不通[154]"이라, 즉 여러 마을 지도자들(남녀 제사장)과도 친밀히 지내지 않았다.

다섯째, 오팽이라는 상인들이 만주로 올라가 이권을 챙겨, 우거왕이 이들과 모종의 협약이 있었다고 봅니다.

여섯째, 꿈에도 그리던 머나먼 낙원 요녕(遼寧)땅에 길이 틔여 갑자기 인구가 증가했습니다. 이를 중국 사람들은 아전인수격으로 넓은 땅이라고 풀이합니다.

일곱째, 염사치 사건이 발생했습니다. 그 내력을 보면 중국 사람들이 나무를 자르러 왔다가 잡혀 노예로 일한다고 했습니다. 천연자원을 수탈해

---

153) 《史記》〈朝鮮列傳〉: 所誘漢亡人滋多, 又未嘗入見 ; 真番旁眾國欲上書見天子,又擁閼不通.

154) 《漢書》,《三國遺事》에는 擁이 雍으로 기록되었다. 雍이 옳은 글자라 본다. 真番, 辰國欲上書見天子, 又雍閼弗通.

갔습니다.[155]

이를 종합해 보면 무역 통로를 차단했다는 점이 큰 이유였습니다.

〈조선열전〉을 숙독하면 국경이었던 패수는 산해관 일대에 있었고, 우거왕의 수도였던 왕검성(王險城)이 조양 일대에 있었다는 점은 앞에서 설명했습니다. 우거왕을 살해하고는 그 두 지점을 연결하는 통로상에 전후 통치를 위해 네 곳에 설치했던 군지휘소를 사마천은 "조선 땅을 네 군으로 만들었다"고 했습니다. 이를《한서》에서는 한사군이라는 네 개 이름을 붙였다 하나, 산해관에서 조양 일대에 이르는 지역에 낙랑과 현토 두 군을 설치했습니다.[156]

어떻게 풀이했기에 그와 같은 잘못이 생겨났는가 하는 문제는 뒤로 미루고, 간단히 이렇게 말씀드리지요. 중국 역사를 보면, 만리장성 남쪽 중원에서 출병하여 오늘의 요하 건너편에 있던 그들의 적을 향해 세 번 쳐들어온 기록이 자세하게 남아 있습니다. 이를 놓고 거리를 측정해 봅시다.

첫째, 시간이 얼마나 필요한가 하는 문제입니다.

《삼국연의(三國演義)》에는 요동에 있는 공손연(公孫淵)을 토벌하려면 시간이 얼마나 걸리겠는가 하고 물으니 답하기를 "가는 데 100일, 싸우는 데 100일, 돌아오는 데 100일 하고, 60일은 쉬어야겠습니다. 그래서 1년이 걸립니다" 하는 기록이 있습니다. 그 뒤에 잘 아시는 바와 같이 수양제와 당태종이 모두 실패하고 돌아갔지만, 요하 동쪽에 있는 고구려를 치려고 언제나 이른 봄에 출병했습니다.

---

155)《三國志》〈韓傳〉: 男子曰; 我等漢人, 名戶來, 我等輩千五百人伐材木, 為韓所擊得, 皆斷髮為奴, 積三年矣.

156)《史記》: 誅成已, 以故遂定朝鮮, 為四郡. 漢書: 朝鮮斬其王右渠降, 以其地為樂浪, 臨屯, 玄菟, 真番郡.

옛적에 제 환공이 산융을 치러 갈 때도 봄에 출병했습니다.

한 무제는 가을에 출병시켰습니다.

둘째, 한나라 수군이 열구, 육군은 요동(모두 다 시황도 남쪽, 난하 하류)에서 공격하러 들어갔습니다. 우거왕이 성에 들어가 수비를 하면서 밖을 살펴보니 한나라 군사 병력이 그리 크지 않았던 모양입니다. 성문을 열고 나가 한나라 수군을 격파했다고 합니다. 한나라 수군 지도자는 10여 일 만에 패잔병을 수습했다고 기록했습니다. 적지에서 패잔병을 수습할 수는 없었을 게고, 왕검성에서 열구까지는 사력을 다해 10일간 도망온 거리라는 풀이가 아닙니까? 당태종이 오늘의 요하를 건너 34일 만에 영주에 갔습니다. 왕검성이 오늘의 요하 동쪽에 있었다면, 거리 계산이 틀립니다.

셋째, 글자 하나만 풀이해 봅시다.

한나라 수군이 배를 타고 열구에 도착했지요? 그 배가 출발한 상황을 묘사한 "종제부발해; 從齊浮渤海"라는 문구가 있습니다. 한 무제가 죄인들을 잡아다 병사로 썼습니다. 그해 가을에 누선장군 양부가 '배를 산동반도의 북쪽 해안선을 따라 발해에 띄웠다' 하는 풀이입니다. 도착지가 열수(현 난하)의 강하구가 열구(洌口, 列口)였습니다. 열구가 난하였다는 근거는 후한시대에 만든 사전,《방언(方言)》에 있는 "조선열수지간; 朝鮮洌水之間" 하는 문구가 증명해 줍니다. 북경에서 갈석산을 지나는 육상 통로의 방언이 따로 있었다는 뜻입니다. 방언에 따르면, 이 지역에서 쓰던 말이 아직도 한국어에 많이 남아 있습니다.

넷째, 국경선이었던 패수(浿水)와 열수의 위치 문제는 갈석산 일대에 있었던 옛 단군조선 땅에 기자가 상나라 유민을 이끌고 들어온 시기부터 설명했습니다. 앞에서 말씀드린 목야전쟁과 기원전 664년경에 제 환공이 산융을 정벌했다는 두 전쟁 기록을 회상하면서 발해만 서안을 따라 갈석산,

산해관을 지나 조양으로 이어지는 교통로를 함께 그려 보시면 저의 설명을 쉽게 이해하시리라 봅니다.

다섯째, 한 무제는 우거왕이 지키던 성을 함락하지 못하고 결국 우거왕의 측근이 모의하여 왕을 죽였습니다. "조선상로인, 니계상참; 朝鮮相路人, 尼谿相參" 하는 문구는 그들의 본적지를 말합니다.

옛적에 공자님이 제경공(齊景公, 기원전 548- 490년)을 만났고, 경공은 공자님을 니계(泥溪)에 봉하려 했으나, 경공의 재상 안영 안자(晏嬰, 晏子; 기원전 580-510년)가가 거절했다는 기록이 있지 않습니까? 그 니계(尼谿)라는 곳이 조선상 참의 고향이었습니다. 발해만 서남 연안으로 공자님 당시에는 제의 영토였습니다. 조선상 로인은 여양군 노현 사람으로, 그 옆에 옛적에 어느 단군이 있었다 하여 현 이름을 옹노(雍奴)현이라 했습니다. 우거왕의 재상들이 '북경, 천진, 당산 일대 사람들이었다는 증거입니다.157)

여섯째, 사마천은 〈조선열전〉을 쓴 이유를 태사공 자서에 설명했습니다. 그 내용을 살펴보면, 산해관에서 조양에 이르는 통로를 조선이 관장하고 있었습니다.158)

일곱째, 한말(漢末) 삼국초, 중원의 혼란기에 중원에서 피란민이 왔다는 증거는, 《후한서》〈동이열전〉과 《삼국사기》〈신라본기〉에 자세히 있습니다.159) 《삼국지》〈한전〉과 〈진한전〉은 남만주 발해만 일대에 살던 사람들

---

157) 《史記》〈朝鮮列傳〉: 元封三年夏, 尼谿相參乃使人殺朝鮮王右渠來降. 王險城未下. 공총자(孔叢子) 詰墨: 墨子曰: 孔子之齊, 見景公. 公悅之, 封之以尼谿. 晏子曰,《墨子》非儒下: 孔丘之齊見景公, 景公說, 欲封之以尼谿, 以告晏子.《史記》孔子世家: 景公說, 將欲以尼谿田封孔子. 晏嬰進曰.《漢書》地理志: 漁陽郡: 縣十二. 漁陽, 狐奴, 路, 雍奴.

158) 《史記》〈太史公自序〉: 燕丹散亂遼閒, 滿收其亡民, 厥聚海東, 以集真藩, 葆塞為外臣. 作朝鮮列傳 第五十五.

159) 《後漢書》〈東夷列傳〉: "秦并六國, 其淮, 泗夷皆散為民戶. 陳涉起兵, 天下崩潰, 燕人

을 묘사한 글입니다.[160] 다음과 같은 문구가 있습니다.

"진한 사람들은 나라를 방(邦), 활을 호(弧휘/후), 적을 구(寇, kòu), 술잔을(옛적에는 소뿔이었다는 뜻에서) 상(觴)이라 하고, 서로 부르기를 도(徒, tú/두)라 부른다. 진나라 사람들의 말과 비슷하여, 지금 진한(秦韓) 사람들이라는 말이 생겼다. 제에서 나는 명품을 '비단여'라 하고, 낙랑(樂浪) 사람을 아잔(阿殘 ā ē/아 으어)이라 하는 이유는 낙랑 사람이 원래 그곳에 남아 있던 사람들이기 때문이다."

발해만 연안 사람들은(해안에서 떨어진) 낙랑(樂浪)에서 바닷가로 내려왔다는 뜻입니다.[161] 그리하여 이 지역을 통치하던 고조선의 후예에게는 중국 황실에서 낙랑군(樂浪君)이란 칭호를 주었습니다. 고구려는 물론이고, 그곳에 있던 신라가 경주로 옮기고 국력이 왕성해졌던 신라 진흥왕(眞興王)에게도 낙랑군공 신라왕(樂浪郡公新羅王)이라는 칭호를 주고, 그들이 우이(嵎夷)의 후손이라 하여 김춘추(金春秋)에게는 "우이도행군총관; 嵎夷道行軍總管"이란 칭호를 주었습니다. 발해만 서남쪽, 고죽국이라던 땅을 통

衛滿避地朝鮮, 因王其國." "辰韓, 耆老自言秦之亡人, 避苦役, 適韓國."
《삼국사기》: 先是, 朝鮮遺民, 分居山谷之間, 為六村. 前此, 中國之人, 苦秦亂, 東來者衆, 多處馬韓東,
與辰韓雜居, 至是●寢盛. 故馬韓忌之, 有責焉. 瓠公者, 未詳其族姓. 本倭人, 初以瓠繫腰, 渡海而來, 故稱瓠公.

160) 《三國志》: "韓: 右渠未破時, 朝鮮相歷谿卿以諫右渠不用, 東之辰國, 辰韓在馬韓之東, 其耆老傳世 ,
自言古之亡人避秦役來適韓國, 馬韓割其東界地與之. 其言語不與馬韓同. 辰王常用馬韓人作之."
"辰韓: 名國為邦, 弓為弧, 賊為寇, 行酒為行觴. 相呼皆為徒, 有似秦人, 非但燕, 齊之名物也. 名樂浪人為阿殘; 東方人名我為阿, 謂樂浪人本其殘餘人. 今有名之為秦韓者. 始有六國, 稍分為十二國."

161) 낙랑(樂浪)이란 말의 출처를 따져 보면 "난하 계곡 돌 사이를 흐르는 물소리"의 사음자다.

치한 백제왕에게는 대방군왕(帶方郡王)이란 칭호를 주었습니다.

《양자 방언》에는 이 지역에서 쓰던 낱말이 많이 적혀 있습니다. 후한 때부터 삼국시대까지 그 지역에서 쓰던 몇 마디는 아직도 한국말에 남아 있습니다.

"시조 박혁거세가 기원전 57년에 왕위에 오르니 호는 거서간(居西干)이다. 그 전에 조선 유민이 산곡에 흩어져 여섯 마을을 이루고 살았다. 이들이 후에 진한육부(辰韓六部)가 되었다. 양산 기슭 숲 사이에서 말(馬)이 무릎을 꿇고 울고 있어 찾아가 보니, 말은 사라졌고 커다란 알이 있어 그것을 깨어 보니 갓난 아기가 나왔다."

신라는 진한이 생기기 전에 조선 유민, 즉 우거왕의 수도를 떠나 발해만 북쪽 해안에 자리 잡고 살던 곳에서 발생하였고, 박혁거세는 "소가 우는 소리, 馬/貊/牟; móu mù mào"라고 기록했던 부족입니다. 왕을 거서간(居西干)이라 한 뜻은《삼국지》의 기록을 참조하면 서쪽 마한(馬韓)에 살던 가한(可汗)이라는 뜻입니다. 이곳에 역계경(歷谿卿)이 우거왕에게 간하였으나 받아들여지지 않아 우거왕을 떠나갔다는 곳은 조양이고 도착한 곳은 발해만 북쪽 해안입니다.

신라의 여섯 마을은 창해군이 설치되었던 기원전 125년경에 나타났습니다. 예로부터 발해만 서안을 따라 조양에 이르는 'Land Bridge, 청구(青丘), 평화스러운 나라로 올라가던 1번 국도 연안 일대'가 앞에서 인용한 예맥(濊貊, 貉穢)족이 살던 곳이 양사도(楊師道) 시문에 있는 "창해(滄海) 청구(青丘) 숙신(肅慎) 대방(帶方)" 하는 곳입니다. 발해만 서남쪽 일대에 백제의 서부였던 맥국(貊國)이 있었고, 이를《삼국지》에서는 한국(汗國),《후한서》에서는 왜인국(倭人國)이라 했다는 기록도 찾았습니다.

사: 한민족의 근간이 되는 예맥(濊貊)족 숙신씨가 어느 시점에서 나라를 세우고 어떤 길을 통해 만주땅에 왔는가를 간략히 설명해 주시기 바랍니다.

이: 네. 그게 좋겠습니다.

서쪽 알타이 산맥 남쪽 천산 해곡에서 중앙 아시아에서는 "모해Mòhé, 鞨鞨"라 부르던 "숙신(Xishen,息愼. 稷愼, 肅脊, 肅愼)씨"가 기원전 5360년에 나라를 세워 환국신시(桓國神市) 시대가 시작되었습니다. 제사장을 우리는 단군이라 불렀고, 중국 기록에서는 환웅 천왕을 금인(金人)으로 기록했습니다.[162] 최고 제사장(High Priest) 단군을 예군이라 기록했습니다. 그 부족은 "신비의 동물을(豸) 앞세우고 흰 옷을 입고 다닌다 하여 맥(貊)자로 기록했습니다. 이 예맥족은 단군(壇君, 旦, 檀)을 그들의 지도자"로 모시고, 천산북로 "실크로드"를 따라 동쪽으로 삼숙성 통로를 지나 관중분지에 있는 해지(解池) 북쪽 연안에서 중화 문명 이전, 기원전 2344년, 단기(檀紀) 원년에 단군조선을 선포했습니다. 뒤에 나타난 황제의 지략에 밀려 오랜 기간을 두고 산서성에서 전쟁을 하다 결국 발해만 연안으로 나와 기자가 인솔하고 온 상유민, 또 해지 연안에 새로 나타난 서주 왕실의 잔꾀에 쫓겨나 동쪽으로 하후씨의 후손과 결합하여 연산 산맥 북쪽 내몽고와 만주 땅에이르는 지역에서 고조선 문화의 황금 시대를 이루었습니다.

이들은 대흥안령 동서로 갈라졌습니다. 고조선을 관자는 발조선(發朝鮮), 사마천은 기조선(暨朝鮮)이라고 기록했습니다. 대흥안령 동서쪽에 있던 부족이라 점차로 차질이 생겼습니다. 동쪽에 있던 조선왕 비는 서쪽에

---

162) 《孔子家語》觀周: "孔子觀周, 遂入太祖后稷之廟, 廟堂右階之前, 有金人焉. 參緘其口, 而銘其背曰. 古之愼言人也.

있던 흉노를 전과 같이 얕보다 새로 추장된 젊은 모두선우의 급작스러운 침입을 받아 기원전 208년에 나라를 잃었습니다. 이 뒤부터 고조선은 대흥안령 서쪽을 잃어버렸습니다. 이후 나라를 "예맥조선(濊貊朝鮮)이라 하고 그를 옛 동호의 후손이라 하여 조선호국(朝鮮胡國)"이라고 불렀습니다. 구사일생으로 살아남은 조선왕 비(丕)의 아들 준(箕準)은 위만을 등용하여 서남 경계선을 지키라 하였지만, 위만의 배신으로 만주를 떠나 뱃길로 한반도 서쪽 해안을 따라 내려오다 대동강 하류에 정착하여 그의 후손들이 마한왕이라 했습니다. 만주에 남아 있던 그의 후손들은 모성한씨(冒姓韓氏)라 했습니다. 옛 고조선 땅에서 들어온 위만은 폐허가 되었던 옛 서울 조양을 수리하여 그곳에 자리 잡고 왕이라 칭하면서 중원과 무역을 하여 국력을 강화시켰습니다. 그의 손자 우거왕은 중원에서 오팽 일단이 끌고 올라온 상인들의 농간에 넘어가 국정을 바르게 처리하지 못했습니다. 많은 사람들이 옛 통로를 따라 떠났습니다.

한 무제는 갖은 고생 끝에 우거왕을 제거하고 산해관을 따라 조양에 이르는 통로에 있던 큰 마을 넷에는 군영을 설치하여 전후 수습책을 시작했습니다. 이 네 군영을 한사군이라 했습니다. 반한 운동이 격화되면서 현토군에 있던 "개마현, 고구려현, 상은대" 세 현에 살던 사람들은 동북쪽으로 피하여 북부여(北夫餘)와 고구려가 나타났고, 발해만 연안의 옛적 통로를 따라 옛 고조선 땅에 자리 잡았던 사람들이, 신라 가야 연맹, 왜의 선조(倭人)가 되었습니다. 북부여(北夫餘)에서 큰 아들 비류(沸流)는 옛적 통로를 따라 발해만 서쪽 연안을 따라 내려가 그곳에 자리를 잡고, 작은 아들 온조(溫祚)는 요하를 건너 동남 쪽으로 내려와 요동 반도 서남 연안에 자리를 잡고 백제를 건국했습니다. 이들이 모두 고조선의 후예들입니다.

조양에 수도를 정하고 황금시대를 이루던 동안에 정치세력을 떠나 옛부터 전해 오던 하늘에 반짝이는 삼신(三辰)을 숭배하던 의식을 총 관장하던 단군(壇君, 檀公)은 요하 동쪽 심양 요양 일대에 자리 잡고 성시를 이루고 살았습니다. 이를 졸본부여라 했습니다. 이곳에 북부여의 동쪽(東夫餘)에 살던 주몽이 오늘의 요하(遼河)인 엄체수(淹●水, 夫餘奄利大水)를 건너 졸본부여에 와서 고구려를 세웠습니다.

제일 높은 제사장, 단군(壇君)을 중국 기록에는 그러한 "예를 주관하는 사람"이라 하여 예군(禮君)이라 했습니다. 여자도 예군(禮君) 또는 신군(神君)이라는 칭호를 받았다는 기록이 있습니다. 작은 마을의 제사장을 남자는 옹(雍), 여자는 알(闕)이라 했고, 이들을 현인 또는 은사, 은자, 숙녀 하는 등등 여러 글자로 표기했었습니다.

삼한은 남만주 연안에 살던 여러 한의 집단 부락들이라는 뜻에서 숫자를 붙인 이름입니다. 점차로 시간이 지나면서 그들은 한반도 서해 연안을 따라 일본열도와 유구열도로 퍼져 나갔습니다. 그 당시 제사를 치르던 장소가 강화도 마니산에 있는 참성단이고, 환웅 천왕을 상징하던 고조선 사람들의 신앙은 금인(金人)이라는 상징으로 중국 기록에 나옵니다. 이 풍속이 만주에도 하늘에 제사 지낼 때 쓰던 금인(金人)이 있었다고《삼국유사》에 나옵니다. 얼마 지나서는 하나의 목각을 세워 숭상해 오다 뒤에는 주몽과 주몽의 어머니를 본따 남녀상을 그린 장승으로 바뀌었습니다. 제주도 '하르방'을 비롯한 다른 지역에서는 지금도 하나를 세워 놓고 있습니다. 미국 서북부 인디안이 세워 놓은 토템 폴(Totem Pole)이 모두 한웅 천왕을 기리던 풍속의 유산이라 봅니다. 상여 위에 차려 놓은 장닭은 현조(玄鳥, 三足鳥)를 상징하는, 영혼을 하늘나라로 안내하는 새를 뜻합니다.

한 무제를 모셨던 공손홍의 후손이 요동에 봉해졌습니다. 그러다 작은 죄를 졌지만 과중한 벌을 피해 현토 땅에 올라가 그곳에서 고구려의 내분으로 졸본부여에까지 세력을 폈습니다. 그러나 지방민의 반발을 무마하기 위한 방법으로 부여 왕실과 결혼하여 남만주 연안에 자리 잡고 있던 고조선 후손의 도움으로 산동성 북부를 포함한 발해만 연안을 통치하는 요동의 왕자로 나타났습니다. 주로 백제의 도움으로 컸다 하여 백제를 업고 컸다는 뜻의 승제(昇濟)라 불렸습니다.

그가 망하자 고구려와 백제는 부여의 종주권을 놓고, 특히 졸본부여를 장악하려는 치열한 전쟁이 계속되었습니다. 졸본부여를 평양, 그 남쪽 해성 일대를 남쪽에 있는 평양이라 하여 하평양(下平穰)이라 불렸습니다. 고구려와 백제 두 나라 사이에 끼여 있던 자그만 나라 신라는 그 싸움을 피해 도망갔던 사람들의 힘으로 크기 시작 했습니다. 396년경에 고구려 광개토왕이 남만주에서 왕자 노릇을 하던 백제의 요충지 각미성(閣彌城) 즉, 요동반도 끝에 있던 관미성(關彌城)을 빼앗아 백제 세력을 누르고 새로운 강자로 등장했습니다. 그 아들 장수왕이 백제왕을 살해하니 백제는 한반도로 수도를 옮기고, 발해만 서안에서 그들과 이웃하여 지내던 일본 열도로 퍼져 나갔습니다. 뒤를 이어 신라는 500년경에는 경주로 이사를 하고 그 무렵에 우산국을 정벌했습니다. 그때 독도를 발견했다고 봅니다. 옛 고조선의 수도 졸본부여는 말갈 숙신 씨의 수도라 하여 《삼국지》에는 금조선(今朝鮮)이라 했습니다. 이곳에서 반항하던 숙신씨를 고구려 서천왕이 동생 달가(達賈)를 보내 단로성(檀盧城)을 빼앗고 추장을 죽여 고조선은 280년에 끝났습니다.

사: 네, 이 박사님 감사합니다. 참으로 새로운 여러 학설을 들었습니다. 앞으로 계속하여 그 후에 만주땅에서 일어났던 이야기들을 듣고 싶습니다만, 오늘은 시간 관계상 이것으로 좌담회를 마치겠습니다. 이 뜻있는 장소

에서 우리 민족의 뿌리를 찾아보는 학술 좌담회를 가질 수 있도록 물심 양면으로 도와주신 각계 각처 여러 재단 학술단체에 심심한 감사의 뜻을 전합니다. 좌담회를 주선해 주신 강 박사님께서 마침 말씀을 해 주시기 바랍니다.

마침 인사

강: 너무도 새로운 이야기를 많이 들어서 지금 저는 막 꿈에서 깨어난 듯합니다. 남들이 모두들 저를 놓고 평생을 한학을 한 사람이라 합니다만, 저는 수박 겉핥기로 일생을 보내지 않았나 하는 기분입니다.

저뿐만이 아니라 지금 이 세대에서 한학을 전공하시는 분들도 모두 하나같이, "역사학이 무엇인가"를 모르고 옛 어른들이 가르쳐 준 한자의 뜻을 그대로 한 글자 한 글자 풀어 가면서 고전의 뜻을 공부해 왔습니다. 그 속에 한국 역사에 관한 이야기는 있는 그대로 받아들여 다른 사람들에게 알려 주었습니다. 저의 어린 시절에는 모든 학문이 서양 문화의 영향을 일찍 받아들인 일본을 통하여 한국에 전해졌습니다. 한국이 개화하기 시작하여 "역사학이 무엇인가" 하는 질문을 던져 보지도 못하고 예전같이 글자풀이에만 치중하여 그 숨은 사정을 모르고 우리의 역사마저 중국 사람들이 풀이한 글자의 뜻으로 읽어 왔습니다.

오늘 이 학술 좌담회는 "한자로 적혀 있는 우리의 상고사를 연구하려면 마땅히 한자가 어떻게 만들어져서 어떻게 변해 왔는가 하는 문제에서부터 중국 사람들만이 다루던 훈고학을 새로운 시각에서 연구해야 한다"는 인식을 저희들에게 심어 주셨습니다. 왜 재야 사학가들이 이리도 요란하게 한국 상고사를 잘못 가르치고 있다고 하는지를 오늘 이 자리를 통하여 다시 한 번 절실히 느꼈습니다.

요즘 모두들 중국 공산당이 설계하여 진행하고 있는 동북공정을 우려하고 있습니다만, 이 박사님의 동북 아시아 상고사 풀이를 들어 보면 "하상주단대공정(夏商周斷代工程)으로 중국은 한국 상고사를 완전히 중국의 것으로 편입"시켜 놓았습니다. 잘못하면 우리 역사의 혼을 빼앗기게 되었습니다. 단군조선의 후예들은 이를 깊이 염두에 두고 은밀하게 기록해 놓은 동양 상고사를 어떻게 연구해야 하겠는가 하는 방법론부터 다루어 그 실체를 연구하여 동북 아시아 역사를 옳은 길로 인도해야 할 기로에 와 있다고 봅니다.

전통 한학을 하신 분들뿐만이 아니라, 언어학, 고고학, 인류학 등등 모든 학술 분야에서도 새로운 시각에서 한자 풀이를 하는 신진 사학가들의 의견을 존중하고, 오늘 쓰고 있는 한자(漢字)뿐만 아니라, 서하문자, 글안문자(契丹文字)를 포함한 동북 아시아 상고사에 나타난 모든 글자들을 연구하는 새로운 훈고학, 또 옛날 글자 발음을 연구하는 역사언어학(歷史言語學)을 개발하여 역사 연구의 새로운 기틀을 잡아 놓아야 된다고 봅니다.

저희들에게 새로운 학문의 길로 안내해 주신 모솔 이돈성 박사님께 여기 모이신 청중 여러분을 대표하여 깊이 머리 숙여 감사의 뜻을 드립니다.

세 분이 함께: 감사합니다. 청중 여러분 안녕히 가십시오. 시청자 여러분, 감사합니다.

에필로그

우리 역사의 뿌리를 찾아 보려고 중국 문헌을 살펴보니, 동북아시아 역사 설명이 너무도 중국 황실 위주로 편찬된 것이 뚜렷한 사료를 많이 찾았다. 이를 담은 두 권의 영문본을 연세대학교 철학과 이승종 교수께서 지난 가을 학기에 부교재로 사용하셨는데, 많은 학생들로부터 한국어로 출판하면 좋겠다는 반응을 들었다. 그 후로 계속 사료를 살펴보았는데, 그 결과 우리 상고사의 뿌리를 찾았다고 믿는다.

우리 역사의 기원을 문헌 속에서 추적하여 두 사람의 대화 형식으로 단군조선의 발생지에서 마지막 수도까지를 설명했다. 학생들의 부탁이 아니었어도 언제인가는 한국어로 된 책으로 출판해야 된다고 생각했지만, 출판사를 찾기가 쉽지 않았다. 한국말로 설명했지만, 그림 글자(한자)가 너무 많아 이를 말소리를 위주로 하는 CD 또는 유튜브(YouTube) 같은 형태로 남길 수만은 없다. 대화에 나타난 한자(漢字) 그림을 그림으로 남기려면 책으로 출판해야만 한다.

흥미도 없는 상고사를 추려 초고를 작성하여 책으로 출판하려니 출판사 찾기가 쉽지 않았다. 책의 성격상 필자가 다룬 소재는 '대학출판사'가 출판해야 한다. 그러나 대학출판사도 학술지와 같이 전문 분야의 교수들이 심사하게 된다. 너무도 뜻밖의 새로운 학설을 들고 나온 책을 대학출판사에서 출판을 허락할 수 없다고 보았다.

천만다행으로 뜻을 같이하는 분을 찾았다. 우리역사연구재단 기획이사와 책미래 출판사 편집주간을 맡고 계신 정재승 님이다.

아래는 정재승 님이 초고를 보고 회답한 내용이다.

모솔 이돈성 선생님께:

안녕하세요? 선생님의 귀한 글들을 단숨에 읽고 편지를 올립니다.
우선, 글 전체에서 선생님의 우리 상고사에 대한 지극한 열정과 사랑, 도저(到底)한 사학정신의 추구, 엄밀한 과학자의 자세가 강렬하게 다가왔습니다.
21세기 한국인 중에 선생님과 같은 민족사학자, 인류학자가 계셨다니 참 믿기지 않는 기적 같은 일이면서도, 한편으론 캄캄했던 100년 전 먼저 길을 개척하고 가셨던 여러 선학들께서 하늘에서 기뻐하실 듯하여 저 역시 마음이 설렙니다. 선생님의 연구에 대해 감사를 드리고, 깊이 경의를 표합니다.

이 책은 우리역사연구재단 정재승 이사님의 획기적 결정이 없었다면 한국어로 시중에 나올 수 없었다고 본다. 교정과 제작을 맡아 주신 책미래 출판사 배규호 님과 배경태 님의 도움도 컸다. 다시 한 번 감사드린다.

모두들 하는 말이 퇴직 후 7~8년이 인생에서 가장 행복한 시절이라 한다. 더더욱 의사생활 40년을 마치고 나서도 좋은 새 차는커녕 외국 여행 한번 시켜 주지도 않고, 7년 동안 책상 앞에 붙어 앉은 멋없는 남편을 돌보아 준 내 여생의 동반자 김명현(金明顯) 님께 깊이 머리 숙여 감사드린다.

동북 아시아에 뿌리를 심었던 우리 선조의 영령에 이 글을 바칩니다.

2016년 6월 17일, 매클레인(McLean) 집 서재에서
모솔 이돈성